普通高等院校经济管理系列规划教材

安居之美

赵艳霞　蔡文柳　张晓凤　张海山　李亚莉　编著

哈尔滨工程大学出版社
Harbin Engineering University Press

内容简介

随着经济水平的不断提升、人民生活水平的不断提高，人们对住有所居的需求也越来越强烈。为了促进房地产业健康稳定发展，政府强调"房子是用来住的、不是用来炒的"。城市，因人而生，为人而建，是人类安放身心的家园。基于这样的背景，我们强调培养公共管理人才专业素养的同时，也关注住有所居、安居乐业的内涵美育教育。本书就是这样的专业美育教材，它包括体会有为政府调控的效果之力、运用规律探求市场均衡之点、赏析房价周期波动之妙、感悟经济大小周期协调之美、观察市场需求变化之快、剖析供给结构均衡之难、感受购房分析决策之乐和百姓住有所居之美。

本书适合管理类、经济类专业的本科生和研究生使用，也可作为对公共事业管理、房地产经营管理、土地资源管理、工程管理、城市管理感兴趣的读者的参考读物。

图书在版编目(CIP)数据

安居之美/赵艳霞等编著. —哈尔滨:哈尔滨工程大学出版社,2022.1

ISBN 978-7-5661-3375-5

Ⅰ.①安… Ⅱ.①赵… Ⅲ.①房地产市场-研究-中国 Ⅳ.①F299.233.5

中国版本图书馆 CIP 数据核字(2022)第 004525 号

安居之美
ANJUZHIMEI

选题策划 刘凯元
责任编辑 张 彦 田雨虹
封面设计 李海波

出版发行 哈尔滨工程大学出版社
社 址 哈尔滨市南岗区南通大街 145 号
邮政编码 150001
发行电话 0451-82519328
传 真 0451-82519699
经 销 新华书店
印 刷 哈尔滨午阳印刷有限公司
开 本 787 mm×1 092 mm 1/16
印 张 10
字 数 245 千字
版 次 2022 年 1 月第 1 版
印 次 2022 年 1 月第 1 次印刷
定 价 40.00 元

http://www.hrbeupress.com
E-mail:heupress@hrbeu.edu.cn

前　言

本书是在华北理工大学教学建设委员会五育建设专门委员会的整体谋划、设计、指导下完成的美育教育类教材，旨在将美育教育全面融入专业人才培养体系，弘扬社会主义核心价值观和中华优秀传统文化，引领学生树立正确的审美观念，陶冶其高尚的道德情操、塑造其美好心灵，通过对专业中蕴含的价值与美进行充分地解读与揭示，使学生在专业知识中理解美、体验美、传递美、创造美，打造学生热爱和投身专业的精神骨骼，以美润德、以美激智、以美健体、以美益劳。

美育教育是指培养学生认识美、爱好美和创造美的能力的教育，是全面发展教育的重要组成部分。为贯彻落实教育部《关于全面加强和改进新时代学校美育工作的意见》等文件精神，打造美育教育特色，推动专业之美课程建设，《安居之美》应运而生。本书将美育教育与专业教育有机结合，带领学生感受安居之美。其内容既包含公共事业管理专业的基本理论框架、核心概念与观点的引导学习，又注重与“培养学生对社会美的正确观念和感受社会美的能力”这个美育基本任务相融合，运用案例教学法、情景模拟法引导学生进行思考，让学生由注重知识变为注重能力，与培养学生心灵美和行为美的美育目标相呼应。

本书共分为八章，赵艳霞对全书体系进行框架建构，主要编写第一章和第二章；蔡文柳主要编写第三章和第四章；张晓凤主要编写第五章和第六章；张海山主要编写第七章和第八章；李亚莉对书中的案例及图表进行了搜集和整理；李双玲、李超民、崔诺、高婧懿、冯可怡、任子凡、武誉明、郭飞腾在资料收集、文稿校对等方面做了大量工作。

本书在编写过程中参考了部分文献资料，在此对各位作者表示感谢！

本书的出版得到了华北理工大学教学建设委员会五育建设专门委员会的大力支持和资助，在此表示感谢！

由于编著者水平有限，书中难免有不足之处，诚恳希望广大读者批评指正。

编著者

2021 年 10 月

目　录

第一章　政府调控的效果之力——有为政府

【本章导读】

本章内容主要介绍了房地产宏观调控主体在房地产宏观调控中所采取的方法手段，以及房地产宏观调控的原因和目的，并从调控方法、调控手段、市场规律、供求均衡等多个角度分析了现阶段我们所采取的政策措施的合理性和优越性。引导学生感受政府在进行房地产市场宏观调控中的重要作用，以及在进行宏观调控的过程中政策执行和作用发挥的高效，唤起学生对专业的学习兴趣和社会责任感，引导学生理解政府调控责任，激发学生的学习调控力和创造力。使学生在观察、思考、互动、讨论、角色扮演中学到在有效市场与有为政府共同作用下，中国经济的巨大韧性与活力，这也是中国特色社会主义道路优势的体现。

【引导案例】

八字房地产政策

2021 年 7 月 27 日，人民日报发表标题为“坚持房住不炒定位！八个字了解房地产最新政策”的推文。

租，把发展保障性租赁住房作为“十四五”住房建设的重点任务。

保，要把握好保障性租赁住房的政策重点，明确保障对象，着力做好新市民和青年人的住房保障。优先保障新市民中从事基本公共服务的住房困难群众。

长，坚持“房子是用来住的、不是用来炒的”定位。不把房地产作为短期刺激经济的手段。全面落实稳地价、稳房价、稳预期的房地产长效机制。

稳，加快完善“稳地价”工作机制，优化土地竞拍规则，建立有效的企业购地资金审查制度。

治，重点整治房地产开发、房屋买卖、住房租赁、物业服务等领域，人民群众反映强烈、社会关注度高的突出问题。

惩，各地要根据实际情况创新思路，多措并举，依法依规开展整治，对违法违规的房地产开发企业、中介机构、住房租赁企业、物业服务企业、金融机构、网络媒体及从业人员依法依规采取措施并予以曝光，涉嫌犯罪的，依法查处。

监，对逾期不能偿还债务、大规模延期交房、负面舆情较多等存在重大经营风险的企业，实施重点监管，提升风险防范化解能力。

考，落实房地产市场调控评价考核措施，对整治工作得力、成效明显的城市予以表扬，对房地产市场秩序问题突出、未履行监管责任及时妥善处置的城市进行约谈问责。

这向公众展示出了未来房地产市场宏观调控的方向，以及政府对房地产市场进行规范引导的坚强决心。

第一节　房地产宏观调控主体

一、房地产宏观调控的主体

房地产市场宏观调控主要涉及三方利益主体，一是政府，二是房地产商，三是广大的有购房需求的普通居民。

房地产业的宏观调控政策主要由中央政府制定，中央政府作为全国人民利益的代表，其通过对国家的运行管理达到经济平稳增长、充分就业、物价稳定以及国际收支平衡的根本目标。由于房地产业是国民经济的支柱产业，所以实现国民经济的持续均衡增长首先要保持房地产业的健康发展。因此，中央政府出台诸如货币政策、土地政策和限购政策等多项对房地产市场进行宏观调控的政策，旨在调节供需、稳定房价。地方政府是中央政府的政策执行者，是地方房地产市场的直接管理者和服务者，地方政府出于地区发展考虑，有时会阻碍政策的落实，给房地产市场的健康发展带来影响。

房地产商是房地产的投资开发者，作为商品的生产者和供给方，自然是遵循市场经济的规律，追求利润的最大化。国家实施的房地产宏观调控政策通常都是为了稳定房价、保障民生，但是这样就会损害房地产商的利益。

房地产商除了与政府进行博弈之外，与购房者之间也存在着博弈。房地产价格的形成是由房地产市场的供给需求两方决定的，房地产商是供给者，购房者则是需求的一方。两方利益趋向不一致，房地产商的利益在于获取高房价带来的高额利润，而购房者则希望房地产宏观调控政策能顺利执行，使房价得到调控，享受政策带来的福利。然而，在房地产商与购房者的博弈中，由于信息的不对称，房地产商在博弈中通常占据优势。

在我国房地产市场的多方博弈中，购房者是处于弱势的。中央政府是下达政策的一方，是最高权力方，土地归国家所有；地方政府是供给土地方和执行政策方；房地产商是房地产生产者，是住房供给方。而购房者作为需求方，其权利仅在于选择买还是不买，只有政策顺利执行，达到调控房价的效果，购房者才能受益；否则，购房者只能被动接受房价调控失败的结果。

二、各主体之间利益的协调——和谐之美

各美其美，美人之美；美美与共，天下大同。政府、房地产商、普通购房者之间最理想的关系就是实现利益的协调，达到帕累托最优状态，推动房地产市场和谐健康发展。因此，如何处理政府、房地产商和普通购房者之间的利益关系就成了需要深入思考的问题。

面对房地产市场的高额利润，如果中央政府没有建立起完善的房地产市场监督激励机制和奖惩机制，或者房地产商不履行国家房地产市场宏观调控政策时所面临的处罚小于房地产商由此获得的利润，房地产商也是不情愿执行房地产宏观调控政策的。中央政府的房地产宏观调控政策在向下推行的过程中会遇到来自房地产商和地方政府的阻力，对房地产市场调控的效果十分有限。

有生活、生产性需求的购房者是房地产宏观调控要保护的对象，也是房地产需求市场的一个庞大群体，他们的人数虽多，但都独立存在，虽然利益一致，但是也难以团结在一起形成同盟，购房者中涉及的每个个体都以独立形式分散于各个地区，实力相对薄弱，利益不

能得到保障。在房地产宏观调控所涉及的利益集团中,购房者也是较为关键的参与者。但对房地产的调控政策的执行,购房者作为较弱势的一方,不论地方政府和房地产商实施怎样的策略,都只能被动接受。

为了能够更好地协调政府、房地产商和购房者之间的利益关系,就必须在中央政府干预监管下,构建地方政府、房地产商及购房者三个参与主体之间的博弈模型,通过对地方政府的奖惩机制,督促地方政府落实中央政府调控政策、调动地方政府调控的积极性。地方政府应加大对房地产市场的调控力度,规范土地交易流程,抑制房价过快上涨,强化保障性住房建设,并给置业者提供一定的优惠政策,严格落实各项调控政策,保证政策实施的有效性,从而实现稳定房价、居者有其屋的目标,实现三方博弈主体利益均衡化及社会效益提升,使住房市场朝着健康有序的方向发展,实现房地产市场的和谐之美(图 1-1)。

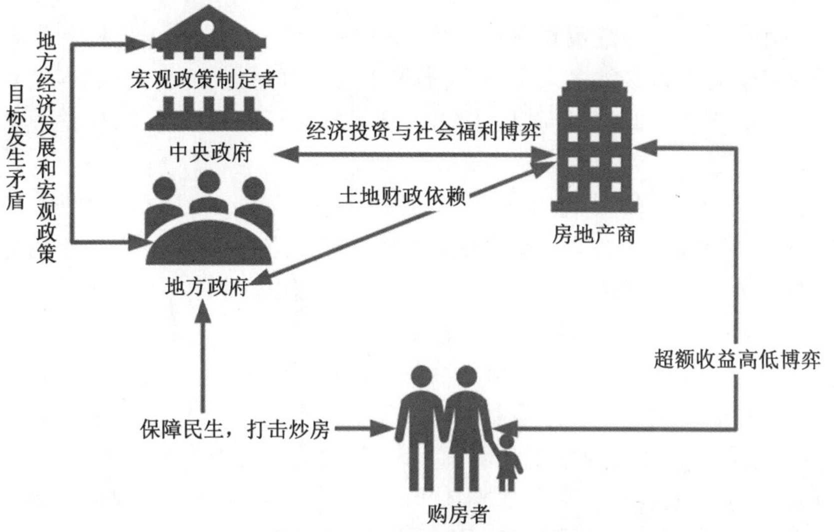

图 1-1　房地产宏观调控主体

第二节　政府宏观调控的方法和手段

一、多种调控方法结合——互补之美

在进行房地产宏观调控的过程中所采取的调控方法仅在一定的条件下适用,这些方法和手段在某些时候就会暴露出自身的局限性,从而导致房地产宏观调控效率的下降。解决这类问题最好的办法就是同时采用多种调控方法,实现不同调控方法之间的优势互补。比如,可以将宏观调控与微观管理相结合,宏观调控通常是指政府从总体上采用经济、法律和行政等手段主动干预房地产市场,它往往带有统一性的特征,但灵活性不足;而微观管理则是对房地产市场的具体区域、项目和环节,甚至是市场行为主体和具体交易行为的管理,具有较大的适应性和灵活性,二者是辩证统一的。我们必须坚持对房地产市场进行宏观调控和微观管理相结合的原则,将房地产宏观调控和微观管理结合起来,使它们优势互补、相互促进,从而做到对房地产市场的管理既具有统一性,又具有灵活性。

除此之外，我们知道，在市场经济条件下，政府对社会经济活动的宏观调控，一般是以间接调控为主，但是以间接调控为主并不等于仅仅实行间接调控。通常，在某些资源的开发利用、某些产业的发展过程中，由于它们自身的特殊性，或者市场的不完善，仍然必须对其实行一些直接调控，将直接调控和间接调控有机结合起来使用。房地产商品作为特殊商品，对社会生产和人民生活影响极大，房地产业和房地产市场的发展与国民经济发展密切相关。特别是对于我国尚不完全成熟的房地产市场而言，政府的直接调控仍有必要。因此，政府在通过财政、税收等手段对房地产市场进行间接调控的同时，不能放弃对房地产市场的直接调控。在社会主义市场经济条件下，在房地产市场非均衡运行的状态下，对房地产市场进行宏观调控和微观管理，将直接调控和间接调控相结合是一个重要的调控方法。

二、多种调控手段并举——合力之美

房地产市场的宏观调控政策在具体落实的过程中涉及主体的多样性和利益关系的复杂性要求我们的调控手段必须多元化，利用多种手段，形成强大的合力，确保宏观调控政策的有效落实。房地产市场的宏观调控一般以经济手段和行政手段为主，辅之以必要的法律手段。

经济手段主要指财政政策、货币政策、产业政策、税收收入政策等。比如，通过信贷和利率的调整就可以对投入到房地产业的资金数量和结构进行调整，从而影响房地产业的发展。税收调控主要是根据房地产业的发展状况，国家财政部门通过财政预算支出的调整以及税率的调整来对房地产业的经济活动进行干预和影响。

行政手段就是运用政府的力量对市场经济进行直接的干预，政府通过制定和实施有关房地产的方针、政策、计划、规划，采取行政命令和指令等方式对市场经济行为主体进行制约和规范，对市场经济活动进行干预和调整。比如，政府部门可以直接下达行政命令，责令房地产企业停止一切经营活动，责令整改，行政命令下达后，往往都是立即实施。行政手段具有强制性和权威性，因此必须要明确行政手段使用的条件和范围，以防行政手段被滥用误用。

法律手段就是制定专门的法律法规来规范和约束房地产市场内部各经济主体的行为，宏观调控的法律手段具有强制性、权威性、约束性和规范性。运用法律手段以减少房地产市场中的主观随意行为对市场秩序的破坏，让房地产市场中的各经济主体在开展经济活动时都要以法律为客观依据，保证自己的经济行为合理合法，确保房地产市场的平稳有序运行。完善的房地产法律体系应当包括：土地征用、房地产企业开发经营、交易、租赁、产权登记等内容。我国的房地产市场法律法规体系虽然已经比较完善，但是随着经济社会的不断发展难免出现新情况、新问题，仍然需要在实践中不断完善和发展。

要始终坚定不移地运用经济、行政和法律三种调控手段，使其形成合力，从而对房地产市场加以引导和约束，对违规的房地产开发进行制约和规范，确保房地产市场在合理的轨道上运行。

三、尊重市场经济规律——规律之美

风起云涌，波涛汹涌，花开花谢，昼夜更替，是自然界的规律在支配；价涨价跌，市场供求，产需动态，是商品价值的规律在支配。我们生存的世界，因为规律而有序，因为规律而美丽。

规律普遍存在于万事万物中，房地产市场同样也不例外，在运用经济、行政、法律手段和相关政策措施对房地产市场进行宏观调控的同时，也应当考虑政策的合理性，是否尊重了社会主义市场经济规律。

房地产调控思路的核心在于尊重经济规律、按市场规则办事。未来中国经济的发展，根本的出路不是去土地化，而是去杠杆化，是经济发展方式的转型。按市场规则办事，意味着我们既要"积极释放有效需求，推动居民消费升级，保持合理投资增长，积极稳妥推进以人为核心的新型城镇化，促进房地产市场平稳健康发展"，同时又要继续坚持从土地、金融、财税等方面推进深入的市场化改革，更多采用市场化手段而不是继续依靠行政调控手段来防范及控制房地产市场的泡沫及地方政府债务的违约风险。在这个前提下，我们才有可能真正避免房地产泡沫的"前度刘郎今又来"，而迎来在市场规律作用下的市场经济新轮回。

尊重市场经济规律还需要处理好以下两对关系。首先是抑制投机需求与保护合理需求的关系，抑制投机需求是当前的一项紧迫任务，保护合理需求是一项长期任务。在落实国家有关部委对房地产业调控的各项措施时，要切实保持对房地产市场的压力，区别对待，挤出房地产泡沫，调整房地产供求结构，增加中低端住房供应，防止房地产市场大幅波动影响宏观经济。其次就是局部与整体的关系，房地产业的地域性和流动性决定了不同城市之间的差异。在几年前的城市化进程中，各地房地产市场过热，但不同城市过热的严重程度和时间起点却大相径庭，总的来说，矛盾的主要焦点集中在长三角地区和一些省会城市。因此，在调控过程中，要抓住重点领域，解决这些领域的过热问题。对于普通的地区和城市，不要采取同一尺度，制定和执行政策要防止一刀切，避免约束合理需求。

四、政策措施审时度势——动态之美

世界是永恒变化和发展的，生命也因运动而具有活力。一个事物在不同的发展阶段、在不同的区域里可能呈现的矛盾也是不尽相同的，这便要求我们运用变化发展的眼光看问题，而不是形而上学地用一套标准去衡量一切事物，用一种方法去解决一切问题。

只要人们存在对住房的需求，那么住房市场就会永远存在，房地产市场的宏观调控就不会成为一个过时的话题。但是在房地产市场发展的不同阶段会面临不同的矛盾和问题，需要政府制定相应的房地产宏观调控政策对房地产市场进行引导、限制和规范。我国地域面积辽阔，经济发展水平不均衡，社会原因、经济原因及自然原因造成不同的城市房地产发展面临的具体问题也是不尽相同的，因此不论是从时间还是空间的角度来看，对房地产宏观调控政策的动态性要求都是必需的。

房地产政策应"因时而变"。政策"因时而变"的核心要义是政策应在动态中满足合理的消费需求和理性的投资保值需求。从宏观经济的需求看，房地产政策应该"因时而变"。实事求是是政策的灵魂，政策必须从实际出发。不能机械地认为这种政策调整又是在走强力刺激经济的老路。相反，政策"因时而变"是从实际出发，对整体和局部已过时的政策进行合理调整，实施与宏观经济运行相匹配和符合当下经济运行需求的政策。从20世纪90年代我国房地产业刚刚兴起到后来逐渐发展为国民经济支柱性产业，再到现在政府对房地产业的发展进行严格限制，都充分体现出政府调控政策的动态调整。

因城施策就是对于不同的城市，要根据城市自身的特点以及所面临的具体问题进行有针对性的政策调控，不同的城市所处的发展阶段是不一样的，城市的土地供应、经济水平、人口结构、辐射范围、旧的政策都会对房地产业的发展状况以及未来的发展方向产生重大的影响。因此，坚持“因城施策，分类调控”就显得非常有必要。房地产市场的问题和矛盾无时无刻不在变化着，这也就决定了对于房地产市场的宏观调控是不存在一套永远适用的政策的，需要不断对新的问题进行研究并提出新的解决方案，维持房地产宏观调控政策效果的有效性，这看似枯燥，却又乐趣无穷。

第三节　政府宏观调控的原因和目的

一、维持住房供求总量均衡——均衡之美

均衡可以看作一切美学原理的基础，其他的原理都可以看成这一基本原理的派生。因为它符合我们最为朴素也最为古典的审美规范，最能使观看者的心灵得到慰藉，感到舒适与安全。在日常生活中，均衡无处不在，比如，人体所需的各种营养元素的均衡，游戏中两方或者三方相互对抗的势力构成一种均衡，一旦这种均衡被打破，人体机能便会受到影响，如果游戏只呈现一方以压倒性的优势战胜另一方，也就失去了观赏的意义。

均衡在房地产市场中主要体现为数量的均衡和结构的均衡。

数量的均衡就是市场上总的住房供给量首先要和总的需求量达到一个相对均衡的状态。要实现供求总量的基本均衡，应当尽力减小房地产供求总量的非均衡程度，实现房地产市场供求总量的基本均衡，这是房地产市场宏观调控的首要目标。房地产总量控制的目的就是要使房地产总供给与总需求大体均衡，形成一个有限度的买方市场，使这个市场既有一定的合理库存，又有充分的市场流转，而且又不致造成非正常的空置商品房。市场经济本身虽然能依据市场供求关系、信息反馈、价格走势等进行自我调节，但由于市场机制本身的局限性，这种市场调节难免会出现消极、被动、滞后和带有局部性等缺点，所以政府有必要从全局的高度综合运用各种手段，对房地产市场进行积极、主动、及时的宏观调控，以便有效地把握好总量的均衡。

结构的均衡是在数量达到均衡的前提之下对住房供求对接的进一步优化。房地产开发商为了追求利润，降低中低档的商品房和经济适用性房屋的开发比例，转而投资高档别墅和豪华住宅区建设，从而造成房地产市场的中低档商品房供给不足，供给结构不合理、不均衡，引起房地产市场价格不断攀升。

均衡合理的住房供应结构是保障房地产市场平稳运行的重要因素，有利于住房价格的降低，保障普通老百姓的住房需求，实现住有所居。中央政府从供给方向对房地产市场进行调控，增加大量的普通商品房和保障性住房，压缩了房地产开发商的利润空间，降低了房地产开发商的积极性，因此必须要调动地方政府和房地产商提高住房供应量的积极性。对于地方政府，可以将中小型住房比例、住房保障覆盖率纳入其政府工作考核指标，规定地方政府每年的小户型住房、经济适用房、保障性住房建设比例，建立有效的激励和约束机制。通过信贷政策和税收优惠激励房地产开发商开发更多普通商品房和保障性住房，限制高档住宅和别墅的开发，调控房地产市场中的住房供应结构，让房地产市场住房供应结构趋于合理，为老百姓提供更多买得起的住房，将住房价格打下去，保障普通老百姓的住房权益，充分展现合理的住房供求结构的均衡之美（图1－2）。

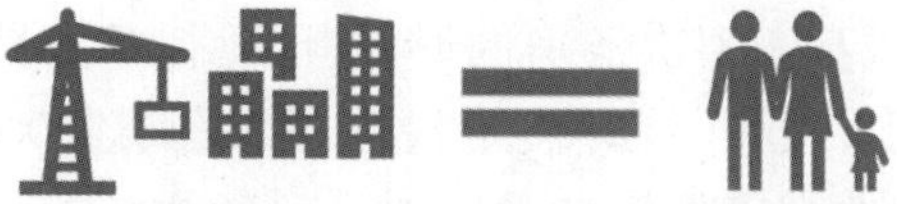

图 1-2 住房供求均衡

二、保持房地产市场健康稳定发展——持续之美

保持房地产市场的健康稳定发展其实质就是实现可持续的发展。可持续在不同的领域具有不同的定义，在房地产市场调控中可以认定为当前所采取的调控政策不会对未来的房地产市场产生潜在的威胁，不应当以牺牲未来房地产市场的健康稳定来换取今天的房地产市场的发展。

房地产开发商在开发房地产的过程中，开发规模越大，开发成本就会越高，需要的土地及开发资金也就越多，而开发资金主要来源是房地产商在银行的贷款。居民在购买房屋时由于房价过高，一般都会采用按揭贷款的方式，这就给房地产市场带来了潜在的金融风险。我国的商业银行资金流动慢，为了获得利润，许多银行都向房地产业提供贷款，而房地产开发商将房屋作为贷款资金的抵押物。因此，银行始终将房地产业作为贷款的首选对象，毕竟安全保障更高，降低了银行贷款的风险程度。可是一旦房地产市场泡沫破裂，房地产价格骤降，购房者手中持有的房屋不再具有较高价值，许多购买房屋的消费者不愿意再继续还款，而倾向于让银行收回房屋。这时银行更需要的是可流动的资金，而不是房屋，缺少资金周转，将对各行各业都产生致命的打击，银行信用丧失，整个国民经济将一蹶不振。可以参考 2008 年的美国次贷危机，这一次危机席卷全球，全世界的经济发展都遭受了极为重大的打击，许多国家的经济至今仍未复苏。因此，采取适当的房地产宏观调控政策，让房地产市场价格回归理性、回归正常，可以避免或者减少房地产市场泡沫的产生，减少或者消除埋藏在房地产业的这颗“隐形炸弹”爆炸的风险，从而降低金融风险，实现房地产市场的持续健康发展。

三、打击不良炒房投机行为——理性之美

理性之美，美在何处？事故发生后，我们可以迅速地冷静下来，快速地想出解决和应对的办法，将事故的危害降到最低，这是理性之美。当我们从纷繁复杂的线索中寻找到事件的真相，这是理性之美。

按照对理性一词的定义，我们可以理解为理性是指人在正常的思维状态下为了获得预期结果，有自信与勇气冷静地面对现状，并快速全面了解现实并分析出多种可行性方案，再判断出最佳方案且对其有效执行的能力。房地产市场需要理性吗？答案是肯定的。

在房地产市场中，不合理的购房需求会引起房地产市场的不稳定，从而导致房地产市场价格的上涨，严重损害普通老百姓的住房权益。合理的购房需求可以保障房地产市场的供求均衡，让房价始终维持在合理的区间，有利于房地产市场和整个国民经济的平稳健康发展。这也是为什么要让购房者保持理性的原因。要形成合理的购房需求，让购房者保持理性，不盲目跟风，政府要从需求方面调控，而从需求方面调控的一项重要工作就是保护普通居民的自住型商品房需求，打击房地产市场中的投机行为。在采取抑制投资投机性需求

的调控政策时，要以不影响购房者正常消费决策为政策边界，政府在政策执行过程中一定要明确区分首次购房与二次甚至多次购房的群体，即要保护刚性购房需求，尤其是居民的首次购房需求，适当支持改善性购房需求。通过提高二次或多次购房税率抑制房地产市场中的炒房投机行为，防止房地产市场过热及房地产市场泡沫的产生，从而实现房地产市场的健康稳定发展。让合理的购房需求充分发挥维护房地产市场安全、维持房价稳定的作用，而合理的购房需求形成的关键就在于对投机行为的打击和让购房者保持理性(图1-3)。

图1-3　打击炒房

四、保障百姓切身住房权益——民生之美

房地产市场宏观调控具有重要的民生意义，充分体现在"住有所居，居有所安"。唐朝诗人杜甫曾在诗中写道"安得广厦千万间，大庇天下寒士俱欢颜"，表达了让所有生活困苦的人都能够有一个稳定居所的美好愿景。这也是房地产市场宏观调控所希望达到的理想效果。

住房问题是一个困扰着中国人几千年的重大问题，住房在中国人的心中具有极高的地位。如今的房地产市场价格突飞猛涨，已经超过了大多数中国普通家庭所能承受的极限。许多年轻人发现自己辛辛苦苦工作几年、十几年却依旧买不起一套房屋，为了买房背上巨额的债务负担，家庭生活水平也因为买房的巨额支出长期得不到改善和提高，许多年轻人甚至已经将在城市拥有一套属于自己的房屋作为人生的终极目标。有数据显示，在国外人们购买一套适于居住的房屋的花费仅是年工资的3~5倍，而国内工薪阶层购买一套房的费用多是年工资的10~20倍。高房价带来的不仅仅是中低收入家庭生活的困苦，同时也让大多数低收入人群对当前的房地产市场产生悲观、失望和不满的情绪，就像一颗炸弹一样随时可能爆炸。因此，房价调控就显得尤为必要，尤其是针对低收入群体的住房问题，一定要照顾好低收入无房群体的住房利益，这样才能更好地维护社会稳定和谐。在我国的房地产市场发展过程中，必须有一双稳定国民经济方向盘的"调控大手"来掌舵，加强对房地产开发活动的管理，调控房地产开发总量，控制稳定房价，要让老百姓住有所居，保障老百姓的住房权益，最终实现民生之美(图1-4)。

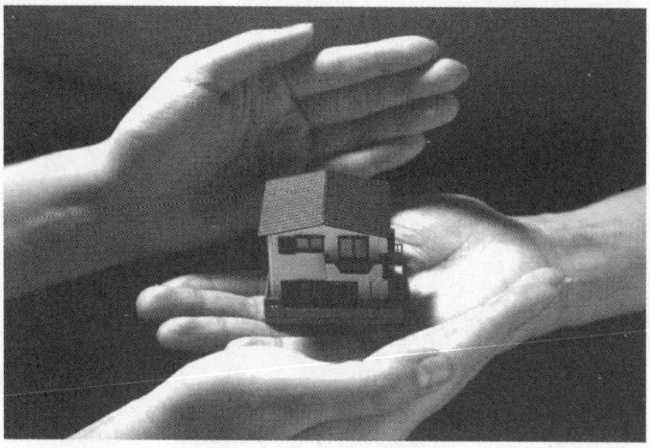

图 1-4　住有所居

【本章小结】

房地产市场宏观调控是指国家借用行政力量干预房地产市场，确保房地产市场按照国家意志健康发展的一种政府行为。房地产市场宏观调控对于房地产市场及整个国民经济运行的重要性不言而喻。本章分别从房地产宏观调控的主体、房地产宏观调控的方法和手段、房地产宏观调控的原因和目的等角度对房地产宏观调控中的美的体现进行详细阐述。通过本章的学习，我们了解了调控方法的互补之美、市场经济的规律之美、住房供求的均衡之美、保护百姓住房权益的民生之美，也对政府通过房地产宏观调控实现百姓安居乐业、国民经济平稳健康发展所带来的美有了更加深刻的理解。

【思考题】

1. 房地产宏观调控是如何体现民生之美的？
2. 结合现实生活，你认为还有哪些方面能够体现房地产宏观调控之美呢？

第二章　探求市场均衡之点——运用规律

【本章导读】

在市场经济条件下,房地产的价格是由房地产的需求与供给决定的。对供求关系进行有效分析,可以把握市场发展动态。但你真正了解房地产市场及房地产供求关系吗?对国家宏观调控房地产供求关系有过研究吗?面对中低收入家庭而推出的住房过滤制度,它是怎样一步步过滤解决人们需求的呢?我们都希望房地产供求关系达到均衡状态,国家为了其达到均衡,做了哪些方面努力呢?本章从一般商品供求关系入手,详尽展开介绍房地产供求关系与国家宏观调控有关知识,带领学生走进房地产市场,走进供求领域,在欣赏供求均衡之美的同时感受宏观调控之美!

第一节　房地产供求关系

提到房地产供求关系,我们仍然会想到房地产的供给与需求,简单来说,供求关系就是一场供给端与需求端的对决,两者的对决结果决定着房地产市场的走向。那么在研究供求关系过程中,仅仅分析供给端与需求端的指标就能推测出房地产的走势吗?很显然是不可能的,从图 2 – 1 房地产住宅投资 – 年份图、图 2 – 2 年末人数 – 年份图中,我们只能看出供给与需求是逐年上升的,但是我们并不清楚它的真实状态。因为在供求关系当中,存在着供求理论与宏观调控的双重作用,我们在研究时,也必然要考虑这些因素。

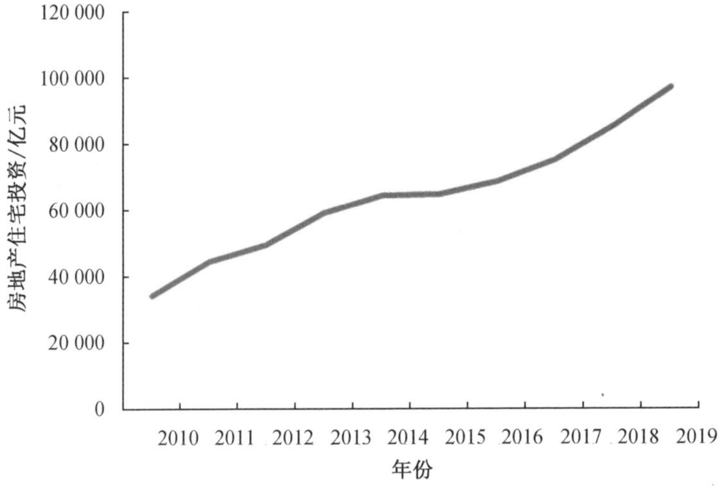

图 2 – 1　房地产住宅投资 – 年份图

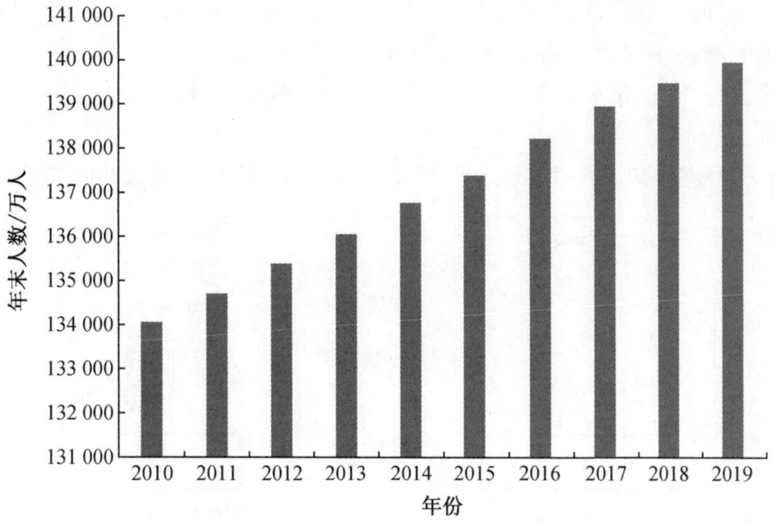

图 2－2　年末人数－年份图

一、房地产之谜——反常态的供求关系

（一）普通商品的供与求

在感受房地产奇特的供求关系之前，我们首先要了解一般商品的供与求。在商品经济社会中，所有可用的东西都可以看作商品。那么到底什么是商品的供给与需求，它们两者与商品价格之间有着怎样的关联，这种关联对于每种商品都适用吗？下面让我们一起来进行学习第一步——走进商品的供给与需求。

一种商品的需求是指消费者在一定时期内，在各种可能的价格水平上，愿意且能够购买该商品的数量。这里的需求指的是有效需求，必须要有购买欲望，又要有支付能力，两者缺一不可。例如，穷人向往别墅，只有购买欲望却没有支付能力；富人有能力购买低档住房，有支付能力但却不愿意购买，这两种情况都不能算作需求（图 2－3）。

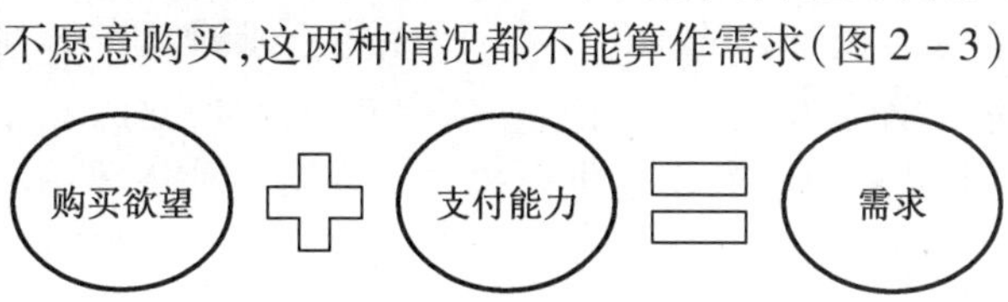

图 2－3　有效需求的构成要素

一般来说，商品的价格越高，该商品的需求量就会越少；相反，价格越低，需求量就会越大。这就合理地解释了为什么服装店总是在换季的时候打折、猪肉总是在价格低的时候更受青睐等一系列问题。那么是什么样的商品都满足这一规律吗？通过观察发现并不是这样的，像柴米油盐等生活必需品，无论商品价格如何变动，我们的需求量是不会有较大变化的；而有些商品，类似于古董、珠宝，往往是商品价格下降，需求量反而减少，价格上升需求量反而上升。因此，我们要根据具体商品来判断其价格与需求量之间的关系。

一种商品的供给是指生产者在一定时期内，在各种可能的价格下，愿意且能够出售该种商品的数量。这里的供给指的是有效供给，必须要有出售的愿望，也要有出售的能力。

如果生产者对某种商品只有提供出售的愿望,而没有提供出售的能力时,就不能算作供给。

一般来说。商品本身的价格越高,生产者的产量就越大;相反,商品价格越低,生产者的产量就越小。当然,这也不是绝对的,我们还要分析该商品生产成本、相关商品的价格等一系列的因素。

根据以上学习进行知识梳理,我们可以得出市场、商品价格与供求的内在关联(图2-4)。

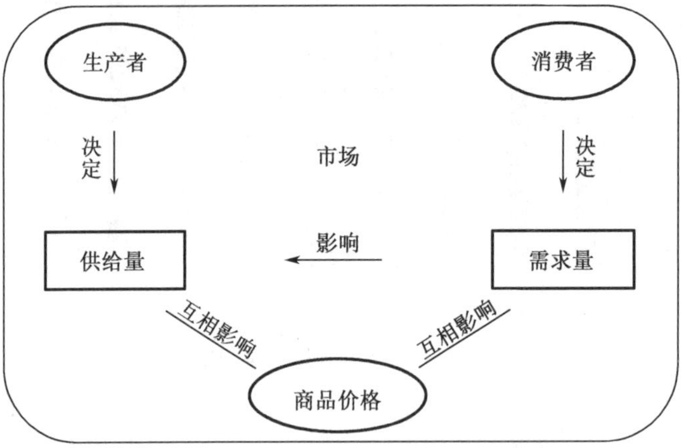

图2-4　市场、商品价格与供求的内在关联

(二)供求实践之美

在学习了供求关系的简单知识之后,我们进行学习第二步——为什么要研究供求关系,供求关系到底有何意义呢?

供求关系的意义在于供求影响商品的最终价格。在市场中,供给代表生产者(厂商)行为,需求代表消费者行为,供给与需求存在三种关系:供大于求、供小于求及供求均衡。当供大于求,即生产者生产商品的数量大于消费者的需求时,厂商生产的大量商品囤积在仓库中不能完全售出,市场剩余商品数量增多,为了将剩余商品转卖出去,商品价格自然会降低,这时商品的最终价格会低于其使用价值①。当供小于求时,由于厂商供给不足,市场处于非饱和状态,这时消费者需求旺盛,商品价格便会有所提高,这时商品的最终价格会高于其使用价值。我们追求的理想状态便是供求关系当中第三种情况——供求达到均衡。但在现实生活中,很难达到供求的绝对均衡。在供求均衡状态下,供给量等于需求量,商品的最终价格也与其使用价值基本持平。供求关系的存在使得价格围绕着价值这根轴不规则地上下波动(图2-5、图2-6)。在房地产市场中,房地产商品属于与土地有着密切联系的特殊商品,因此商品经济社会的供求关系同样适用于房地产供求关系,在房地产供求关系中,也同样存在着供大于求、供小于求以及供求均衡三种情况。处理好房地产供求关系对房地产业的发展有重要作用。

---

① 商品的使用价值是指能够满足人们某种需要的属性。使用价值是一切商品都具有的共同属性之一。任何物品要想成为商品都必须具有可供人类使用的价值;反之,毫无使用价值的物品是不会成为商品的。

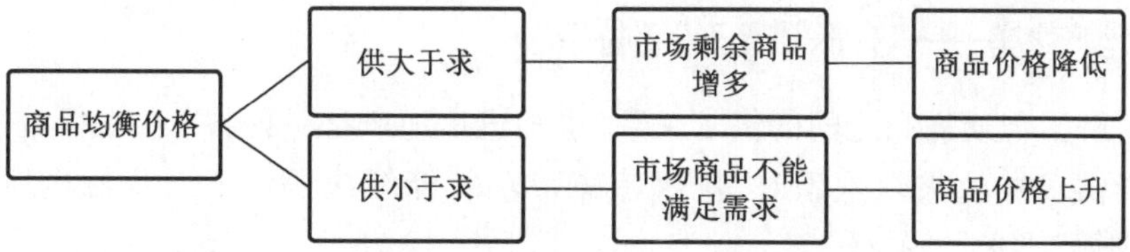

图2-5 供求关系对价格的影响

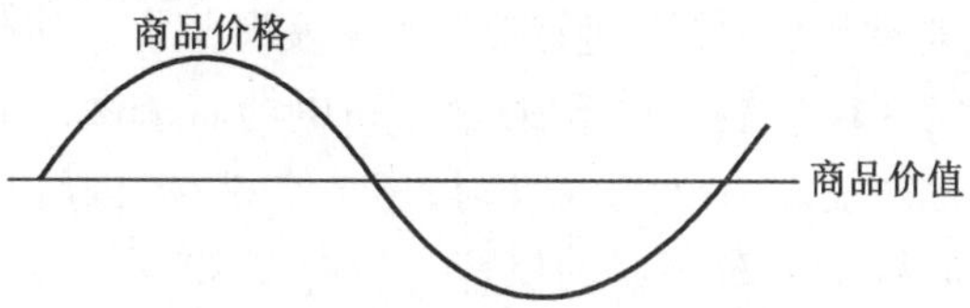

图2-6 商品价格-价值解析图

(三)一反常态的房地产供求关系

我们已经对普通商品之间的供求关系有了初步了解,接下来思考这样一个问题:房地产商品与一般商品有区别吗?这些区别之处会使房地产商品供求关系呈现怎样的特点呢?下面我们进行第三步学习——探究房地产供求的反常之处及原因。

房地产的根本用途在于实现居民基本的住房目的,或者生产工作目的。但房地产高价值的特点,使投资房地产成为居民财富增值的一种手段。房地产需求主要包括生产性需求、消费性需求和投资性需求三种。生产性需求是指物质生产部门和服务部门为满足生产经营需要而形成的对房地产商品的需求,其需求的主体是各类企事业单位和个体工商业者。如工厂的厂房、商店的商铺、办公用房、服务行业用房及其他生产经营性用房等的需求。消费性需求是由人们的居住需要而形成的房地产需求,主要是住宅房地产需求,其需求的主体是居民家庭。投资性需求是指人们购置房地产不是为了直接生产和消费,而是作为一种价值形式储存,在合适的时候再出售或出租,以达到保值增值的目的。

由于房地产商品具有生产生活和投资双重功能,加之买卖双方之间信息的不对称(在房地产市场中,购房者相对于房地产商来说,属于缺乏信息的劣势方。而且房地产商可能利用购房者信息匮乏的特点,误导购房者做出违背市场规律的相反的选择),因此房地产供求关系有时并不完全遵循需求定律(图2-7)。例如,当房价上涨时,消费者可能存在房价在未来短期内也会上涨的预期,为了不让自己多花"冤枉钱",他们大多数会选择在房价上涨时买房,由此就会造成价格虽然上涨,但是需求仍然上升的现象;当房价下跌时,消费者可能存在观望的态度,他们希望在房价继续下跌时再买房,此时虽然价格下降但是需求却并未增加。

图2-7 房屋不完全遵循需求定律的原因分析

二、房地产之美——"有形""无形"手拉手

我们了解了普通商品之间的供求关系，也知道房地产是一种特殊商品具有特殊性，那么在房地产供求发生失衡现象时，仅仅依靠市场就能解决吗？下面我们进行学习第四步——"有形""无形"手拉手。

在经济学当中，"有形手"是指政府宏观经济政策和行政手段，"无形手"是指市场的运行规律即供求关系。在房地产调控当中，仅依靠市场是不能解决失衡问题的，只有借助政府这双"无形手"进行宏观调控，才能迅速有效地解决实际问题。房地产供求关系主要表现在房地产企业针对国家宏观调控制定的有关政策和市场需求做出的供需进行调整，例如，当国家政府出台刺激房地产需求方面的政策时，房地产市场已经出现供大于求的现象，那么此时的房地产开发商应该减少对房屋的供应；又因房地产市场供大于求，导致房屋价格下跌，此时的消费者即购房者，开始大量的买入房屋，在多方共同作用下供给逐渐与需求持平。然而，随着需求的持续高涨，也必将导致房地产市场产生供小于求的现象。如果房屋的供给不能满足购房者的需求，价格开始出现涨幅，那么人们的购房热度开始降低，从而导致需求的减少。与一般商品的供求关系类似，房地产供求关系使房屋价格在其使用价值上下范围内波动，体现着价值规律。

房地产业是国民经济的支柱性产业，在国民经济中发挥着不可替代的作用，而在房地产业的发展过程中，必须时刻注意房地产泡沫①带来的隐患，如果房地产泡沫出现破裂，就容易发生严重的后果，不利于我国经济的发展，因此国家对房地产供求关系的调控具有十分重要的意义。

三、房地产过滤之美

目前我国很多城市住房市场存在人口多、住房少、收入低、房价（租金）高的多重矛盾。多个矛盾互相激化，导致低收入人口住房问题异常严峻。面对这种供求现状，我们是怎样解决的呢？下面，我们进行学习第五步——住房过滤机制研究。

我国处于快速城市化发展阶段，各地区房地产市场供求十分不均衡。随着时间的推移，住房会老化，较高收入的居民为了追求更好的住房，放弃现有住房，从而较低收入的居民有机会继续使用该住房，我们把这一过程简单定义为住房的过滤现象。通过住房市场的过滤机制，每个家庭都能够在市场上寻找到与自己收入相对应的住房，从而提高房地产市场效率，政府也不必过多干预住房市场的发展。理论上讲，如果住房市场结构匹配合理，且住房供给总量与需求总量持平，则通过过滤机制会增加居民的选择机会，从而提高中低收入家庭的福利水平。

（一）过滤演变之美

在20世纪20年代，美国社会学家伯吉斯首次提出了住房过滤理论，但其理论只是对芝加哥市住房区位分布和家庭迁移结果的总结，并不具有普遍性。而且其研究的着眼点是城

---

① 房地产泡沫，是指由房地产投机引起的房地产价格与价值严重背离，市场价格脱离了实际使用者支撑的情况。其两大特征是：商品供求严重失衡，供给量远远大于需求量；投机交易气氛非常浓厚。

市区位分布，而不是住房本身，因而该理论有较大的局限性。后来在研究住宅区位理论时，霍伊特、哈里斯和乌尔曼等人对过滤理论进行了修正和发展。在20世纪60年代以前，人们对住房过滤的含义和过滤发生的过程认识模糊，争议也很多，且基本上形成了以下3种看法：

①Rat Chiff(1949)认为，过滤是房价或租金变化及居住者搬迁作用的结果；

②Fisher 和 Winnick(1951)去除了居住者的居住变迁，认为只有价格和租金的相对改变才导致过滤的发生；

③从社会的观点出发，过滤过程必须包括家庭收入、住房品质和每人持有空间，只有当房价比住房品质下降更快时，住房向下过滤才会发生。

直到1960年，劳瑞对过滤现象做了更加深入的解释之后，过滤现象才有了更加清晰的表述。他认为，过滤的主体是住房而非各种收入阶层，过滤产生的内部原因在于住房生命周期内价值的变化。即随着住房的老化，房屋价值会下降，高收入阶层就会去新建房屋，而旧的房屋就过滤给了低收入家庭；而外部原因则是由消费者偏好、收入、房屋价格所引起的居住者的居住变迁。

我国学者宋博通(2000)认为，住房过滤是指在住房市场中，最初为较高收入者兴建的住房随着时间的推移，发生老化折旧，使住房服务功能降低，而较高收入的房客为追求更好的住房，放弃现有住房，由较低收入者接着使用这一住房的过程。

(二)过滤本质之美

住房过滤是指在市场经济条件下，首先是为具有较高收入的阶层建造住房，但房屋会随年限产生损耗和折旧，住房不断老化，原有房屋价格降低；同时新建住房供应量增大，于是较高收入的家庭为了追求更好的居住环境，会重新购置高品质房屋而非重新装修原有房屋，而较低收入的家庭除拆迁外则很少进行房屋的置换。当高收入家庭搬入品质更高的房屋后，通过对原房屋进行翻新并投入交易市场以满足低收入群体的住房改善需求，也可以为中低收入者提供更多的选择。

住房过滤应从住房市场过滤的过程来理解，住房过滤实质上是住房和居住者两方面同时移动的结果。如图2－8所示，居住者可能会因为外部原因如收入、工作、孩子等主动进行迁移，追求更高质量的房屋，即向左移动；而房屋随年限则向反方向移动。新建住房服务功能齐全，更能满足人们的需求。当新建住房变为旧房屋，它的功能就会有所下降，这样的房屋由于价钱低廉更加受到中低收入家庭的欢迎，解决了他们的需求难题。而当房屋不能再为人们提供有利价值的时候，就会被拆除，而空地就被再次利用。住房和居住者的相互作用形成了住房过滤的现象。

四、房地产供求关系之美中不足

在房地产发展过程中，政府与市场发挥着不可替代的作用。当供求关系发生较大变化时，一方面政府会进行宏观调控，另一方面市场本身也会进行自我调节，但是在房地产供求关系当中仍然存在着一系列的问题，下面让我们进行学习第六步——房地产供求关系之问题研究。

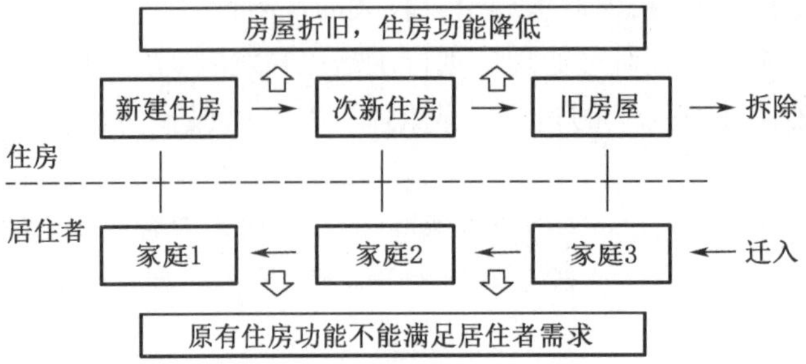

图 2-8　住房过滤分析图

(一)供求数量之美中不足

随着我国经济的迅速增长,房地产业也以迅猛之势高速发展起来。投资者看到了房地产市场的巨大利润,纷纷将资本投入其中,大量资本涌入使房地产市场持续升温,引起房价高涨、供给需求不匹配、住房空置等现象。2003 年,房地产开发投资额为 10 153 万亿元,之后仅经过 4 年时间,房地产开发投资额相较于 2003 年便已翻倍,直至 2020 年,房地产投资开发额一直处于增长状态,2020 年投资额已达 141 443 万亿元,相较于 2003 年翻了不止十倍。而从住房空置率来看,我国大部分城市存在大量的空置住房,尤其是北上广深等一线城市和大多数经济发展较为迅速的二线城市,住房空置率高达 20% 以上。我国住房空置面积高达上亿平方米,存在住房大量积压现象。房地产总体呈现供大于求的不均衡现状。

(二)房地产区域分布之美中不足

我国房地产区域分布呈现"主城区供小于求,非主城区供大于求"的不均衡现状。李嘉诚曾谈道,"决定房地产价值的因素,第一是地段,第二是地段,第三还是地段!任何时候城市中心区域都属于稀缺资源。"现在也是如此,在地段好的地区,例如一二线城市的学区房、地铁房开盘后就被人们纷纷购买。

对其进行原因分析可知,主城区因为围绕中心区域,经济繁荣,配套设施完善,更加符合人们对幸福生活的追求。因此,需求方基于自身需要,买房欲望强烈,加之主城区人口流入量较多,需求量多;从供给方来看,闲置土地相对稀缺,供给量较少,因而常常陷入"有市无房"的尴尬境地。而非主城区不管在服务设施还是医疗方面都相对落后。又基于对未来工作的考虑,其部分人口流入主城区,人口数量较少,需求较弱。但非主城区闲置土地较多,且便宜,因此投资商投资活跃,供给量很大,由此形成房子供大于求、"无人问津"的局面(图 2-9)。

(三)房地产产品结构之美中不足

房地产产品结构之美中不足是当前中国房地产业最为严重的问题之一,主要表现为两个方面:一是普通、低端住房比重大,别墅、高等住宅比例相对较少,而现在人们的生活水平不断提高,对住房的功能也有了更高的要求时,他们有能力也更加向往居住到高等住宅,由此就造成了供求端对低端住宅供应过大,而高等住宅供应过少,供需两端出现了不平衡现象;二是大户型房源较多,小户型房源少,而当前中国房产市场的主要需求者为收入较低的年轻人,他们对小户型房产的需求更为旺盛,因此现有的小户型房源并不能满足市场要求。单一模式、低端开发,且与市场需求不相符合的开发模式既是对中国土地资源的极大浪费,也不利于房地产业的持续发展。

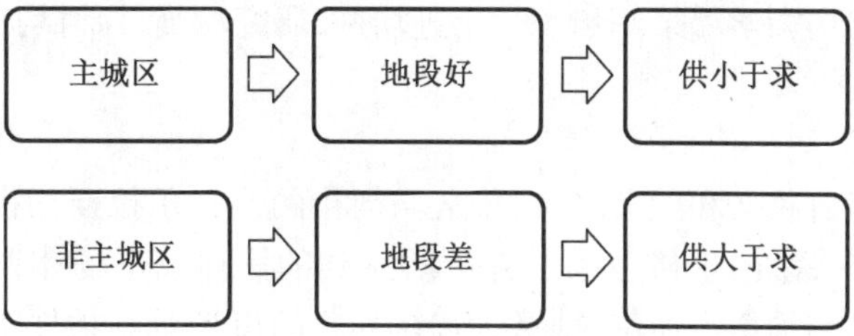

图 2-9　房地产区域分布不均

【学习小结】

本节主要带领学生进行六步学习,首先让学生了解一般商品的"供"与"求",再以此为出发点,对房地产的"供"与"求"进行分析,让学生了解在房地产供求关系中国家宏观调控的重要作用,同时,让学生对住房过滤机制有初步了解。最后,聚焦现状,对我国房地产供求关系现状进行了问题分析。

【思考题】

1. 你的身边有体现房地产供求关系的小例子吗?
2. 你认为新冠肺炎疫情对我国房地产供求关系产生了哪些影响呢?

第二节　房地产供求均衡分析

有人说,大家都爱买房,所以房价才一直上涨,而且未来还会继续上涨。事实真的如此吗?逻辑看似成立,但事实显然并非如此。影响房价的因素众多,买房的强大欲望只是影响因素之一。众所周知,从经济学的角度分析,影响价格的最核心因素还是供求关系。过去二三十年,中国房价涨多跌少,全国各大城市房价上涨了 10~20 倍,难道一直以来我们的房子都不够住吗?

答案并非如此,相反到了最近几年,很多城市的房子整体而言不仅够住,而且出现了严重的过剩。住房的空置率也不断提高。空置房是房地产市场上的专用名词,严格概念上是指房屋竣工一年之后没有实现销售的房子,通俗地说就是市场上卖不出去的房子。

如果说我国的房地产市场是一个蓄水池,在过去十年里,房地产业快速发展,蓄水池的水位迅速上升,我国的住房存量也急剧增加。原因很简单,水的流入速度越来越快,流入的水量超过流出的水量。换句话说,在我国的房地产市场上,每年建的房子比卖的房子还多!在过去,由于蓄水池是空的,水位上升是没有问题的,但如果蓄水池是满的,水仍在流入,就有堤坝坍塌的危险。面对房价疯涨、供给量增加、购房者望而却步、空置率提高、供求严重失衡,国家应该怎样宏观调控,让供求关系步入正轨呢?

一、均衡多维美

在了解了房地产供求关系之后,我们接下来研究房地产的供求均衡问题。供求均衡到底是什么,我们为什么要研究房地产的供求均衡问题,研究出来了又有什么意义呢?下面我们进行房地产供求均衡学习第一步——走进均衡,研究均衡,探讨均衡的意义。

(一)理论之美

经济学中的均衡有狭义和广义之分,狭义均衡指的是瓦尔拉斯均衡。瓦尔拉斯均衡是假设在完善的市场和灵敏的价格体系条件下所达到的均衡及市场体系中所有市场均通过价格运动而使供求达到均衡。瓦尔拉斯认为,在完善的市场机制条件下,各种商品的需求、供给和价格是相互联系、相互影响和相互制约的,其中任何一种商品的需求、供给和价格必须同时和其他所有相关商品的需求、供给和价格联合决定,当所有的商品价格都达到了需求和供给相等的程度时,市场就处于一般均衡状态了。瓦尔拉斯均衡主要通过价格调节来实现。

广义均衡包含瓦尔拉斯均衡和非瓦尔拉斯均衡。非瓦尔拉斯均衡简称为非均衡。非均衡是指在市场体制不完善和价格体系不灵敏的条件下所达到的均衡。市场处于非均衡状态时,需求量和供给量不一定相等,价格不一定依据市场供求的变动而迅速发生变化,以使市场达到新的均衡状态。在这种状况下,供求主体会依据自身实际相互调整,以使市场由非均衡状态向均衡状态转化,非均衡主要是通过数量调整来实现均衡状态的。瓦尔拉斯均衡被人们认为是经济运行中的理想态势,但在现实生活中,供给与需求往往很难达到瓦尔拉斯均衡,经济更多地表现为非均衡运行状态。而在房地产市场中,面对供求关系,这种均衡也很难实现。

房地产市场供求均衡即供给与需求达到均衡状态,是指房地产商品的供给价格与需求价格相一致,而且供给数量与需求数量相一致时的房地产经济运行状态,这两个要素缺一不可,二者相互联系、相互影响。如图 2-10 所示,S 为供给曲线,D 为需求曲线,两条曲线的交点 E 称为均衡点,E 表示此时供给与需求达到均衡状态。ON 表示达到均衡状态时对应的均衡价格,OM 表示均衡状态下对应的供给量与需求量,称为均衡数量。

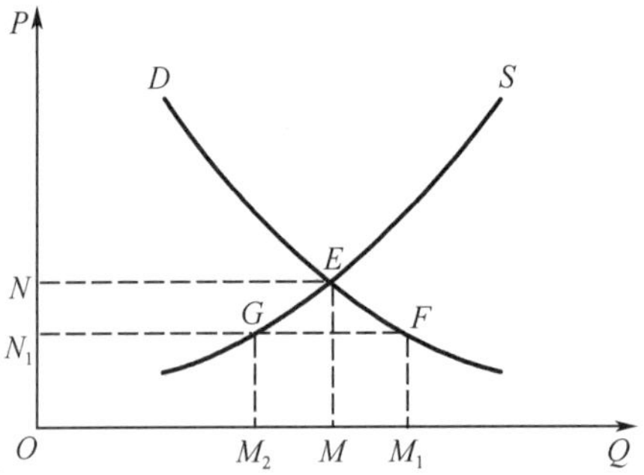

图 2-10　均衡分析图

(二)研究意义之美

由房地产供求均衡原理可知,房地产供给和需求均衡的实质就是实现房地产商品价值的问题。因此,房地产市场的供求均衡,是房地产市场运行的最基本问题,也是房地产市场运行所追求的重要目标。

1. 利微观行为之美

由于房地产供求双方是动态变化的,所以很难实现房地产供求的绝对均衡。研究房地产供求关系,可以让房地产商了解房地产市场的供给与需求的变动情况,帮助他们及时地调整生产经营策略和计划。简单来说,每位房地产商都是投资者,他们都追求利益和效用的最大化,如果他们不了解房地产供求关系,就会遇到房子卖不出去、没有利润回报,或者房子不够卖、利润变少的尴尬情况。为了避免类似状况的发生,研究房地产供求的均衡关系是十分重要的。例如,当市场上房子的供给大于需求时,他们就会相应地调整计划,减少对房地产的投资,这样在未来的一段时间,既保证了他们所求利益的最大化,也让房子的供给量有所减少,有利于房地产供求再次达到健康的均衡状态。

2. 利宏观调控之美

房地产市场的健康发展与政府的宏观调控密不可分,由于房地产市场的供求关系一直处在波动状态,因此为了让房地产市场均衡发展,国家往往会采用税收、利率、信贷、政策实施等经济杠杆,刺激或抑制供给与需求,引导供求曲线沿着利于均衡的方向运动。例如,当房地产市场发展过热、市场供求严重失衡的情况出现时,宏观调控政策必然会紧随其后,当新的调控政策出台和实施之后,房地产市场在供需总量、供求结构上也会随即做出适应性调整(但调整不一定符合调控预期,不能完全确保市场即刻回归到均衡状态上来)。所以,研究房地产是否均衡以及房地产的供求比例,可以为国家宏观调控指明具体方向,利于房地产供求再次达到均衡。

二、非均衡态调节美

了解与均衡有关的一般概念及意义之后,我们知道在现实生活中,往往“供”与“求”是一种不均衡的状态。在市场中,面对不均衡现象,我们不仅要分析其产生缘由,也要了解市场自身的调节,下面我们进行学习第二步——非均衡状态下的原因分析及自我调节。

(一)供给量、需求量变动影响之美

供给量与需求量变动是指当影响房地产供给与需求的其他因素不变时,商品本身价格的变化所引发的供给量或需求量的变动。这里的供给量与需求量的变动是由价格变动引起的在供给曲线与需求曲线上的移动,俗称点移动。如图 2－10 所示,当市场价格低于均衡价格 ON 时,此时对应的供给量为 OM_2,需求量为 OM,很显然 $OM_2 < OM$,市场表现为供小于求。而供小于求又会引起市场价格上升,直至价格为 ON 时,供给量与需求量相等,达到房地产供求均衡状态。

(二)供给、需求变动影响之美

供给与需求的变动是指当商品本身价格不变时,其他因素变动所引发的供给量或需求

量的变动。这里的供给与需求的变动是由外生变量①(如收入)引起的整条供给曲线或需求曲线的移动,俗称线移动。如图 2 - 11 所示,假设当需求曲线 D_0 因为外生变量变动移动到 D_1,而供给曲线 S_0 保持不变时,此时的均衡点变为 E_1,均衡价格也由以前的 ON_0 降低为 ON_1,均衡数量也由 OM_2 减少为 OM_1;当需求曲线 D_0 保持不变,供给曲线由 S_0 变为 S_1 时,从图中可以明显看出,均衡价格较之以前下降了,均衡数量却有所增加。

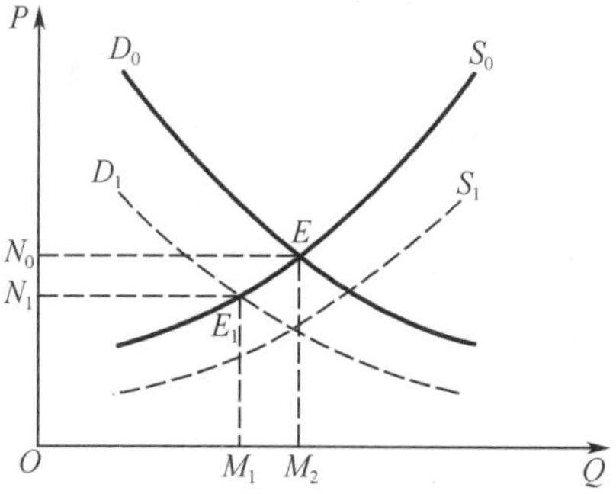

图 2 - 11　供求曲线运动分析图

三、均衡利器融合美

2003 年,房地产业被正式确立为我国国民经济支柱性产业之一,十多年来,房地产业在促进就业、拉动经济增长等方面起到了一定的作用。2003 年以后,多地房地产市场开始驶入发展的快车道,主要表现在房价上涨迅猛、房屋交易总量持续攀升等方面。但在此期间,房地产市场又呈现出一定的发展不稳定性,以全国商品房市场为例,如图 2 - 12 所示,可以看出个别年份,如 2009 年全国商品房平均销售价格同比增长幅度较大且波动较为剧烈。经济学供求理论认为,价格是由市场供求关系决定的,因此商品房平均销售价格的波动在一定程度上可以反映出房地产市场供求关系的不稳定性。面对房地产供求关系的不均衡现象,市场会进行自我调节,国家也会对房地产进行宏观调控。下面我们进行学习第三步——在供求非均衡、房价高涨条件下的有关宏观调控措施的研究。

(一)土地供应策略之美

现在商品房价格越来越高,原因之一就是土地拍卖价格逐年升高,导致房地产商的开发成本越来越高,为了追求经济利益,他们必然会提高房价,那我们为什么不能考虑通过增加土地的供给降低成本来缓解房价呢(图 2 - 13)?一方面是因为土地是一种不可再生的宝贵资源,有待开发的土地面积是有限的,整体的土地供给就很少,自然住房的建设用地的供给也是非常少的;另一方面,我国还需要严守“18 亿亩耕地红线②”,保证耕地总量不被侵蚀。我国是一个人口大国,必须要有大量的土地用于农业生产才能够满足我们的物质生活,因此住宅建设用地的供给显得明显不足。那么针对土地供应不足引起的房地产供求关

① 外生变量又称政策性变量,是指在经济机制中受外部因素影响,而非由经济体系内部因素所决定的变量。

② 18 亿亩耕地红线是指全国耕地总数目要至少保持在 18 亿亩。决不能因为城市化及工业化进程而使耕地大量减少。这是经过科学计算得出的保持我国粮食安全稳定的耕地总数。1 亩 =666.67 平方米。

系不平衡现象，国家应该采取怎样的策略呢？

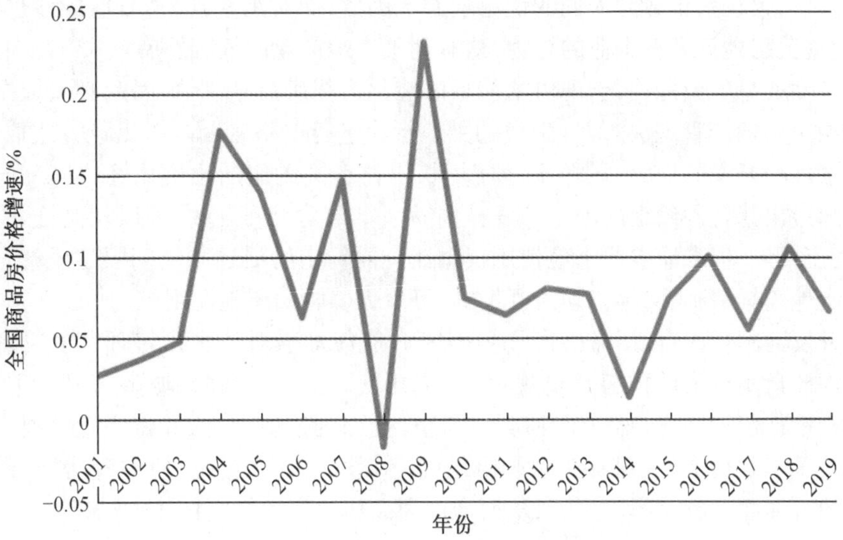

图2－12　全国商品房平均销售价格增速

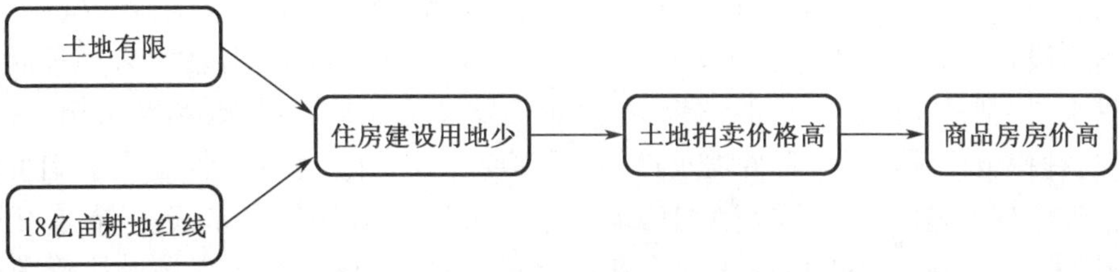

图2－13　商品房房价高原因分析图

目前，土地供应方式主要有以下三种：协议出让方式，招标、拍卖、挂牌方式以及国有土地租赁方式。协议出让方式就是政府与土地使用者以协议方式签订土地使用权出让合同，土地使用者支付相应的出让金，国家把一定期限的国有土地使用权让渡给土地使用者。根据国家规定：商业、旅游、娱乐和商品住宅等各类经营性用地，必须以招标、拍卖或者挂牌方式出让。前款规定以外用途的土地的供地计划公布后，同一宗地有两个以上意向用地者的，也应当采用招标、拍卖或者挂牌方式出让。国有土地租赁方式即国家将国有土地出租给使用者使用，此时土地使用权流转。土地使用权流转的含义是指，拥有土地承包经营权的农户将土地经营权（使用权）转让给其他农户或经济组织，即保留承包权，转让使用权。

在土地保护政策允许的范围内，政府可以对现有土地规划进行调整，适当增加住房建设用地供给。还可加大挖潜力度，对城市内部不合理占地、边角“废”地进行重新整合，集约使用土地，增加住房建设用地的有效供给。

（二）房地产开发企业行为规范之美

土地储备是影响房地产企业业绩的重要因素，也是抗风险能力的重要表征，开发商闲置土地的主要动力在于囤地生钱，房地产企业每年购置土地面积的增长率远远高于开发土地面积的增长率,这意味着每年都有大量的土地被囤积。囤地行为不仅影响房地产供求关系的健康发展,也让房价成为人们的忧心问题。因此,面对囤地现象,政府应该进行宏观调控,不断地规范房地产开发企业的行为,这有利于房地产业的健康发展。

房地产商如果大量囤地,土地供给就难以转化为住房商品供给,因此必须依据《中华人民共和国城市房地产管理法》对开发商的囤地行为进行严格管制。以出让方式取得土地使用权进行房地产开发的,必须按照土地使用权出让合同约定的土地用途、动工开发期限开发土地。超过出让合同约定的动工开发日期满一年未动工开发的,可以从高征收土地闲置费;虽然动工开发,但未能按照土地使用权出让合同约定的项目开发期限建成的,也应考虑从高征收土地闲置费;满两年未动工开发的,可以无偿收回土地使用权。

针对开发商囤积居奇、捂盘惜售①等做法,政府应加强对住房预售环节的管理,对达到预售标准的楼盘实行最低预售数量规定,防止开发商捂盘。同时,城市房地产主管部门应建立房地产销售信息网络,对空置住房情况进行全面的摸底调查,并将空置情况上网公示,对商品房空置率实行上限控制,对超过限额的空置房征收空置税,使空置房源持有者由于持有成本的增加而释放一部分房源,从而增加商品房的有效供应量,降低房价。

(三)投资性需求抑制之美

房地产投资性需求可分为两种:一种是长期性投资,购房后长期出租,等待房价上涨时再转售;另一种是短期性投机炒作,在购买期房后炒高房价,再在较短时间内转手出售获利。房地产投资性需求的作用有两重性:一方面,它是市场经济的润滑剂,有利于促进房地产市场繁荣,特别是在供大于求的情势下,投资性购房能够扩大需求,活跃市场,有助于供求均衡,这种积极作用正是投资性需求得以长期存在的缘由。另一方面也应看到可能出现的某些消极作用。过度投机可能增加房地产市场需求的水分和泡沫,造成需求旺盛的假象,加剧供求失衡,甚至出现房价大起大落的结果,特别是在房地产市场供小于求的情势下,短期投机性炒作人为抬高房价,不利于实现房价的基本稳定。所以,对房地产投资性需求的政策选择应把握恰当的度。国际上通行的适度的量化标准是,投资性购房量控制在房地产交易总量的20%以下;在保护其积极作用的同时,采取适当的政策措施(例如物业税调节),限制其消极作用,在必要时还可制定法律法规限制期房转售。

现阶段房地产需求的双重过热共同推动着房价上扬。必须按照“鼓励自住、抑制投资”的要求,对房地产市场的两类需求进行有效管理。抑制投资性需求主要从提高投资的风险、加大机会成本和减少其收益入手。第一,城市房地产主管部门应当在销售全过程中落实以家庭为单位的“实名制”购房。第二,政府应加快出台住房保有环节的税收政策,即物业税,对家庭拥有的第二套以上的住房征收重税,目的是增加房地产持有者的持有成本,可以在一定程度上抑制房地产投资性需求。第三,实行差别化信贷政策,对家庭购买第二套以上住房规定较高的首付和较高的贷款利率,减少投资者的利润空间,从而有效地减少投资性购房,平抑房价。

---

① 捂盘惜售,从字面意思理解是“捂住楼盘,舍不得把房子拿出来销售”,其目的和“囤房捂盘”一样,都是为了抬高房产价格。

（四）保障性住房供给之美

世界各国将住房大多分为公屋或私屋。公屋是由政府买单的保障性住房，保障性住房是指政府为中低收入住房困难家庭所提供的限定标准、限定价格或租金的住房，一般由廉租房、经济适用房、政策性租赁住房、定向安置房①等构成。而私屋则是私人拥有不享受政府买单优惠的自建或市场化的商品房。

廉租房是政府或机构拥有，用政府核定的低租金租赁给低收入家庭，是非产权的保障性住房。廉租房只租不售，出租给城镇居民中最低收入者。经济适用房是政府以划拨方式提供土地，免收城市基础设施配套费等各种行政事业性收费和政府性基金，实行税收优惠政策，以政府指导价出售给有一定支付能力的低收入住房困难家庭。这类低收入家庭有一定的支付能力或者有预期的支付能力，购房人拥有有限产权。在房价疯涨、经济适用房走入困境、百姓居住难的背景下，保障性住房便成了社会关注的焦点，成为低收入家庭住房的“救命草”。

增加经济适用房、廉租房建设，是调节房地产市场供求、平抑房价的一支重要力量。一是加大经济适用房的建设力度，严格控制经济适用房建设面积，严格经济适用房入住资格的审查，切实满足更多低收入阶层的住房需求。二是增加廉租房供应，满足最低收入家庭的基本住房需求。政府相关部门应该广辟廉租房建设资金来源渠道，比如，针对开发商囤地行为征收的土地闲置费、针对开发商囤积房源征收的空置税，以及针对居民拥有的第二套以上住房征收的物业税都可以转化为廉租房建设的基金投入，增加廉租房的供给，满足最低收入阶层的居住需求，从而间接转移一部分住房需求，缓解商品房市场供小于求的巨大压力，使房价的上涨得到抑制。

四、均衡调控意义美

房地产业的发展离不开宏观调控，房地产供求关系要想实现均衡发展也离不开国家的宏观调控。宏观调控的作用不可忽视，近年来宏观调控作用下的供求关系也朝着人们的预期方向在发展。接下来我们一起进行学习第四步——宏观调控对房地产供求关系的重要作用。

（一）动态均衡之美

在现实经济生活中，房地产供求的非均衡态是非常常见的，绝对的均衡几乎是不存在的。这种相对的均衡又有两种形态，一种是供给略大于需求的基本均衡态；另一种是需求略大于供给的基本均衡态。理想的状态是第一种。国家的宏观调控，让房地产供求关系没有较大程度的偏移，而是处于一种动态的均衡之中。

（二）人居幸福之美

当前我国房地产市场总体还不够成熟，总体呈现出如下特点：区域发展不均衡、局部过热、住房保障能力差、结构性矛盾依然突出、市场管理体制仍不健全、房地产价格增长过快、市场主体行为缺乏理性等。因此，必须由政府提供有力的扶持和引导，通过采取适当的宏

① 安置房是政府进行城市道路建设和其他公共设施建设项目时，对被拆迁住户进行安置所建的房屋。安置的对象是城市居民被拆迁户，也包括征地拆迁房屋的农户。

观调控措施，规范房地产市场运行，促使其更快地走向成熟。

住房问题既是民生问题也是发展问题，关系着千家万户的切身利益。实现住有所居是重要的民生目标，也是人们的期待与梦想。为了让人们实现从“有住的”到“住得好”的重要目标，房地产市场的供应体系必须打造多层次住房结构，多角度保障不同群体的住房需求。国家要将宏观调控落到实处，从供给端增加人们需要的住房类型，让人们感受到人居幸福之美。

（三）社会安居之美

近年来，我国的经济得到了飞速的发展，人们的物质生活水平也越来越高，促进了我国房地产业的快速发展。为了有效地抑制房地产经济泡沫的逐渐膨胀，我国的相关部门运用宏观调控中的经济政策来规范房地产市场的发展，控制房地产价格，维护房地产发展的秩序，使房地产业能够得到快速稳定的发展，最终实现房地产市场和国家经济发展相互协调。

在国民经济发展过程中，房地产经济是极其重要的组成部分，对拉动我国的消费与投资发挥着重要作用。近几年来，我国房地产的价格上升速度快。因此，国家对房地产的管理十分重视，对房价及房地产供求端采取了适当的宏观调控，这很大程度上推动了我国经济的发展与房地产市场的均衡，也实现了社会安居之美。

【学习小结】

本节主要从五部分入手，第一部分进行问题梳理：为什么我国房价高——做出假设（供给少造成房价高）——假设与实际进行对比研究（我国现状供给很多，房子空置率也很高，故假设错误）——引发思考（面对此种房地产失衡现象，国家应该怎样宏观调控），先提出问题，引发思考，也从侧面反映出宏观调控对供求关系的重要作用；第二部分旨在让学生了解均衡含义并理解研究房地产供求是否均衡在微观和宏观层面上各有何现实意义；第三部分从现实出发，首先强调了绝对均衡是很难实现的，供求关系在很多情况下属于非均衡状态，然后对非均衡状态进行两方面影响因素分析，以及面对非均衡，市场后续如何进行自我调节；第四部分主要讲解了面对房价高涨、供求失衡，国家是如何宏观调控的；最后一部分主要表明宏观调控房地产供求关系在微观和宏观层面上的意义。

【思考题】

1. 国家还采取了哪些措施来调控房地产供求呢？
2. 国家宏观调控房地产供求关系给我们带来了哪些利处呢？

【学习案例】

“房住不炒”仍将是“十四五”楼市调控主基调

2020 年 11 月 3 日，新华社授权发布了《中共中央关于制定国民经济和社会发展第十四个五年规划和二〇三五年远景目标的建议》（以下简称《建议》）。在房地产市场调控方面，《建议》称，坚持房子是用来住的、不是用来炒的定位，租购并举、因城施策，促进房地产市场平稳健康发展。业内人士认为，《建议》中涉及国民经济和社会发展的建议共60条，对接下来的经济发展方向具有重大意义。

2016年底召开的中央经济工作会议，首次提出了“房住不炒”的概念，因此近几年该概念成为“十三五”房地产发展最核心的指导思想。此后各类房地产政策的制定，都严格遵循了这个思路。《建议》继续强调了这句话，这也进一步说明，“十四五”期间国家将继续落实“房住不炒”的导向，这也是一项将长期坚持的政策。

同时，《建议》还提到了因城施策，促进房地产市场平稳健康发展。这意味着接下来的政策导向仍是根据地方房地产市场的状况实施差异化调控，预计热点城市的房地产市场调控仍将趋紧，一些三四线城市以及市场库存高的城市房地产政策则相对宽松。

值得注意的是，《建议》在畅通国内大循环条目中还强调了“推动金融、房地产同实体经济均衡发展”。这种强调，意在积极发挥政策作用，保证金融和房地产稳定，为实体经济均衡发展保驾护航。贝壳研究院首席市场分析师许小乐分析认为，《建议》强调推动金融、房地产同实体经济均衡发展，这主要是过去一个阶段，房地产和金融两个板块相互推动，部分城市房价出现快速上涨，投资投机性购房需求旺盛，部分企业投资房产，居民债务压力巨大，对国内生产、消费循环构成了不利影响。未来会坚持“房住不炒”的政策基调，维持房地产金融高压监管，抑制房价过快上涨。因此，未来购房投资的空间将被压缩。业内人士表示，此次“十四五”规划，应该说非常振奋人心。关于房地产领域既提及了住房消费，也提及了“房住不炒”，有保有压，这有助于房地产市场更为规范地发展。住房消费要真正释放，就要杜绝各类炒房行为，即要落实“房住不炒”的思路。而“房住不炒”的落实，本质上就是为了给住房消费提供更大的空间，两者实际上也是相辅相成的。

《建议》在为房地产业指明方向时还提出，未来的房地产业发展，将注重以人为本，有效增加保障性住房供给，以此促进房地产市场平稳健康发展。《建议》提出的有关房地产发展的规划与目标，皆为“十四五”期间的房地产业指明了方向，绘制出健康发展的蓝图。在这里我们也不难看出，房地产业的未来导向以及国家所实施的宏观调控政策都是根据现阶段的发展状况以及不足之处而制定的，并不是一成不变的。那么学生时代的我们，应立足现状，抓准问题。你认为房地产业的发展有哪些不足之处呢？你认为可以采取哪些宏观措施来解决这些问题呢？

第三章　房价周期波动之妙——体天格物

【本章导读】

本章主要介绍房地产经济的周期规律、形成的周期机制、周期规律曲线、宏观经济周期、房地产周期与宏观经济周期协调等核心内容。通过案例分析、小组研讨、视频赏析等形式,引导学生掌握房价周期波动之妙,通过房地产业在经济运行过程中循环往复地出现复苏、扩张、紧缩、萧条四个环节,探寻房价周期波动规律、体天格物,从而讲好中国住房故事,理解周期波动变化之妙,从而树立起齐家治国的坚定信仰。

第一节　无往不复的房价周期波动

一、房地产经济周期基本概念探究

周期,是指事物在运动、变化过程中,某些特征多次重复出现,其连续两次出现所经过的时间叫"周期"。正弦函数、余弦函数连续进行两次完整的运动所用的时间就称之为周期。

简单来讲,房地产经济周期是指房地产经济水平起伏波动、循环的经济现象,表现为房地产业在经济运行过程中交替出现扩张与紧缩两大阶段,循环往复地出现复苏、扩张、紧缩、萧条四个环节。因为我国的房地产历史较为短暂,所以此处以美国的一个房地产市场曲线波动明显的时间段来展示。

图 3 - 1 分析了美国某些代表性的大中城市住房市场指数的变化趋势,明显看出,整个曲线波动较大,每个月份都有上下缓冲的现象。在 2020 年 3 月,美国这些城市的住房市场指数更是降到了谷底,很神奇的是,度过这个低谷期后住房市场逐渐回升。房地产经济周期拥有很神奇的波动特点,像是拥有生命一样,在四个环节中循环往复,本节后续会对房地产经济周期的四大环节做出详细解释。

二、国内房地产市场周期汇总

不论哪个国家,房地产市场都会对总体经济产生深远的影响,在我国尤为如此。房地产市场由于受到土地供给弹性的制约、利率变动、宏观政策调整及其所在城市发展前景与区位条件等诸多因素的影响,其生产周期十分复杂,分析、把握好房地产市场生命周期的特点,对于确保房地产投资回报、控制投资风险、进行有效的经营十分关键。掌握了房地产市场的生命周期,并且做到心中有数地开发投资,才能有的放矢地进行经营活动,也就更有赢利的希望,同时也有利于我国的房地产业健康地发展壮大。1998 年住房改革后,我国房地产市场正式诞生。住房改革创造了一个巨大的市场,释放了大量潜在的居住和投资需求,并衍生出了大规模的消费需求。

图 3－1　美国 2012—2013 年标准普尔、CS 房价指数分析图

（数据来源：Wind）

根据业界测算，考虑到制造业投资一半左右跟房地产链相关、地方基建投资很大程度上受土地财政支撑、服务业部分领域投资跟房地产业相关，房地产业链上带动的相关投资占全社会固定资产投资的 50% 左右（图 3－2），也带动了家电、家具、装修、银行、建筑、建材、玻璃、水泥等一系列后周期行业。

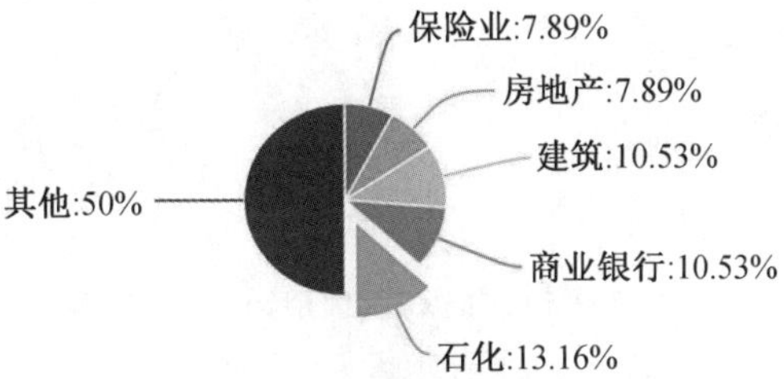

图 3－2　房地产相关产业占比

（素材来源：国家统计局）

（一）房地产初始扩张——崛起之美

当新开发和预售的房地产或经过改造、翻新后的原有房地产被介绍到市场上时，就开始了该商品房市场的初创阶段。通常人们所理解的房地产市场的开拓，就是指这一阶段的市场开拓。在这一阶段，市场的疆域很小，进入房地产市场的顾客仅限于少数消费上标新立异者，生产成本和市场成本都很高，因而价格也较高，从而导致对新顾客的渗透比较困难、市场增长速度较缓。

我国房地产市场的生命周期分为以下四个阶段。

1998—2007 年，房地产市场基本处于持续扩张的状态，十年间房地产开发投资的最低增速也达到了 20%。在 2008 年，全球金融危机对我国房地产市场造成了明显的冲击，悲观情绪和紧缩的需求使得我国房地产市场迅速陷入低迷状态。但很快，全球范围内的量化宽松和国内 4 万亿的放水刺激迅速将我国房地产投资和房价顶了上去。

到了 2009 年底，货币政策和住房调控收紧，央行多次提高准备金率和存贷款基准利率，房贷利率和首付比例提高、限购、土地调控等政策全面实施，迅速降低了房地产景气程度。到 2012 年中，房地产开发投资增速降至 15%。

事实上，在 2012 年上半年，货币政策和调控政策已开始反向操作。房地产市场又经历了一年的景气周期。

2012 年底，政策又开始收紧，市场再度经历了两年的消退。到 2015 年底，房地产开发投资增速变为 0。全国平均房价水平则在 2015 年初时呈现下跌趋势。

2008—2016 年，房地产市场在政策收紧又放松的来回切换中，经历了两轮完整的周期变迁。因此，从某种意义上讲，房地产的周期就是政策周期。

如图 3－3 所示，2016 年国家对房地产开发投资额度不断增长，我国的房地产业逐渐壮大，房地产机制逐渐成熟，国家越来越重视我国房地产业的发展，这符合党的十九大报告中提出的“住有所居”理论，即切实提高国民居住满意度，提升人民幸福感。

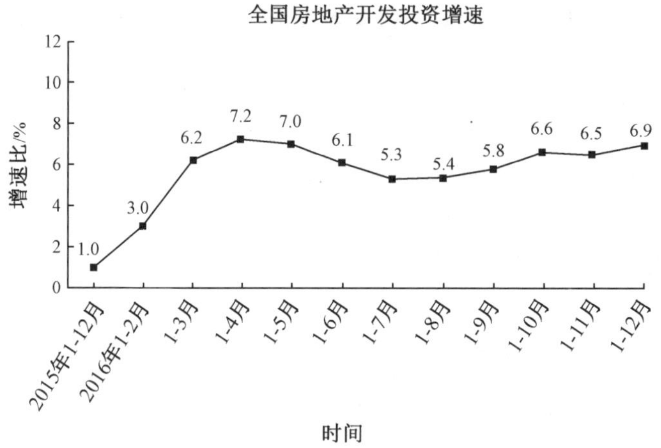

图 3－3　2015 年和 2016 年国内房地产开发投资增速图

（资料来源：国家统计局）

当房地产被证明是令人满意的，早期购房者会接踵而至。竞争者的出现将更多的信息传递给消费者，价格水平由高降至正常水平。房地产的价格水平降到普通群众能够接受的范围之内，有利于房地产销售额的迅速上升。在这个阶段，房地产销售额上升最快，房地产销售市场密度迅速增大，即同一市场疆域内顾客人数增多或购买量迅速增大。

通过分析 2010—2019 年的国家房地产业增加值指数可以得出，近十年间，我国房地产业增加值指数呈现不断上升趋势，徐徐上升的柱状图形标注着房地产市场的畅销阶段有多么壮观！但是新冠肺炎疫情的爆发使我国的房地产业受到影响，使房地产业增加值指数出现负增长（图 3－4）。

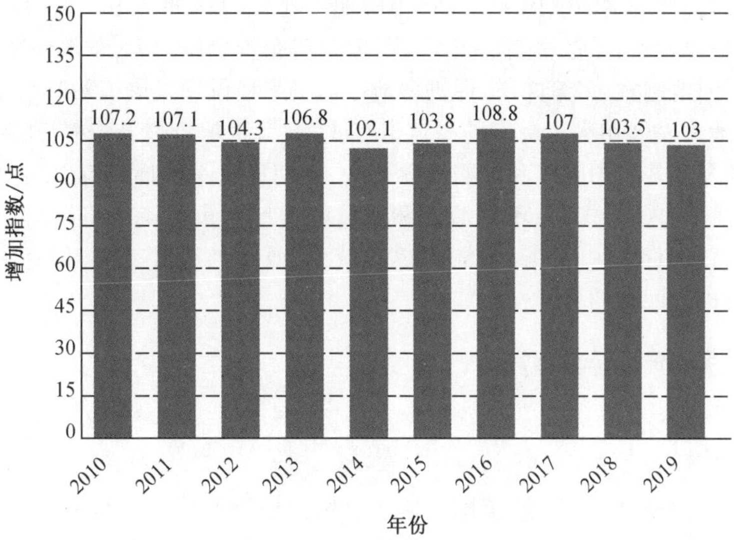

图 3－4　2010—2019 年我国房地产业增加值指数

（数据来源：国家统计局）

（二）持续调控中收紧——统筹之美

任何一个产业其发展过程陷入饱和阶段，即为这个产业不会发生较大幅度的增长。当房地产市场进入这个饱和阶段时，其目标市场的潜在消费者全部或大部分已经进入了市场，房地产销售额由加速增长变成减速增长，甚至最终停止增长、房地产价格水平相对稳定、开发商的利润在该阶段上达到最高峰并开始下降、房地产的经济规模已达到、成本的降低已达极限、房地产市场密度不再提高。通常人们把房地产饱和市场的主要任务看作维持现有市场，而不是开拓新的潜在市场。目前我国绝大多数房地产企业在这个阶段局限于与竞争者争夺市场，并且偏向于不惜一切代价赢得市场占有率。其实从长远来看，这种做法失之偏颇，已越来越难以形成实际上的竞争优势，所以很难取得良好的效益。2015 年年底，去库存政策开始实施。之前三四线城市在土地供应过剩和金融政策的互相作用下，建了大量的房子，积压了越来越多的库存。在此背景下，棚改货币化创造了大规模购房需求，三四线城市住房市场因此火爆了起来。一二线城市则由于严控土地供应，收紧调控政策，其市场处于不景气状态。

2016 年 10 月，因城施策的调控措施使得之前相对稳定的周期波动被打乱，房地产周期规律被改变。收紧的政策使一线城市房价受到进一步打压，三四线城市房价继续上涨。

2016 年年底，中央经济工作会议首次提出“房住不炒”，标志着决策层对房地产市场的态度在本质上出现转变。2016—2017 年是我国房地产业爆发式增长的一年。经过严格调控，2017 年全国商品房销售额和面积增速明显下降，2017 年商品房销售额 13.37 万亿，同比增幅 17%，增速较 2016 年下降 21%。

2017 年和 2018 年棚改继续进行，三四线城市房价上涨依旧，一二线城市则出现下跌迹象。2018 年 5 月资产管理新规等政策出台，开发融资进一步受到限制。到了 2019 年，房地产信托等融资渠道承压，这从根本上压缩了房地产的上涨空间。2019 年年底新冠肺炎疫情爆发，二手房市场受到较大影响，跌幅较大。

虽然在新冠肺炎疫情的强压下，2020年房地产业依旧稳如泰山。房地产投资回暖，商品房销售面积小幅增长，千亿房企增至41家，但是房企资金压力大，拿地谨慎。中央经济工作会议提出，要因地制宜、多策并举，促进房地产市场平稳健康发展。2021年，国家坚持“房住不炒”原则，大力发展租房租赁市场，“三道红线”政策下房企财务降杠杆将是主旋律。

事实上，开发商并不怕限售和限购等政策，一旦其资金受到抽离，高杠杆率运转下的项目便很难大规模推进了。未来，不同城市和区域的房地产市场走势将继续异化，鉴于三四线城市房价的高企，货币化的棚改安置将逐步减少，而一二线城市由于人口控制政策的边际放松，其楼市再度回暖的可能性增加。

三、中西方房地产之经典鉴赏

（一）美国纽约

通过数据整理分析可以发现，美国房地产市场的长周期波长一般在18年左右，并且扩张期与紧缩期相当。但有一次例外，那就是第七个长周期的波长为47年。仔细分析便会发现，这主要是因为1942年美国参加第二次世界大战后，成千上万的适龄青年因服役离开本土，推迟组建家庭，大大降低了正常的住房需求（表3－1）。此外，通过对相关研究文献的梳理和归纳，以及对1968年以来美国年度私有住房的竣工量和1976年以来美国住房价格指数变动率两个指标的波动规律进行分析，我们还发现，美国房地产市场波动的大周期中通常会伴随5年左右的小周期（表3－2）。

表3－1　1818—2008年美国9个房地产长周期

长周期	土地价格		房屋建筑	
	高峰年	周期长度/年	高峰年	周期长度/年
一	1836	18	1836	—
二	1854	18	1856	20
三	1872	18	1871	15
四	1890	18	1892	21
五	1907	17	1909	17
六	1925	18	1925	16
七	1973	48	1972	47
八	1989	16	1986	14
九	2005	16	2005	19

表 3-2 1916—1982 年美国房地产市场的 5 个典型短周期

短周期	周期波动年	周期长度/年
一	1916 年萧条期—1918 年扩张期—1920 年萧条	5
二	1950 年扩张期—1957 年回落—1958 年扩张	6
三	1955 年扩张期—1957 年回落—1958 年扩张	4
四	1970 年扩张期—1972 年、1973 年扩张—1974 年、1975 年萧条	5
五	1974 年、1975 年回落—1978 年、1979 年回升—1980 年回落	5~6

美国具有自己独特的地理因素和文化环境，因此其房地产周期也有自己的特性，上面两个表格展现了美国特殊阶段的长周期和短周期年份，虽然周期长短不同，但从历史的大方向来看，整个房地产经济周期的走向趋势和我国上海市是有相似之处的，同样经历了从刚开始发展到蓬勃发展，到饱和阶段，再到萧条阶段的过程，经济周期有长有短，取决于各个国家地区的地理文化差异、战争等因素的不同。

表 3-3 展现了近年来美国九个州的房价情况，可以看到几个州的房价都比较高。其中，华盛顿的房价更是居高不下。图中未展示的纽约的房价中位数是 2 800 美元（折合约 18 943 元人民币）。如果以居外网的一套在纽约的三卧两卫房型为例，价格则约 447 万美元。

表 3-3 近年美国九个州房价中位数统计

州份	房价中位数/美元	州份	房价中位数/美元	州份	房价中位数/美元
华盛顿	334 000	犹他	249 400	蒙大拿	201 500
科罗拉多	332 600	内华达	237 500	怀俄明	193 900
俄勒冈	309 400	北达科他	201 600	爱达荷	189 800

（二）中国上海

上海作为中国国民生产总值（GDP）总量第一的城市，也是集经济、科技、工业、金融等多种中心为一体的超大城市和国际都市。上海房地产市场通常在我国房地产业具有代表性和前沿性。改革开放以来，上海房地产规模随着中国经济发展不断扩大，同时，上海的市场化程度一直领军全国，加之作为金融中心，在投资领域、市场成交、专业人才等方面，上海都具备显著优势。自 1988 年上海批租第一块用地起，上海房地产业作为中国房地产业的代表之一，经历了“恢复发展—衰退—快速恢复及扩张—调整及平稳发展”的典型过程。我们可以通过上海市房地产的发展史来学习房地产经济周期的发展规律。

从图 3-5 我们可以看出，上海市房地产开发投资在这二十年期间有着明显的波动。1999 年起上海市开始进入复苏和快速扩张阶段，随之因政府政策调整管控及金融危机而迅速回落，之后在 2009 年再度恢复，自 2012 年最严房地产管控政策出台后逐渐回落。这是一次典型的房地产经济周期波动现象，上海房地产业在我国房地产市场上有着标杆性的作用。我们来分析其四个阶段。

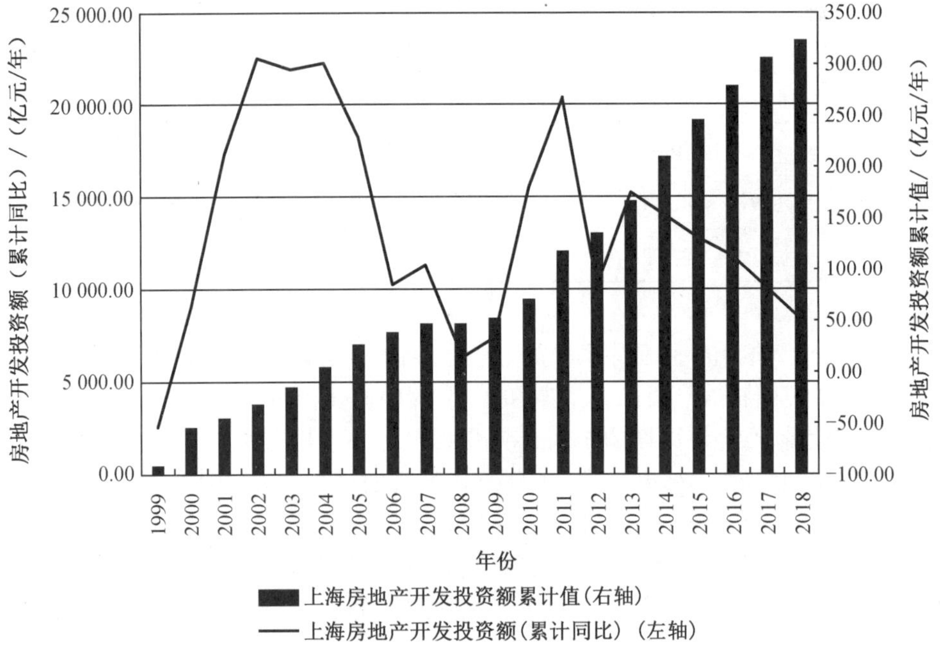

图 3-5　1999—2018 年上海房地产开发投资额趋势

第一阶段,恢复发展期(1988—1996 年)。在这 9 年中,上海政府率先从土地使用制度上做出变更,尝试新颖的管理办法,先后出台了《上海市中外合资经营企业土地使用管理办法》和《上海市土地使用权有偿转让办法》等代表性法律法规,开启了土地出让的先河。之后实施浦东新区开发战略,又进一步促进了上海房地产市场的开发与发展。取得成效后,上海市政府乘胜追击,颁布了《上海市住房制度改革实施方案》,开创了住房公积金制度,也为居民自购房市场奠定了制度基础和资金保障。

第二阶段,衰退萧条期(1997—1999 年)。这个时期由于前期大量土地集中供应及开发,而市场上的需求量不足,并且恰逢 1998 年亚洲金融危机爆发,导致开发商资金、销售、成交量都呈下滑态势,空置房和烂尾楼数量极速增加。虽然上海市政府针对这一情况积极出台相关调控政策,例如,推进购房蓝印户口政策、鼓励外地外籍人士及高收入人群购房、购房退税、降低个人房契税、减税、降息等,但是房地产业还是受到了相当程度的重创。

第三阶段,复苏扩张期(2000—2005 年)。由于政府出台了大幅度的鼓励支持政策,上海市房地产在 2000 年已经基本复苏,以 2004 年为例,上海市房地产投资额已达到 1 175.5 亿元,首次突破 1 000 亿元大关。商品房施工竣工面积大幅增加,销售面积达到 3 488.8 万平方米,较 2000 年增长 124%。房地产业占上海市 GDP 比重从 5.5% 上升至 8.3%。上海市政府始终积极出台相应政策,调控经济,发展 GDP,使上海的房地产业在 6 年时间里呈现复活趋势。

第四阶段,调整发展期(2005 年至今)。伴随之前 5 年的高速发展,出现了房价上涨过快、投资增幅过大、住房结构失衡,从而增加了市场泡沫风险。为此政府出台了一系列调控措施,控制房地产过热现象,使得 2006 年房地产投资增幅迅速回落,上海市也成为该年度全国房价增幅最小的城市。紧接着，政府工作重心朝向住房保障偏移。

通过图 3－6 和图 3－7 可以看出，上海市房地产开发投资金额逐年上升，企业施工面积根据年份的不同各有差异。通过分析上海市房地产近些年来的发展情况，观察上海市遇到房地产经济周期波动时的应对措施，我们可以学习上海市政府对房地产业预期发展的精准把握，也可以学习上海市政府对房地产业遇到危机时的临时处理方案，还可以借鉴上海市房地产业受波动影响时临危不乱所采取的处理方法。上海市房地产业是一个典型的周期分析案例，我们来欣赏 1999—2019 年上海市房地产经济周期波动之美，可以了解房地产经济周期波动变化规律及应对低谷时的紧急处理方法。

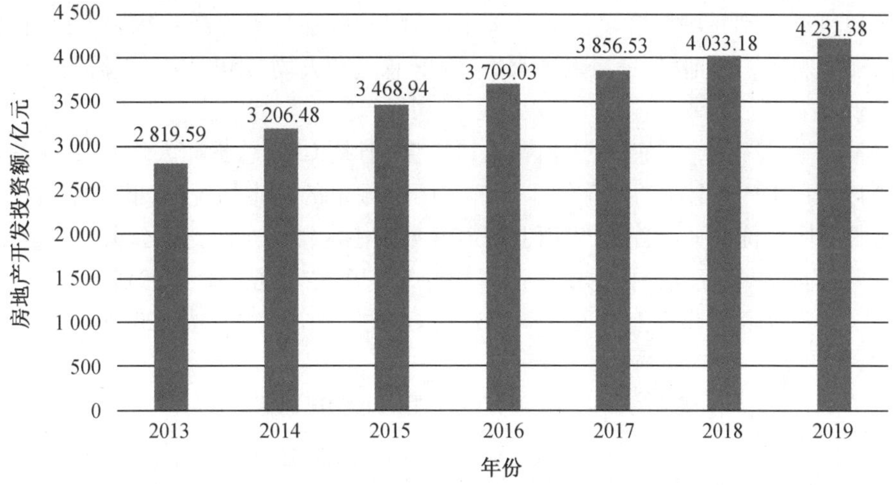

图 3－6 2013—2019 年上海市房地产业开发投资完成额统计

（数据来源：国家统计局）

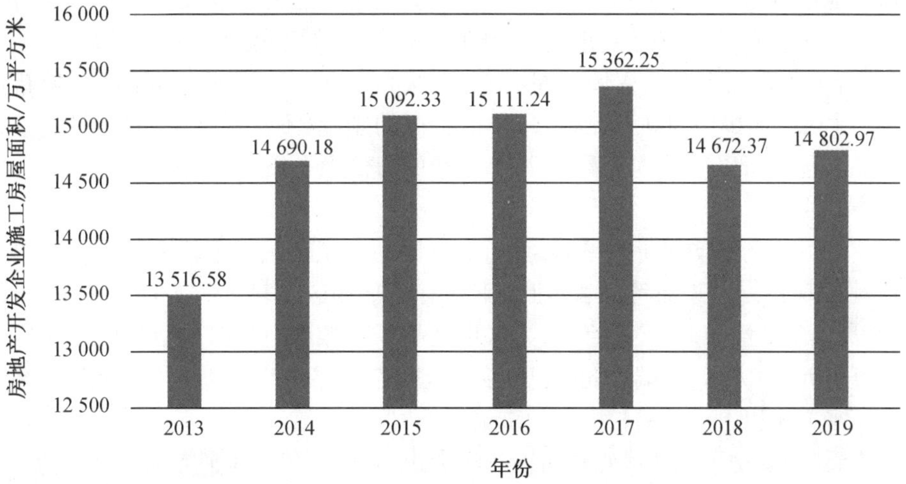

图 3－7 2013—2019 年上海市商品房施工面积统计

（数据来源：国家统计局，智研咨询整理）

(三)上海、纽约房产市场衡短论长

上海、纽约,这两个经常被相提并论的城市,一个是东方崛起大国的开放窗口,一个是逾一个世纪的老牌世界金融中心。这两个在东西方文化浸染下发展的城市,却有着很多相似的地方。比如摩天大楼支撑出的天际线,同样都是港口城市,一条主要河流穿城而过。在许多人的心目中,纽约一直都是全世界最高消费的地方,除了生活费高得惊人之外,就连房租和房价也是逐年大幅度地增长。众所周知,上海也是出了名的高房价,但是在国人心中,上海的高房价在纽约面前还是有点逊色。

1. 城市平均房价

上海和纽约分别是中国和美国的经济中心,同时也都是世界超一线城市,城市的基础设施建设都很发达。但是,在经济发展水平、GDP 总量和人均 GDP 方面,上海与纽约还有不小的差距。

由表 3 –4 可见,相比较纽约,上海市人口更多,但是 GDP 总量和人均 GDP 比纽约少很多,纽约的人均 GDP 是上海的 6.5 倍。了解了两个城市的基本情况后,我们来对比一下上海和纽约的平均房价水平。首先,先用上海最常见的小区楼房与纽约的公寓相比较:2021 年 9 月上海新房均价 4.95 万元/平方米,二手房均价 5.2 万元/平方米。考虑到上海新房数量有限,我们以二手房为例。想在上海买一套 100 平方米的二手房需要花费 520 万元左右。

表 3 –4　近年上海和纽约的人口、GDP 情况统计

城市	人口/万人	GDP 总量/亿美元	人均 GDP/万美元
上海	2 424	4 498	1.85
纽约	851	10 300	12

根据房地产网站 Zillow 的报道,2021 年 9 月纽约的房屋销售成交价为 65 万美元(折合人民币 450 万元左右)。纵观在 Zillow 上的在售房源,我们发现纽约的独栋别墅均价为 70 万美元(折合人民币 497 万元人民币左右)。公寓(condo)(普通单元商品房)最新均价是 78.9 万美元(折合人民币 560 万元左右)。而上海的别墅,不管是独栋还是联排,基本都在上千万元左右了。所以从整体来看,上海和纽约的房价水平相差较大。

2. 市中心房价

了解整个城市的平均房价水平后,我们来对比一下城市核心地段——纽约曼哈顿和上海市区内环的房价。对于纽约而言:纽约市共有曼哈顿区、皇后区、布鲁克林区、布朗克斯区、斯塔滕岛区等 5 个行政区。纽约富人区也就是曼哈顿区,目前,曼哈顿区普通房子的均价为 9.5 万美元/平方米,高端点儿的已达到 20 万美元/平方米以上。至于上海内环房价达到 10 万元/平方米以上已是稀松平常的事情。

举例来看:一套房子位于曼哈顿哈德逊河旁边,套内面积 118 平方米,三个卧室,二个洗手间,售价 160 万美元,相当于 1 136 万元人民币,均价约 9.6 万元人民币/平方米。而上海的相似地段,想买一套在黄浦江沿岸套内面积 120 平方米左右、精装修的三居室,需要花费约 1 300 万元人民币,均价约 10.8 万元人民币/平方米,比如黄浦江沿岸的外滩公馆有一套在售的房源,140 平方米左右,三室一厅,挂牌价格高达 1 500 万元人民币。

前文提到上海市住宅楼空置率太低的问题，房子总量尚未满足基层人民的需求，供小于求时房价自然很高，在市中心房价方面上海市房地产略胜一筹。

3. 购买力

对比一下上海和纽约人民的购买力和租金水平。上海的购房压力肯定是更大的，主要是以下三方面因素。

第一，上海的人均收入水平比纽约低很多，导致房价收入比飙升。2018 年美国纽约 GDP 总量突破 1 万亿美元，达到 10 300 亿美元，问鼎世界第一，人均 GDP 也高达 12 万美元。2018 年上海的 GDP 总量达到 4 498 亿美元，人均 GDP 1.85 万美元，远远低于纽约。

第二，上海的房价收入比远远高于纽约。所谓房价收入比（housing price - to - income ratio），是指住房价格与城市居民家庭年收入之比。房价收入比是衡量房子购买可承受性的基本标准（越低越好）。上海的房价收入比高达 44，北京是 46，纽约只有 11.93，这意味着上海买房需要工作 44 年，而纽约只需要 12 年。

第三，美国的贷款政策降低了购房压力。美国政府从国民利益的角度出发，推行了一系列税务补贴政策鼓励民众贷款买房，拥有属于自己的房子。如美国自住房住满两年以上出售时可享有增值税减免优惠，自住房贷款利息可抵消个人所得税等政策。如果以贷款的形式买房则可以享受到很多的福利，此外，房主缴纳的房产税也可以减税。反观上海，近年来不仅有限购、限贷政策，还有层出不穷的“满五唯一”政策，使购房变得更为艰难。对比下来，纽约的房子并不像我们想象中的天价以及遥不可及，特别是纽约核心金融区的房价比上海的核心金融区外滩和陆家嘴还要便宜。

综上所述，上海和纽约的房地产市场各有特色，各有千秋，对比两地的房价，可以初步判断两地的居住水准以及房地产发展阶段，上海和纽约的房地产业都处于不断发展之中。

第二节 周期影响因素剖析

供求状况十分影响房地产市场，房地产商品由于生产周期长、资金规模大，往往会在短时期和特定区域形成相对性过量或短缺，这就同时形成房地产业极具产业特色的价格波动。

一、房地产特性之辩——别具一格

房地产是房产和地产的总称，其自身特性如图 3 - 8 所示。

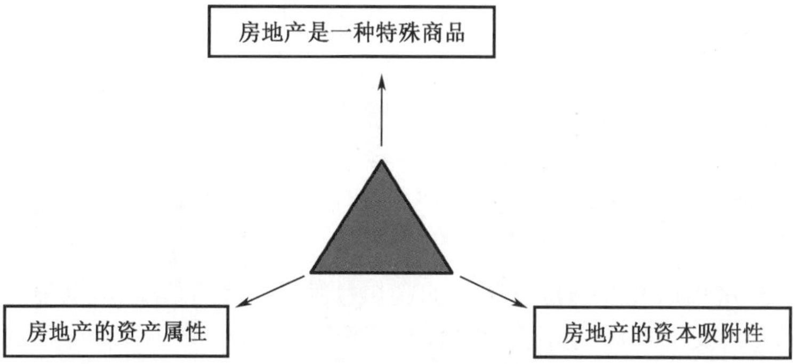

图 3 - 8 房地产自身特性

(一)房地产是一种特殊商品

房地产具有不动产特性。这一特征不仅决定了房地产商品的弱流动性表现,还使得每件房地产商品都具有其唯一性和特殊性,而对这种唯一性和特殊性的追求往往可能放大价格的供求波动。

(二)房地产的资产属性

房地产不仅是一种生产和生活的消费商品,而且具有投资品的特征,这种双重属性往往加剧对房地产商品的目标投向和对它的保值增值预期。

(三)房地产的资本吸附性

房地产商品的资本吸附性很强,它不像普通消费品随着使用价值的损耗和消失而完成价值的消减及转移,它有更长的使用价值年限,并且在追加投入的状况下能够极大地实现价值的增加。

这三种特殊属性往往加强了房地产商品的供求-价格关系表现,甚至使之发生扭曲,从而造成比较明显和剧烈的价格波动。房地产价格波动与经济基本面形成正相关关系,即基本面状况良好,价格就容易出现上行波动,基本面恶化,价格就极有可能出现下滑,因此房地产价格也成为除股票价格之外的另一个经济基本面的敏感指标。目前经济基本面较好,高增长、低通胀的状况显示出我国宏观经济的"黄金时代"特征,因此很自然地出现房地产价格的上行波动;但反过来看,在当前状况下,增长减缓、通胀加剧的趋势越来越明显,可能性也越来越大,必要的经济调整已经开始。目前总体物价存在上涨压力,中央政府承受着巨大的压力以抵御人民币增值,在当前的通胀状况下,至少还要新增加两个因素:一是劳动力成本上升,二是房地产价格上涨。在这样的状况下,房地产价格的上行波动不大可能持续太久,而且如果控制不力的话极有可能出现急速下行和剧烈波动。

二、波动之妙——灵活机敏

房地产业是国民经济的重要组成部分,两者之间存在着密切的联系,国民经济的周期性波动制约着房地产经济周期波动。从实际资料分析,大体上房地产经济周期也与国民经济周期性波动相吻合。但是,由于房地产是不动产,处于基础性、先导性产业的地位,房地产经济周期波动又有其自身特点。具体包括以下五点。

(1)在经济周期中,房地产经济周期进入扩张阶段,相对于国民经济周期来说要提前一些。

(2)房地产经济周期的紧缩阶段也相应地更早到来。

(3)房地产经济周期的萧条阶段相对长一些。

(4)房地产业相对比较容易波动,房地产经济周期波幅比国民经济整体周期波幅更大一些。

(5)房地产经济周期性波动带有明显的区域性特点。由于房地产是不动产,供给和需求以本地市场为主,又由于地区经济发展状况不同,造成房地产市场供给和市场需求的数量及质量的重大差异,因而房地产经济周期性波动的波幅和周期长短出现明显的差异。

同学们在日常生活中也会感受到房地产经济周期带来的波动。我们时常在新闻报道中看到，某地房价跌涨起伏，我们也会从急需买房的亲戚口中得知在某地买房性价比较高。我们可以通过近些年国内一二三线城市房价波动情况更加深刻地了解到房地产的先导性地位，这是很难预测的走向。我们在了解了房地产经济周期波动的五大特点之后，可以敏锐地掌握房地产经济周期波动情况。

三、因素之论——复杂多样

值得注意的是，房地产价格和经济基本面之间的正相关，形成的是动态均衡的关系，也就是说不仅经济基本面会影响房地产价格波动，反过来后者也将影响到前者。如果房地产价格波动打破了原有的均衡关系，经济基本面势必发生与之相适应的变化，这样才能逐步建立两者之间新的均衡关系。但是如果这种均衡关系缺乏真实基础，也就是说假如房地产价格的上行波动只是过度预期和投机造成的，那么这时房地产价格作为投资和经济发展的重要先行指标，给出的是错误的市场信号，虚假繁荣的经济基本面将很快由于失去支撑而回归真实，而且极有可能破坏原有真实经济基本面的回归。下面来分析影响我国房地产市场的各大因素。

（一）房地产价格

我们以近年来 70 个大中城市新建住宅价格指数及二手住宅价格为例。2020 年，70 个大中城市商品住房价格环比涨幅、二手住房价格环幅比去年减少 2.6 个百分点；二手住房价格环比上涨 2.22%，涨幅比去年减少 0.8 个百分点。全年 70 个大中城市商品住房价格同比上涨 5%，二手住房价格同比上涨 3%，涨幅均低于上一年。如图 3 – 9 所示。

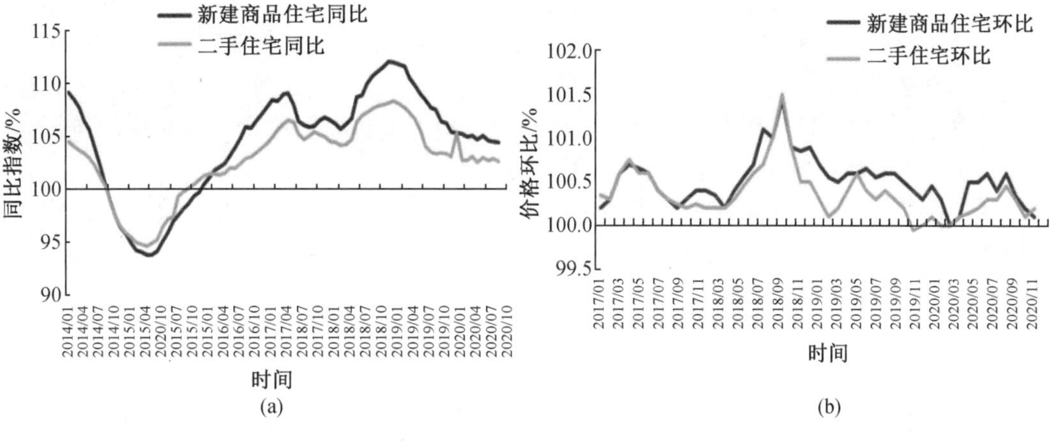

图 3 – 9 我国近年来 70 个大中城市住宅价格变化

（资料来源：国家统计局、REICO 数据库）

从月度数据看，2020 年初受新冠肺炎疫情影响，2 月份基本无住房成交，住房价格指数保持不变，3 月份以后住房价格指数增加，8 月份商品住房价格环比上涨 0.6%，二手住房价格环比上涨 0.45%，均为年内最高涨幅，9 月份以后房价涨幅快速回落，12 月份商品住房价格环比涨幅降至 0.15%，二手住房价格环比涨幅降至 0.1%。9 月份以后房价上涨城市数量减少，11 月份 70 个大中城市中商品住房价格环比上涨城市数量为 34 个，12 月份增加至 42 个，二手住房价格环比上涨城市数量持续回落至 12 月份的 38 个。

2020 年,一线城市二手住房价格环比累计上涨 8.2%,大幅高于去年涨幅 6.6 个百分点;一线城市商品住房价格涨幅比去年略高 0.2 个百分点;二线城市商品住房价格和二手住房价格分别环比累计上涨 4% 和 2.4%,涨幅均低于去年涨幅;三四线城市商品住房价格和二手住房价格分别环比累计上涨 3.4% 和 1.5%,涨幅均比去年减少(图 3－10)。

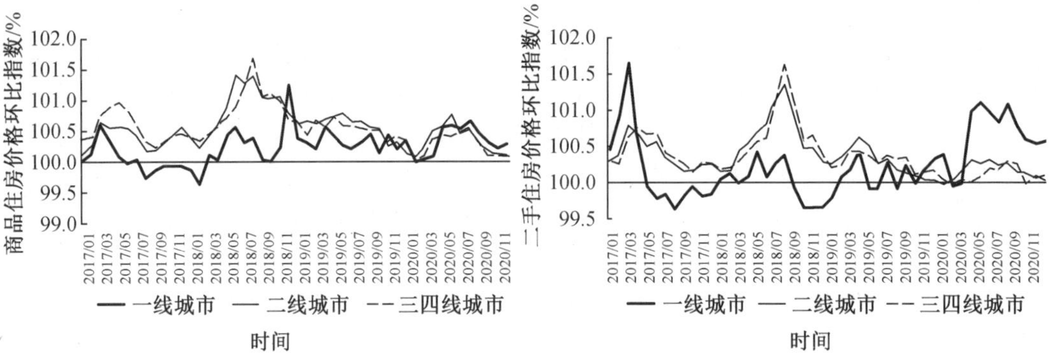

(a) (b)

图 3－10 近年一二三四线城市住房价格环比变化

(资料来源:国家统计局、REICO 数据库)

2020 年,70 个大中城市中新建商品住宅价格环比涨幅最大的 10 个城市分别为银川、唐山、徐州、西宁、济宁、惠州、锦州、西安、扬州和丹东;二手住房价格环比涨幅最大的 10 个城市分别为深圳、银川、西宁、徐州、宁波、成都、沈阳、无锡、唐山和杭州。

2020 年,70 个大中城市中新建商品住房价格有 10 个城市环比下降,分别为泸州、韶关、郑州、太原、南充、牡丹江、济南、常德、安庆和北海;二手住房价格环比下降的城市有 23 个,二手住房价格跌幅最大的 10 个城市为泸州、哈尔滨、贵阳、济南、北海、天津、郑州、太原、南充和牡丹江。济南、郑州和太原为一二手住房价格均下降的省会城市,天津、贵阳、哈尔滨二手住房价格跌幅也较大。如图 3－11、图 3－12 所示。

从上述数据分析可得结论:一线城市住房价格涨幅增加,二三四线城市住房价格涨幅有所回落,图 3－12 也可以证实房地产的周期规律变化,虽然会受到影响,但是从宏观总体上看是类似于正弦函数的。

(二)商品房的销售

我们以商品房销售面积和销售额为例,去观察房地产的周期规律。我国房地产业在经历高速发展期后,从 2016 年底的中央经济工作会议提出“坚持房子是用来住的,不是用来炒的”,到“房住不炒”首次写进“十四五”规划建议,都可以看出“房住不炒”已成为我国社会共识,各地因城施策的调控将有助于房地产市场持续、平稳、健康发展。

进入 2020 年,虽然受新冠肺炎疫情影响,我国房地产市场受到了较大的冲击。但是从 4、5 月份开始住宅市场即迅速反弹,表现出强劲的韧性。数据显示,2020 年 1—9 月,我国商品房销售面积 117 073 万平方米,同比下降 1.8%(图 3－13);商品房销售额 115 647 亿元,同此增长 5.8%,增速提高 2.1 个百分点(图 3－14)。

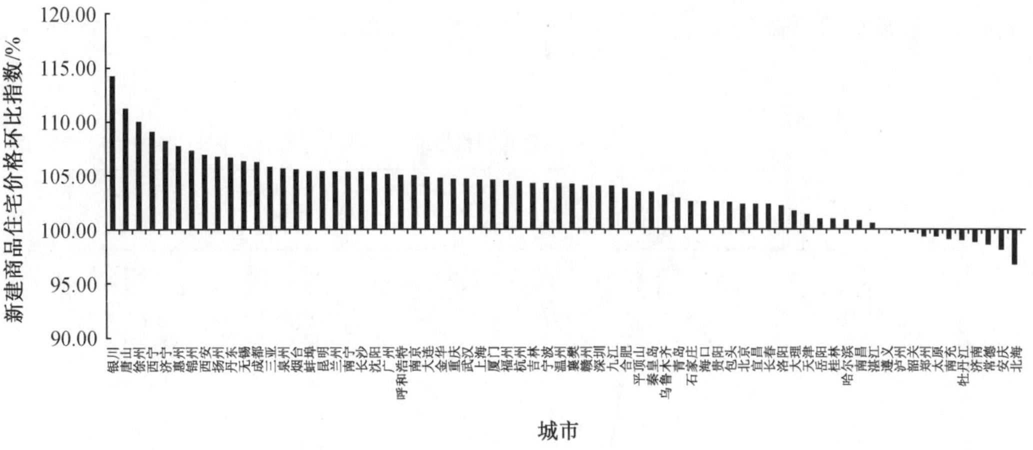

图3－11　2020年70个大中城市中新建商品住宅价格累计环比涨幅排列

（资料来源：国家统计局、REICO数据库）

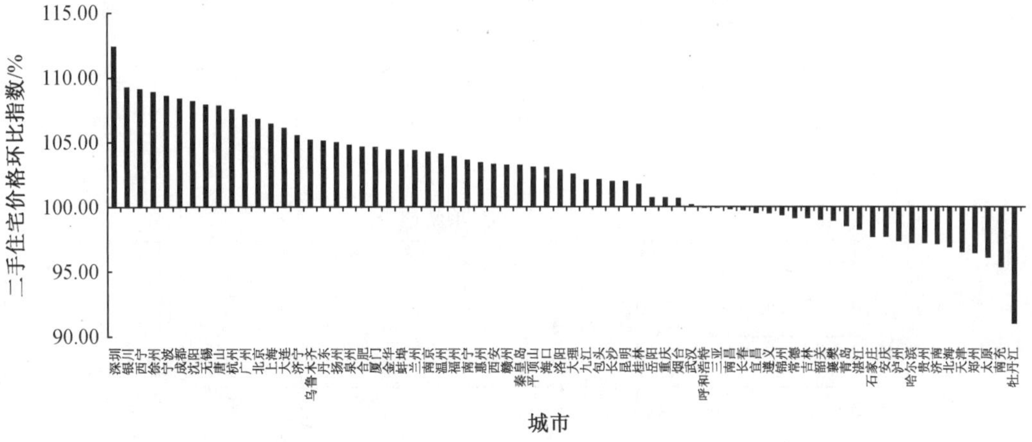

图3－12　2020年70个大中城市中二手住宅价格累计环比涨幅排列

（资料来源：国家统计局、REICO数据库）

商品房销售面积和销售额增速这两幅图的曲线说明从2020年1—2月开始，我国商品房的销售开始逐渐变好，处于上升阶段。

如图3－13所示，一线城市商品住宅市场需求韧性强，供应改善推动成交面积同比增幅较为突出。在新冠肺炎疫情冲击下韧性凸显，加之2020年一线城市供应出现明显改善，需求积极释放，据统计，2020年一线城市商品住宅商品住宅月均成交面积为68万平方米，同比增长15.7%。上海、广州、深圳三地商品住宅成交面积同比均超过15%，其中广州受益于本地引才落户门槛持续放宽、政策环境相对宽松及供应明显放量等，同比增幅超过两成。

二线代表城市市场整体成交规模有所调整，内部延续分化。据统计，2020年二线代表城市商品住宅月均成交面积约79万平方米，同比下降5.5%，是各梯队中成交规模同比唯一下降的梯队。内部城市延续分化态势，杭州、成都等地前期市场成交热度较高，房价、地价出现较快上涨，下半年随着调控收紧，市场成交面积增幅明显回落；武汉、重庆等地在疫情冲击或市场调整周期影响下，全年成交面积同比均下降15%左右，但随着负面效应逐步消化，市场规模已在平稳恢复；天津等地短期需求支撑度相对较弱，市场处于持续调整状态。

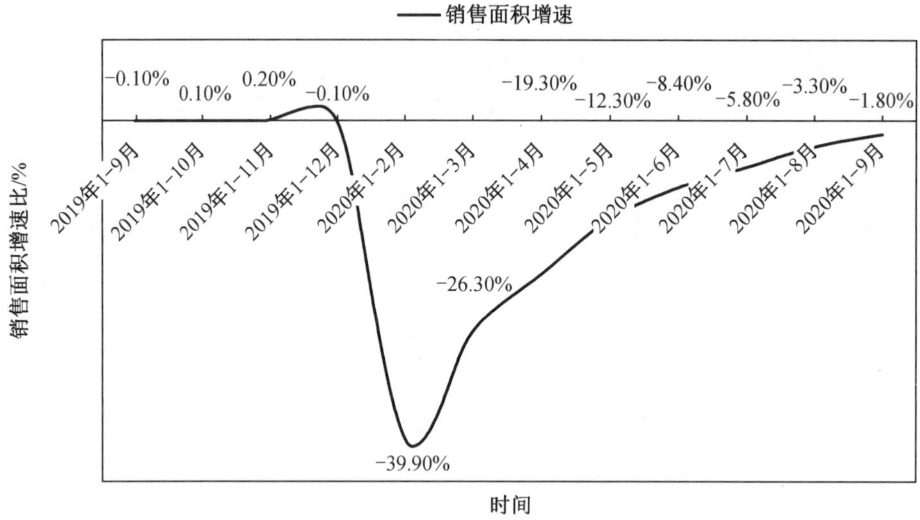

图3-13　2019—2020年9月全国商品房销售面积增速情况

（数据来源：国家统计局）

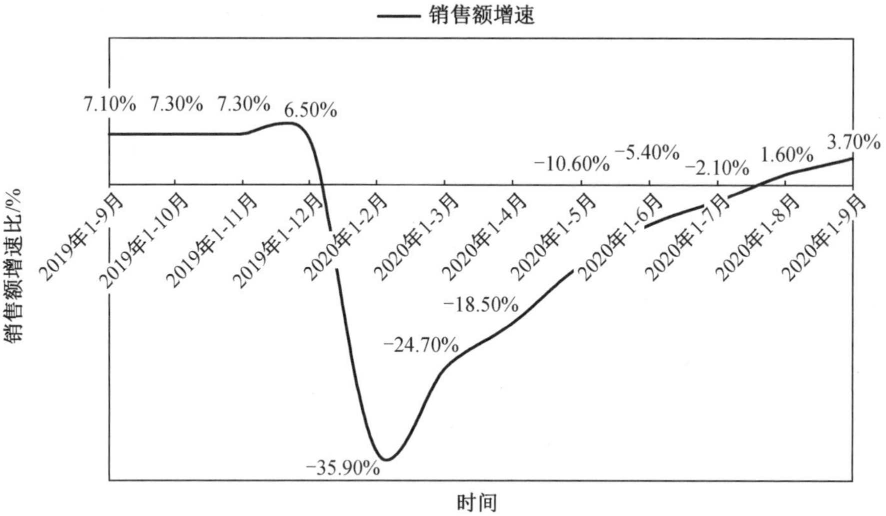

图3-14　2019—2020年9月全国商品房销售额增速情况

（数据来源：国家统计局）

三线代表城市成交规模同比有所增长。监测的50个代表城市中的三线代表城市多分布于长三角、珠三角地区，市场需求相对旺盛，加之此类城市2020年新冠肺炎疫情相对轻微，后期疫情防控措施较为宽松，对市场造成的影响较小，受益于宏观信贷环境宽松及地方支持政策，需求积极入市。据统计，2020年三线代表城市商品住宅月均成交面积为43万平方米，同比增长8.4%，其中东莞、南通成交面积同比增幅均在三成以上（图3-15）。

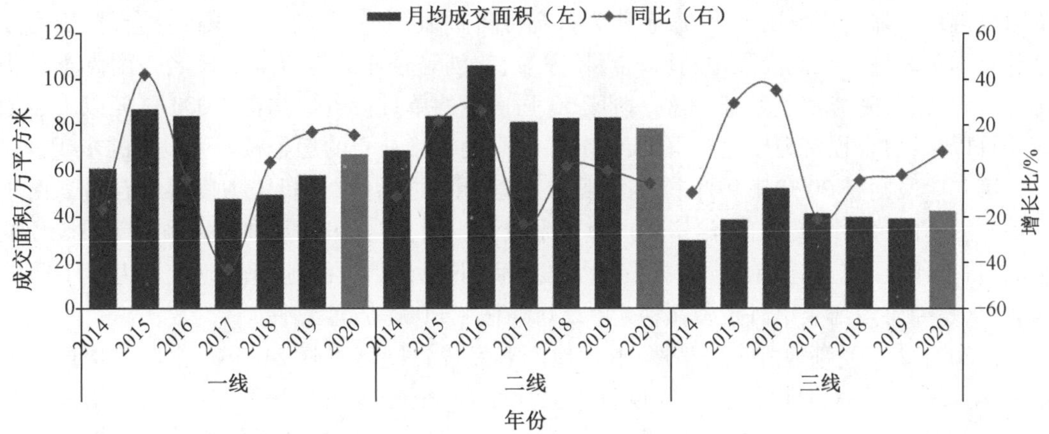

图3-15　一二三线代表城市商品住宅月均成交面积及同地增长

从上述数据分析可得结论：重点城市成交规模已基本恢复，一线城市的商品住宅需求旺盛，二线城市相对保持平稳，三线城市有所增长。由图也可知，无论是几线城市，都是遵循房地产的周期规律曲线的。

（三）房地产投资

我们以房地产的开发投资以及开发投资的资金来源为例。从单月销售50强房企2020年1—11月的单月投资额来看，房企年内的投资节奏"一波三折"，整体可分为3个阶段，呈现"抑扬抑"的走势（图3-16）。

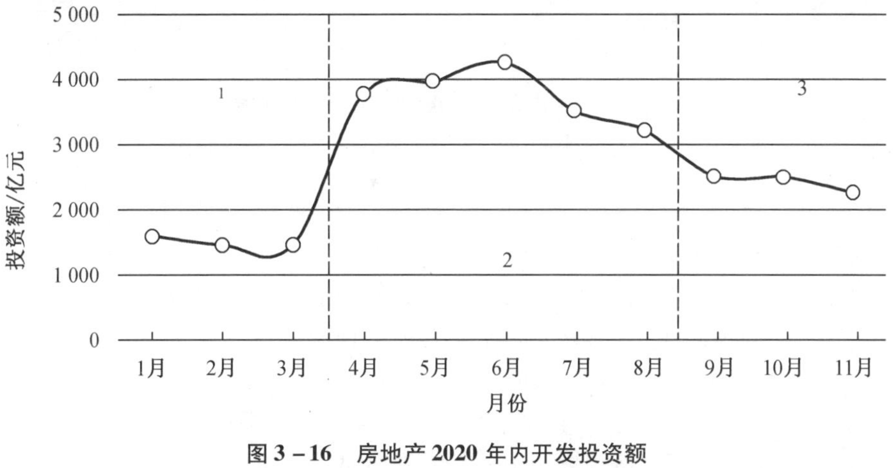

图3-16　房地产2020年内开发投资额

（数据来源：企业公告、CRIC，数据截至2020年11月末）

第一阶段为2020年一季度，土地市场冷冻期，房企投资意愿较弱。受到2020年初新冠肺炎疫情的影响，土地市场几乎停摆，房企尚未复工，因此整体投资都处于相对低位。值得注意的是，部分央企、国企如华润、首开、招商等积极拿地，拿地销售比高于1。另外，浙系房企绿城、滨江、荣安也成为土地市场"黑马",这一阶段房企单月投资均不超过 2 000 亿元。

第二阶段为 2020 年 4—8 月,其中二季度为百强房企地"窗口期",但 6 月之后整体投资力度放缓。随着市场逐渐复苏,企业为补充可售货值,在二季度开始积极补仓,投资力度达到年内最高峰。在此阶段中新城、金科、中骏、首创等企业的投资金额排名一度高于销售排名,为规模进阶夯实了基础。这一阶段 50 强房企的单月投资额均在 3 000 亿元以上。但自 6 月以来,房企投资力度逐步下滑,部分在二季度持续补仓的房企减缓了投资的步伐。

第三阶段则是 2020 年 9 月末,三道红线政策颁布之后,整体投资力度再下台阶。由于 8 月末"三道红线"政策出台,给房地产业带来较大影响,不少房企受到未来融资受限等预期影响,将工作重心转移至销售端,投资的力度明显下降,恒大、绿地等企业投资力度下降尤为明显,这一阶段房企单月投资额稳定在 2 000 亿 ~3 000 亿元水平。

2020 年 2 月受新冠肺炎疫情影响,房地产开发投资同比下降 24.5%,之后房地产投资增速快速增加,1—6 月由同比下降恢复为同比增加,全年房地产开发完成投资 14.1 万亿元,同比增长 7%,增速比去年减少 2.9 个百分点,比同期固定资产投资增幅高 4.1 个百分点(图 3 – 17)。

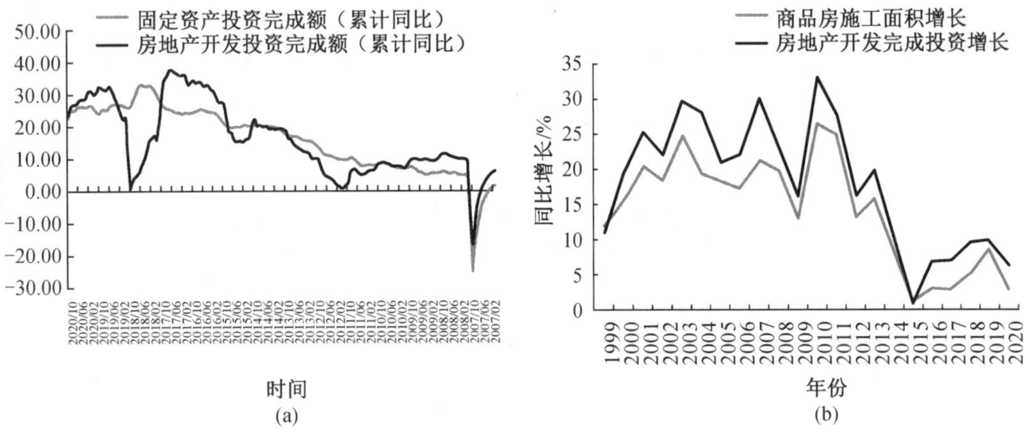

图 3 – 17　国内 2020 年房地产投资回升曲线图

(数据来源:Wind,REICO 数据库)

2020 年,商品住宅、办公楼、其他用房开发投资同比增加,商业用房投资继续负增长。其中,全年商品住宅完成投资 10.4 万亿元,同比增长 7.6%,增速减少 6.3 个百分点;办公楼开发投资完成 0.64 万亿元,同比增加 5.4%,增速增加 2.6 个百分点;商业营业用房开发投资 1.3 万亿元,同比减少 1.1%,降幅减少 2.6 个百分点;1—11 月,其他物业开发投资 1.6 万亿元,同比增长 11.3%,增速增加 5.5 个百分点。

从上述数据分析可得结论:虽然在某些时段投资的力度都有不小的波动,但是从总体来看,还是在遵循着房地产经济周期四个环节的规律曲线变动。

(四)商品房新开工的面积

如图 3 – 18 所示,全国房屋新开工面积与销售面积走势保持一致,销售体量越大,新开工面积越高。市场下行时,销售面积下滑,新开工面积也会相应走低。竣工面积与销售面积走势之间具有非典型的线性关系,市场行情向好时,竣工面积与销售面积同向变化,而市场行情下行时，销售下行，而竣工面积会反向走高。

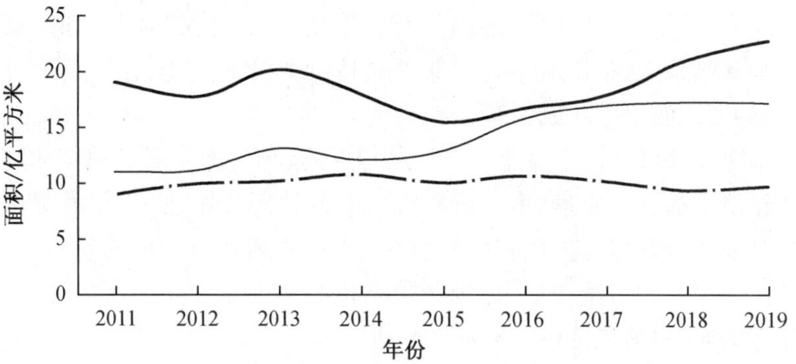

图 3－18　2011—2019 年房屋新开工面积、商品房销售面积和竣工面积走势

（三条线从上到下依次是商品房新开工面积、销售面积、竣工面积）

而造成这种现象的原因是：其一，销售向好，企业在 2016、2017、2018 年底前补库存的力度相对较大，因此企业有足够的土地资源用于开工、销售；其二，房地产业各项调控政策，包括限购、限贷、限价、融资政策等无明显放松迹象，特别是 2019 年 7 月 30 日中央政治局会议提出“不将房地产作为短期刺激经济的手段”，明确了行业调控的主基调，政策全面放松的预期减弱，企业纷纷快速出货，因此开工意愿相对强烈；其三，融资环境收紧，企业面临一定现金流压力，项目开工后，企业可以获得开发贷款，进而可以进行项目的开发建设；其四，由于资金端的压力，企业对于自有现金的利用率提高，期待快速开工、快速开盘，最快速度实现现金回流；其五，三四线等低能级城市销售面积占比较高，而且预售条件相对宽松，项目开工后可以快速进入销售，因此企业的开工意愿也相对较强。

而在新开工面积走高时，房屋竣工面积却在不断下行。主要原因有两点：其一，主观上，主动放缓竣工。延长竣工时间能在一定程度上减少资金的投入，进而缓解资金压力。其二，客观上，被动延长竣工周期。严厉政策调控下，部分实力不佳的企业，特别是一些中小型房企可能不堪资金压力而被迫停工，甚至破产，致使竣工周期延长，竣工面积负向增长。由于新开工的意愿强烈，而竣工意愿收缩，因此新开工与竣工之间的背离度呈现加大趋势。而且在资金压力约束下，中小房企退出的节奏会加快，这将加速行业整合，综合实力较强的房企迎来并购机遇。随着中小房企的逐步退出，行业集中度逐渐提高。

（五）城市化进程

城市化进程被视为房地产持续繁荣增长的基本动力，也成为目前房地产价格上涨的似乎合理的借口。一方面，从潜在需求看，我国到 2020 年基本实现“全面小康”，城市化水平达到 63.9%，城镇居民人数 9 亿。此间约有 3 亿～3.5 亿左右的新增城镇人口需要解决住房问题。另一方面，原有城市人口同样也存在改善住房条件的需求。2003 年末我国城镇居民人均住房面积为 23.8 平方米，而当时初步预测，到 2020 年我国城镇居民的人均住房面积将达到 35 平方米。但潜在需求不是现实需求，这种需求如何转化和以何种形式转化会影响到大至宏观经济整体小至房地产价格波动的一些重要经济现象。

城市化进程的快速推进，将极大推动房地产价格的上行波动，其主要原因是城市土地价值由于连续投入开发的不断升值和城市积聚效应带来的房产价值的不断增加。但城市化进程是一种综合性过程，它因时因地因人而发生变化，经济发展程度和国家政策及管理都会极大地影响其结果，就是说城市化并非总是持续上升的过程，在连续过程中很可能会因为经济、政治的原因发生中断或停滞。

另外一种情况就是城市化本身蕴含着与之相反的趋势，即在形成积聚的同时也不断地形成分散。从经济学的角度看，城市化进程也有它的边际成本，一旦超大城市的积聚所带来的成本超过其效益，城市化进程自然就会停止。从欧洲和新加坡的发展历史看，城市扩张的最后必然向卫星式的市镇分散，房地产价格也必然发生变化。所以说，当城市化快速推进或者发生停滞时，房地产价格必然发生波动。

（六）经济周期

自 20 世纪 20 年代起，德国伊弗经济研究所和法国国家统计与经济研究所开始推广和使用景气调查方法，经济周期理论被证明是最好的解释经济运行的理论模式。事实上，无论是微观经济活动还是宏观经济活动都具有一定的周期。

微观而言，经济活动单位的生产、销售、资金使用、利润分配、技术更新等方面，无不带有周期性特点；同时，作为各种微观经济活动综合体的宏观经济，也同样表现出一定的周期性，其各种经济指标和增长速度经常呈现起伏波动状态。经济周期是客观存在的，无论微观宏观，复苏、扩张、紧缩、萧条直至再重复的链式循环模型自始至终不断运行。房地产作为国民经济的重要组成部分，是无法脱离经济周期的影响的，而且排除时滞效应和连带效应，它的波动规律是与经济周期相一致的。目前，部分学者认为日本的经济周期为 50 年扩张—20 年紧缩—50 年扩张—20 年紧缩的过程。

日本在 1952 年至 1969 年的经济增长率采用的指标是日本的国民生产总值，即 70 年以来采用的指标是日本的国内总生产，即 GDP。图 3－19 是 1953—2002 年日本经济增长率的波动曲线图，从图中可知，日本经济增长在这半个世纪中呈现出明显的周期性。

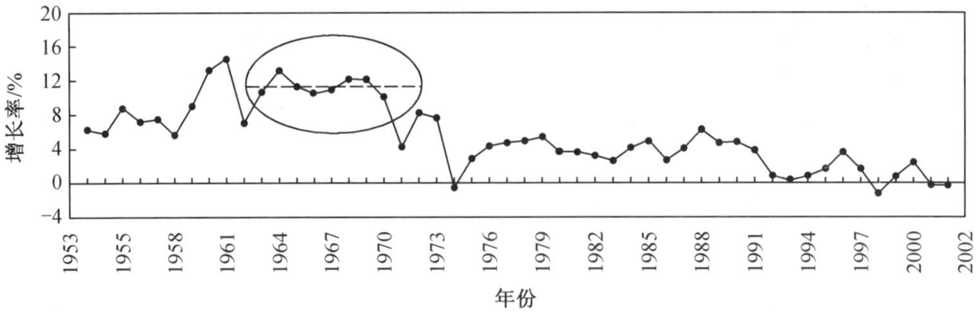

图 3－19　日本经济增长率的波动曲线

如何正确识别各种宏观经济现象周期波动的幅度和频率，并采取适时、适度的调控措施和经济政策，使经济波动的频率降低、幅度减弱，以取得目标产业的长期、稳定、协调、健康的增长，是宏观经济调控的一项重要任务，也成为当前房地产价格波动控制的主要目的。

我国正从传统计划经济向市场经济转轨，经济周期性还不那么稳定，其表现也不甚明显，因而对周期的研究极其困难。而我国房地产业正处于成长阶段，房地产业规模不断扩大，如果以绝对量来考察房地产经济周期波动，那么整个房地产业到目前为止一直处于上升区间，无法体现出实际应有的波动状况。不过目前新编制使用的“国房景气指数”体系，采用增长率循环法和一致合成指数法来表达即期景气水平，排除了房地产业规模的影响，经过一段时期的实践，证明了我国房地产价格波动与经济周期的相关性。

（七）经济全球化

经济全球化自20世纪80年代以来成为经济活动的重要影响因素。随着全球化的加速发展，国际金融市场规模不断扩大，跨国资本在全球快速流动，时常引发各国资产价格的剧烈波动。事实上不少国家和地区都发生过严重冲击经济总体的系统性金融危机，而受害最直接和最深的也往往是房地产业，其相继引发的房地产价格波动的规模与幅度也令人吃惊，比如日本主要城市平均地价指数，由1986年的38.4%飙升到1991年的103.0%，再下跌至2002年30.4%，涨跌幅均超过50%，而至今仍未走出房地产经济的低迷状态。这种房地产价格大幅波动的过程，不仅在亚洲和拉丁美洲等发展中国家和地区出现过，也同样在欧洲和美洲等发达国家出现过。

经济全球化使得全球房地产市场逐步形成，而其价格波动影响也更加广泛。根据英国《经济学人》杂志2019年初发布的统计，过去5年发达国家的楼市总值由30万亿美元升至70万亿美元，增值超过各国国内生产总值的100%。而这次主要由房地产引起的经济泡沫比20世纪20年代后期的美国股市泡沫（约合当时美国国内生产总值的55%）和90年代后期全球股市泡沫（历时5年，升幅约80%）更加令人担忧。我国作为全球最具增长潜力的地区之一，已经不可避免地被裹挟进这次房地产泡沫中，而一旦泡沫破裂，其后果也将通过全球性经济联系传递到我国。

此外，世界宏观经济已经进入短周期低速增长阶段，过度增长的后果已经逐渐显露。各国经济发展政策的调整将是显而易见的。这种调整极有可能引起房地产价格波动，而处理不当将出现不能承受的后果，通常随之而来的也将是反复出现的持续性的经济疲软，而这将使房地产价格波动进一步走向恶性循环。政策变动是一个宏大议题，事实上，上述几点均涉及政策因素，特别是城市化进程、经济基本面，但提到房地产价格波动问题，政策变动是不得不单列强调的重要因素。实际上房地产经济本身就是一种政治经济和政策经济，特别是在我国现阶段现有体制之下，国家政策往往左右了房地产业发展的方向、规模、速度和程度。

这一小节讲解了我国房地产经济周期的基本概念和国内房地产的发展阶段，进而展开对房地产经济周期影响因素的分析。学习完本小节内容之后，请思考一下自己的生活中有没有看到过房地产业的身影？自己所居住的房子价值是否上升？影响我国房地产市场价格的众多因素是否能在日常生活中感受到？

第三节　日臻完善的周期机制

一、多方理论流派——百家争鸣之美

经济周期也称商业周期、商业循环、景气循环，它是指经济运行中周期性出现的经济扩张与经济紧缩交替更迭、循环往复的一种现象，是国民总产出、总收入和总就业的波动。在市场经济条件下，企业家们越来越多地关心经济形势，也就是"经济大气候"的变化。一个企业生产经营状况的好坏，既受其内部条件的影响，又受其外部宏观经济环境和市场环境的影响。一个企业，无力决定它的外部环境，但可以通过内部条件的改善，来积极适应外部环境的变化，充分利用外部环境，并在一定范围内，改变自己的小环境，以增强自身活力，扩大市场占有率。因此，作为企业家对经济周期波动必须了解、把握，并能制定相应的对策来适应周期的波动，否则将在波动中丧失生机。

任正非作为我国企业家中的一匹黑马，率领华为技术有限公司准确把握经济周期波动规律，合力投放市场份额，加强机构内部科研创新力度，披荆斩棘，开拓国内外市场，是我国企业历史上一个成功典范。国内国外的经济发展规律都有迹可循，掌握好经济领域的发展规律，能提高国家对大局的经济掌控力度，可以有效避免经济危机的产生。

中西方经济学领域的众多知名学者曾用200多年的时间来研究经济周期，直到当代经济周期仍然是各国经济学家关注的问题。马克思对经济周期的解释使世界研究史向前走了一大步。经济学家普遍把经济周期划分为四个阶段，即复苏、扩张、紧缩和萧条。经济周期的最低点被称为"波谷"，最高点被称为"波峰"。除了马克思的理论框架，西方学者的六大理论也做出了卓越的贡献，它们分别是有效需求不足理论、弗里德曼货币需求理论、投资过度理论、消费不足论、创新理论、心理预期理论。这六大理论会在下一章做出具体的说明，其每一个理论都提出了新颖的理解思路。实际上，经济周期是一种复杂的经济现象，其产生和变化是多种因素共同作用的结果。

各国学者提出四个经济周期。

(1)短周期：基钦周期，由美国经济学家基钦于1923年提出，他认为资本主义经济发展每隔40个月左右便会出现一次有规律的上下波动。

(2)中周期：朱格拉周期(固定投资周期)，由法国经济学家朱格拉于1860年提出，他认为市场经济存在着9~10年的周期波动。

(3)中长期：库兹涅茨周期，由美国经济学家库兹涅茨提出的一种为期15~25年，平均长度为20年左右的经济周期。

(4)长周期：康德拉季耶夫周期(康波周期)，由康德拉季耶夫提出，他认为在资本主义生活中存在着45~60年的长期波动。

一个短周期、一个中周期、一个中长周期和一个长周期将经济周期的概念解释得更加清晰，这些周期将国内外各个国家和地区的房地产经济周期历史划分得更加透彻。关于这种划分方式的解释，本书第五章做出了明确而细致的讲解。

所谓房地产经济周期，指房地产业在发展过程中，随着时间的变化而出现的扩张和紧缩周期性、但不定期的反复运动的过程。它一方面同宏观经济总的发展态势密切相关，另一方面又同相关行业经济与宏观经济的协调程度紧密联系。如房地产业发展过于超前，造成供大于求或暂时饱和的现象，就会出现相应的停滞消化期。

二、两种经济周期——协调碰撞之美

一般来说，房地产经济周期是宏观经济周期的组成部分之一，其周期波动与宏观经济周期相协调，二者显现一种正相关关系，波动方向相同。同时，由于任何产业都有其自身的特殊性，而这种特殊性必将在其经济运行中表现出来，从而使得不同产业的周期曲线与宏观经济的周期曲线不可能完全重合，因此作为产业周期之一的房地产经济周期，也有其自身的特点。从房地产经济周期与客观经济周期来看，宏观经济周期对房地产经济周期的波动具有决定性作用。

同时，房地产经济周期独特的波动变化，也对宏观经济周期的波动产生很大的影响，影响的程度取决于一国（地区）房地产业发展的进程及其在国民经济中的比重和地位。具体来说，与宏观经济周期相比，房地产经济周期的波动有以下几个方面的特点（图 3－20）。

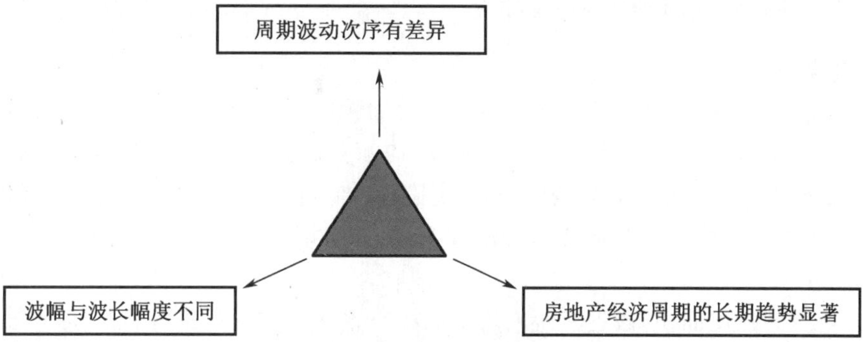

图 3－20　房地产经济周期与宏观经济周期的关系

（一）周期波动次序差异

房地产经济周期与宏观经济周期从周期波动的次序与考察的四个阶段在时间上并不一致。通常房地产经济周期的复苏、萧条期滞后于宏观经济周期，而扩张、紧缩期则超前于宏观经济周期。

（二）波幅与波长幅度不同

一般来讲，房地产经济周期波动的幅度要大于宏观经济周期，即波峰要高于宏观经济周期，而波谷要低于宏观经济周期。

（三）房地产经济周期的长期趋势显著

由于土地资源的短缺和房地产具有不可替代性，因此通过政府同期政策的干预，房地产经济周期将以螺旋式上升的方式形成增长。

三、房地产周期之论——双重角度之美

在 20 世纪 60 年代，美国以 Stephen A. Phyrr 为代表的一众房地产经济学家开始致力于西方房地产经济周期研究，分别从宏观和微观角度，采用多模型和多方法，探索房地产经济

周期波动及其机理。

从宏观角度分析房地产经济周期波动规律，即着重于对国家、世界或区域范围内的经济周期研究，如国家和地区范围内的房地产需求周期、供给周期、占有周期、长周期和短周期等。主要研究内容包括三个方面：

(1)以全国为对象研究房地产经济周期；

(2)以较长的时间序列资料为基础研究房地产经济周期；

(3)以宏观经济周期为背景研究房地产经济周期。

从微观角度分析某类物业的周期波动规律，即着重于对城市区域、次级市场或物业位置范围内的周期研究，如城市周期、社区周期、所有权生命周期、租金率周期和资本化率周期等。针对项目投资决策的研究也属于微观层面的研究，所涉及的物业包括办公楼、住宅、工业用房和商业用房等，主要分析各类物业在不同市场周期阶段的投资策略。在各类物业周期研究的文献中较多的是办公物业，如伦敦和悉尼的办公楼市场周期。

(一)周期衡量指标——描述之美

1. 空置率

空置率是指某一时刻空置房屋面积占房屋总面积的比率。按照国际通行惯例，商品房空置率在5% ~10%之间为合理区，商品房供求均衡，有利于国民经济的健康发展；空置率在10% ~20%之间为空置危险区，要采取一定措施，加大商品房销售的力度，以保证房地产市场的正常发展和国民经济的正常运行；空置率在20%以上为商品房严重积压区。空置率的算法为

空置率＝空置商品房面积/最近三年内竣工面积空置率＝空置商品房面积/当年竣工面积

空置率过低，在供小于求的市场环境下，为开发商推动价格走高、获取高收益提供了便利；同时也剥夺了消费者的选择权，抑制了居民的消费偏好，导致消费需求不足。当然，空置率也不是越高越好，空置率过高、空置期限过长意味着供大于求，房屋利用率低，这会促使开发商改变经营策略，降价促销或减少房屋的供给，以寻找市场新的均衡点。从这个意义上讲，空置率是反映市场供需关系的指标器、风向标。

据不完全统计，上海市辖区范围内共计约有2.6万个小区，上海的小区高密度地分布在市中心和市北地区，主要是由于市中心和市北地区的路网更加密集、小区的规模也较小。

事实上，仅从小区的数量而言，其实并不能很好地反映上海的住宅量、每个小区的规模差异，仍然需要进行更细微的分析。对各大房产网站的数据整理统计后得出，在上海市内的2.6万个小区内，一共约有760万套住宅。

从分布上看，单套住宅密度的分布呈现出与小区密度分布完全不同的特征：虽然市中心的小区密度较高，但住宅套数却在市中心形成了一个空心的环，密集在逸仙路高架—中山北路—中山西路—中山南路一线，以及浦东滨江地区。通过对水电表等和人民群众生活联系密切的数据调查可知，目前，上海市的住宅总套数略小于满足上海市人民生活的住房总套数。简单而言，上海的总家庭数略大于上海的住宅总套数。上海住宅供应规模和实际常住人口规模相比，应当基本平衡，甚至略有不足。由此可见，上海房地产的空置率很低，房地产业有着较大的发展前景。

2. 通货膨胀率

通货膨胀率是货币超发部分与实际需要的货币量之比，用以反映通货膨胀、货币贬值

的程度。通货膨胀率为物价平均水平的上升幅度，在实际中，不直接计算通货膨胀，而是通过价格指数的增长率来间接表示。

中华民国末期，通货膨胀，货币贬值，经常听说“拿着一口袋钱买不到一口袋米”，可是现在的我们很难想象当时的情景。由美国生活杂志战地摄影师马克·考夫曼（Mark Kauffman）拍摄于1947年2月的这张图（图3－21），就展示了当时通货膨胀的奇景。

图3－21　1947年2月上海大量印制纸币

1948年，上海的通货膨胀到达顶峰，人民手中的钱不断贬值，甚至出现了一百元只能买四粒大米的现象，乘坐在人力车上需要交付的现金比人的体重还要重，一箱香烟需要一千八百万元才能买到，而汽油的价格竟达到了不可想象的高度。当时，上海市以加仑为汽油的单位，1948年，上海市一加仑汽油高达三百万美元，大米的价格为每斗一百万元，这也就是一百元只能买四粒米的由来。上海市人民如果想要买油条，则需要背着两麻袋的硬币去支付一根油条的费用，人民手中持有的货币到银行去兑换新币时，汇率竟达到了一千二百万。面对如此严重的通货膨胀，国民政府仍旧采用二十四小时加班印钞的行为，这在通货膨胀日益严重的上海，是雪上加霜的行为。在那个恶性通货膨胀的年代里，上海市的房地产业也受到了较重的打击。

3. 房地产价格

房地产价格是指建筑物连同其占用土地在特定时间段内房地产的市场价格（以下简称房价），即房价＝土地价格＋建筑物价格。它是房地产经济运行和资源配置最重要的调节机制，其价格定位由多种因素构成。房地产作为商品同其他商品一样，是使用价值和价格的统一体。根据马克思主义经济学的劳动价值理论和价格理论，从总体上看，房价的基础仍然是价值，基本上也是房地产价值的货币表现，但又有其特殊性。第二次世界大战之后，世界经济从战乱中恢复发展，日本、中国香港、美国等地的房地产市场开始活跃，房价持续上行，直到20世纪80年代、2003年、2008年，三地房价才出现大幅回调。

(二)多模型周期构造——分析之美

1. 系统动力学模型

系统动力学(system dynamics,SD)出现于1956年,创始人为美国麻省理工学院(MIT)的福瑞斯特(J. W. Forrester)教授。系统动力学是福瑞斯特教授于1958年为分析生产管理及库存管理等企业问题而提出的系统仿真方法,最初称之为工业动态学,是一门分析研究信息反馈系统的学科,也是一门认识系统问题和解决系统问题的交叉综合学科。从系统方法论来说,系统动力学是结构的方法、功能的方法和历史的方法的统一。它基于系统论,吸收了控制论、信息论的精髓,是一门综合自然科学和社会科学的横向学科。系统动力学运用"凡系统必有结构,系统结构决定系统功能"的系统科学思想,根据系统内部组成要素互为因果的反馈特点,从系统的内部结构来寻找问题发生的根源,而不是用外部的干扰或随机事件来说明系统的行为性质。

我们可以将系统动力学原理运用到商业地产建设项目经济评价研究中,建立了商业地产项目经济评价的系统动力学仿真模型。以Vensim软件作为计算动态模拟机仿真的基本手段,实现了定量分析、预测反映商业地产项目投资建设与运营微观经济效果的各种指标的变化趋势,从而掌握商业地产项目盈利能力、清偿能力及不确定性因素对项目经济可行性的影响程度。

2. 四个模型

可以借助四个模型来分析房地产周期的规律,这四个模型有:Pyhrr - Born - Webb通货膨胀周期模型;PWB不均衡市场周期模型;Mueller - Laposa市场和子市场空置量周期模型;Mueller - Laposa租金增长率和租金分布模型。

四、周期因素探寻——两重立场之美

影响房地产经济周期的因素按其与经济系统的间接或直接关系可分为外生因素与内生因素。其中心理原因、政治原因、环境的变迁、农业收获的变化、技术创新等可视为外生因素;而投资、货币、消费等则属于内生因素。外生因素往往是通过对内生因素的影响共同作用于经济活动过程,内生因素则是引起经济周期波动的基本原因。下面我们来具体分析内生因素和外生因素。

(一)内生因素

1. 收益率

一般来说,当房地产开发商的预期收益率不断提高时,开发商会扩大投资和开发规模;当预期收益率不断下降时,开发商的投资行为就会变得较为谨慎。收益率就像指挥棒一样,引导着开发商的投资行为。

2. 投资

在房地产经济活动中,房地产投资是房地产业发展至关重要的因素,房地产投资的波动常常被看成房地产经济周期波动的引擎。从理论上说,房地产投资的增加会引起房地产业的扩张,使市场进入扩张阶段;投资下降则会使房地产业出现萧条的局面。

3. 利率

一般来讲,利率变动与房地产经济周期波动呈反向变化。利率的升高与降低,通过影响房地产投资需求和消费需求,成为货币信用影响房地产经济周期波动的中间环节。利率对房地产市场的直接影响分为供给和需求两个方面:在供给方面,利率下降,开发商融资比较容易,融资成本较低,促使房地产价格降低,因而促进房地产供给和市场的繁荣;反之,当利率上升时,房地产开发商利息负担沉重,开发成本居高不下,使房地产价格上扬,则不利于房地产市场的发展与繁荣。在需求方面,由于房地产价值高,因此进入房地产市场必须获得金融的支持。

4. 通货膨胀率

在经济发展中,房地产是一种很好的投资工具和消费品,往往是抵抗通货膨胀的有效手段。通货膨胀与通货紧缩处于交替变化中,周期性地影响房地产投资的预期回报率,从而影响房地产经济周期。当通货膨胀率上升时,人们往往对房地产的投资需求有很大的提升。具体来说,一方面,通货膨胀率的变化与房地产租金波动的趋势十分紧密;另一方面,通货膨胀率变化还会直接导致房地产建造成本、经营成本及利润率的变化,从而反方向影响房地产的投资收益率(图 3-22)。

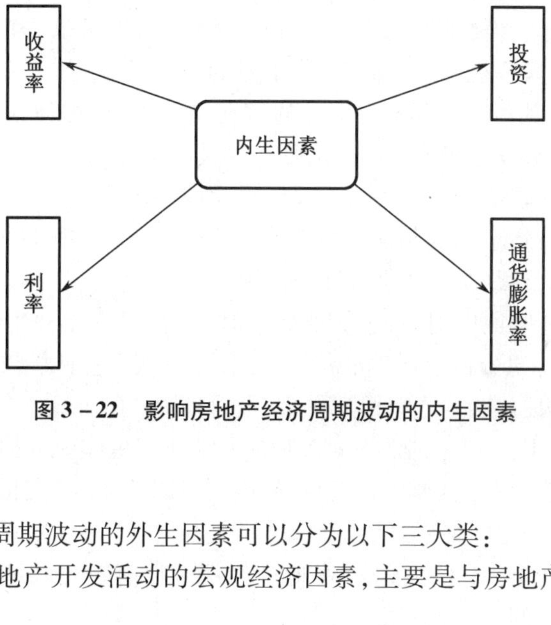

图 3-22　影响房地产经济周期波动的内生因素

(二)外生因素

影响房地产经济周期波动的外生因素可以分为以下三大类:

一是直接影响房地产开发活动的宏观经济因素,主要是与房地产业密切相关、敏感程度较高的政策因素;

二是间接影响房地产开发活动的社会经济因素和技术因素,如经济增长方式的转变、产业结构的演进、城市化进程以及技术进步等因素;

三是影响房地产业的随机因素,包括地震、洪水等自然灾害,战争等社会突发因素。

1. 政策因素

影响房地产经济周期波动的政策因素,是指政府对房地产市场实行宏观调控时所采用的一系列政策工具,包括财政政策、货币政策、产业政策、经济体制和经济制度改革以及区域发展政策等。

2. 社会经济因素

影响房地产开发活动的间接社会经济因素有:经济增长方式的转变、城市化进程、技术进步、产业结构演进等。

(1)经济增长方式的转变。经济增长方式的转变对房地产经济周期的波动具有很大影响。在不同的经济增长方式下,房地产需求的数量和结构都有很大差别。

(2)城市化进程。城市化进程包括城市生活方式的兴起和城市生活方式向郊区的扩散,即郊区化进程。城市化进程将极大地增强对城市基础设施和普通住宅的需要,并影响着人口增长、人口流动和交通运输业的发展,而这些因素又进一步对地价上涨和房地产业的发展产生持久的作用;同时,也影响到各类房地产市场发展的长期趋势,进而影响各类房地产经济周期波动的特征。

(3)技术进步。技术和理念的革新也会给房地产市场或其子市场带来不小的冲击。

(4)产业结构演进。一定时期的产业结构特征,决定着当时国民经济周期波动的基本形式。房地产业是国民经济整体的一部分,其发展和周期波动也要受国民经济周期波动的制约和影响。因此,房地产业结构的演进也决定了一定时期房地产经济周期波动的基本形态特征。

五、形成机制特征——内外探寻之美

机制,是指各要素之间的结构关系和运行方式,指有机体的构造、功能及其相互关系;机器的构造和工作原理。语出晚清爱国诗人丘逢甲《汕头海关歌寄伯瑶》:“西人嗜糖嗜其白,贱买赤砂改机制。”理解机制这个概念,最主要的是要把握两点:一是事物各个部分的存在是机制存在的前提,因为事物有各个部分的存在,就有一个如何协调各个部分之间关系的问题;二是协调各个部分之间的关系一定是一种具体的运行方式。机制是以一定的运作方式把事物的各个部分联系起来,使它们协调运行而发挥作用的。

把机制的本义引申到不同的领域,就产生了不同的机制。如引申到生物领域,就产生了生物机制;引申到社会领域,就产生了社会机制。

生物学和医学通过类比借用此词。生物学和医学在研究一种生物的功能(例如,光合作用或肌肉收缩)时,常说分析它的“机制”。其中,“机制”这个概念用以表示有机体内发生的生理或病理变化时,各器官之间相互联系、作用和调节的方式。后来,人们将“机制”一词引入经济学的研究,用“经济机制”一词来表示一定经济机体内各构成要素之间相互联系和作用的关系及其功能。在社会学中“机制”的内涵可以表述为“在正视事物各个部分存在的前提下,协调各个部分之间关系以更好地发挥作用的具体运行方式”。以此类推,将机制这个词用于房地产经济学中,不难发现,房地产经济周期有自己独特的形成机制。接下来将探索房地产经济周期的形成机制之美。

房地产经济周期波动的运行机理可以从两个方面加以分析,即内在传导机制与外在冲击机制。内在传导机制是指由经济系统内部结构特征所导致的经济变量之间的必然联系和对外在冲击的反应。外在冲击机制是系统外在的冲击通过系统内部传导而发生的经济活动,来源于外生变量的自发性变化。外生变量可能是随机的,也可能是周期性的。房地产经济周期波动既有其内在传导机制又有其外在冲击机制,是经济系统内在的传导机制和通过传导而作用于经济活动的外在冲击机制共同发生作用的结果。

(一)内在传导机制

所谓内在传导机制,是指经济体系中的主要内生因素,依其自身规律发生周期性变化而又相互作用,可使经济波动呈现出周期性变化的机制。经济体系的内生因素成为房地产经济周期波动的自我推动力量,每一次扩张都给萧条和紧缩创造了条件,而每一次紧缩又为复苏和扩张创造了条件。

房地产经济周期波动的内在传导机制主要包括利益驱动机制(财政角度)、竞争机制、供求机制(消费者)、价格机制、乘数 - 加速数机制、信贷 - 利率机制、产业关联机制(产业链)、经济增长制约机制。

1. 利益驱动机制

房地产供应商在有利可图时就会加大投入,增加供应量;在无利可图时,就会减少投入,缩减供应量。这个非常好理解,房地产业本身便是一个获利较大的行业,遵循的各类原则当中,除去遵纪守法外,必然将利益放在第一位,利益驱动机制成为影响房地产供应商决策的主要机制之一。

2. 竞争机制

房地产企业间的竞争反映在价格、供应量、企业兼并等方面,会形成房地产经济周期的波动。部分房地产企业为了扩大市场规模,增加经济利益,会降低住宅楼的价格,提高供应量,也可能会出现大企业收购小企业现象。此刻,房地产供应商进行的一系列操作都会影响房地产价格,都会造成房地产经济周期的波动。

3. 供求机制

房地产产品的特性使房地产市场供求机制具有了特殊性。首先是供应的滞后性,其次是供应的地域性,最后是供给的多样性和可变性。

4. 价格机制

房地产企业看到盈利机会就会进入市场,直到市场中挤满了竞争者,价格下跌,利润消失。当价格下跌到平均成本以下时,企业就会自动退出市场。价格机制也左右着消费者的行为。价格机制还调节着房地产买卖市场和租赁市场的结构。购房和租房之间有一定的替代性。房价过高,消费者就会选择租房。租金过高,消费者就会选择买房。因此,租金和房价之间存在一定的合理比值(租售比)。价格机制起着调节租价比的作用,使租金和房价维持在适当的范围内。

5. 乘数 - 加速数机制

在经济增长中,乘数 - 加速数机制反映构成总需求的投资和消费之间的作用和反作用过程,以及对总产出的影响。投资支出是总需求的构成部分。为响应产出变化而增加投资,将会通过乘数来增加生产,这又回过头来在加速数的作用下引发进一步的投资。如此反复循环,产生连锁反应。相反,投资或产出的突然下跌会以类似方式产生反面效应。乘数和加速数的相互作用,会立即产生爆发性的产出反应。但是由于投资水平受到经济实力的限制,经济膨胀不会无限制地扩张下去,而是有一个“天花板”,此时投资与产出增长率都会慢下来,最终导致紧缩。同样,紧缩也不会无限进行下去,而是在到达“地板”时开始回升。

6. 信贷 - 利率机制

信用制度使利率机制加入经济周期波动的传导机制中。利率对房地产经济周期的影响首先体现在两个方面。一是对房地产开发投资的影响。多数开发商的主要资金来源于银行,利率的高低影响开发的成本和利润。二是对房地产消费的影响。利息高低影响到消费者的贷款信心、还款压力和支付能力。利率在房地产经济周期波动中的传导作用,还体现在利率的“价格比较”作用上。利率实际上是资金的价格表现,体现了资金的使用价值。无论是将地租还原为地价的还原利率、房地产投资的利润率和内部收益率,还是租金和房价的租价比，都体现了一项投资的收益，与利率具有可比性。当房地产投资的收益率高于利率时，房地产开发商就会借贷资金，反之就会退出市场。

7. 产业关联机制

产业关联机制反映了国民经济各产业之间前向、后向及旁侧的关联效应。对于房地产经济周期系统来说，投资部门、建筑部门、中介部门相互间的利益关系、结构关系等关联机制，成为房地产系统的内部传导机制。

8. 经济增长制约机制

房地产经济的扩张要受到很多的约束，如土地资源、人力资源及资金的约束。房地产经济的紧缩也存在下限约束。对于住宅来讲，人类生存的基本需求决定了住宅的最低供应量。

以上几种机制往往是同时作用：当房地产企业看到价格发出的信号，预期会有利润，在利益驱动下，开始进入市场或者增加投资。增加的投资和消费在乘数和加速数的作用下，进一步引发了房地产经济的高涨，并且产业关联机制带动了相关部门的增长。逐渐地，会出现资源紧缺、成本提高、价格升高、供应量增多而需求下降、空置量增加、利润下降。最终，房地产经济的扩张会由于经济增长的制约机制、价格机制发生作用而停止下来，开始进入紧缩。在紧缩过程中，这些内在机制同样是一同起作用的。

除此之外，房地产企业自身的信誉问题也会成为影响房地产经济周期波动的重要因素。表 3－5 为 2020 年房地产协会公平公正选举的前 20 个操盘金额和面积较大的房地产企业的名单，可见，我国前 20 个房地产企业手中握有较大操盘金额和较多的操盘面积。新冠肺炎疫情的确对我国房地产企业产生了一定的冲击，但是根据国家统计局数据显示，百强房企 2020 年累计增长 13%，发展态势良好。

表 3－5　2020 年操盘金额和面积排行前 20 的房地产企业名单

排名	企业简称	操盘金额/亿元	操盘面积/万平方米
1	碧桂园	7 493.6	8 613.3
2	中国恒大	6 964.7	7 774.1
3	万科地产	6 920.5	4 622.8
4	融创中国	5 462.5	3 937.2
5	保利发展	4 576.0	3 127.8
6	中海地产	3 452.6	1 844.6
7	绿地控股	3 388.7	2 660.0
8	绿城中国	2 892.2	1 418.7
9	华润置地	2 428.0	1 402.0
10	世茂集团	2 404.2	1 371.1
11	金地集团	2 384.0	1 165.9
12	招商蛇口	2 221.0	1 079.0
13	龙湖集团	2 196.2	1 300.7

表 3-5(续)

排名	企业简称	操盘金额/亿元	操盘面积/万平方米
14	中南置地	2 068.0	1 573.9
15	旭辉集团	2 009.7	1 325.9
16	中国金茂	2 002.7	998.4
17	新城控股	1 992.1	1 859.2
18	阳光城	1 918.5	1 350.3
19	金科集团	1 787.6	1 783.6
20	富力地产	1 445.0	1 148.3

有时内在传导机制也会出现失灵。例如,在经济不景气时,政府可以兴办公共工程并通过乘数效应来刺激经济增长。但是如果地价过高,就会抑制这种乘数效应。日本在泡沫经济破裂后,一再追加财政支出,扩大公共事业开支,但是作用并不明显。其中一个重要原因就是绝大部分投资都被用来购买土地,而没有用来购买建材和雇佣劳工,大大削弱了投资的乘数效应。

(二)外在传导机制

房地产经济周期波动有自己独立的运行体系,同时,它的波动也不可避免地要受到外在因素的扰动和制约。外生因素一般通过内生因素的作用实现对房地产经济周期波动的影响,外生因素的变动,会引起相关的房地产经济周期体系的内生因素即周期波动的内生因素的变动。而某项内生因素的变动,又会通过乘数作用和加速作用,造成整个房地产经济周期体系的变动,从而对房地产经济周期波动造成影响。房地产经济周期波动的外在冲击是由各种外在影响因素导致的,如财政政策、货币政策和投资政策冲击(如货币供给、房地产投资和消费、税收、利率等),体制变动的冲击,国际政治和经济冲击,突发灾害的冲击等。内生因素和内在传导机制,是房地产经济周期波动的必要条件,决定了波动的必然性、规律性。外生因素和外在冲击机制,是波动的充分条件,它不能改变波动的基本规律,但是可以影响波动的形态,如波长、波峰和波谷。房地产经济周期波动是外生因素和内生因素、外在冲击机制与内在传导机制所引起的。

房地产是如此的重要,而又如此的广受争议。它是财富的象征、经济周期之母、金融危机的策源地、大类资产配置的核心,同时它关系民生福祉、社会稳定、实体经济竞争力。房地产经济周期的形成机制也可以从宏观和微观两个角度来分析,我国国家、省、市各类政策的出台都会在宏观上影响房地产经济周期的波动。而与此同时,消费者的一些行为、房价的走向、企业自身决策都会在微观角度上对房地产经济周期的波动造成一定的影响。房地产市场一直是国家和社会关注的热门话题。但是长期以来社会各界对房价、泡沫风险、人口流动、城市规划、大城市病、长效机制等存在广泛的争论、分歧乃至误解。关于这些问题,会在本书后几章做出解释。

【本章小结】

本章内容讲述了房地产经济周期的影响因素以及形成机制,从不同角度感受基本理论的流派之美,在明确房地产经济周期和宏观经济周期的关系之后细致分析房地产经济周期各类形成机制,感受这些机制对日常生活产生的影响。房地产业是一个热门且潜力很大的行业。各位同学毕业之后也会遇到自身的就业问题、买房问题,这时候咱们掌握房地产知识这一优势便凸显出来。除去买房便利、熟悉房地产经济周期的变动规律之外,同学们,你还知道房地产这个领域给咱们专业的学生带来哪些福利吗?

【思考题】

1. 思考一下你所在的城市房地产发展情况,找找影响其发展的因素。

2. 分析你的家乡房地产经济周期各类形成机制,做一些补充。

【学习案例】

自1984年开始,深圳房地产业大约经历了三个发展期和两个低落期。1984—1988年是一个发展期;1989—1990年是一个低落期;1991—1995年是第二个发展期;1996—1997年受亚洲金融风暴的影响,深圳因"圈地运动"和"炒地皮过热"出现了商品房价格偏高、空置率上升,走入了一个低落期,导致房地产市场迅速下滑;从1998年开始,深圳房地产进入了一个新的发展期,而且上扬幅度还比较大。从深圳房地产经济周期波动看,由于表现出以量的需求为主的特点,其紧缩期比国外要短,扩张期比较长。在目前有关房地产市场处于发展周期中哪个阶段的争论中,房价收入比、供求关系、空置率等概念起着很重要的作用。

我国房地产业之所以是一个高风险行业,是因为它的投资和收益周期长。因此,盲目进行房地产投资就会有风险。我国房地产业也存在周期性波动,有三个指标可分析出房地产周期性波动的规律:第一是房地产销售额增长;第二是销售面积增长,市场卖了多少房;第三是投资额增长,就是由于市场拉动,产业投资增长是高还是低。从有关资料记载来看,我国的房地产经济周期有这样三方面的特殊性:第一是房地产经济周期大约都是5年发展、两年低落,也就是说约7年为一个周期;第二就是我国房地产经济周期中,紧缩期和萧条期比较短,而复苏期和扩张期时间比较长,这显示出市场需求持续旺盛的特点,它明显不同于房地产总量过剩的国家和地区;第三,从销售增长和投资增长的关系来分析,销售增长直接影响到投资的增长。研究房地产经济周期的规律,把握我们国家房地产经济周期规律的变动,对于政府、房地产开发企业意义重大(图3-23)。

对房地产经济周期理论进行系统研究,具有很高的理论价值和重要的实践意义。具体来说,表现在以下几个方面。

1. 可以帮助人们深刻理解房地产业发展与国民经济发展的密切关系,使其更好地与国民经济的发展相适应,正确把握房地产业的政策定位,进一步发挥房地产业新经济增长点的作用。

图 3－23　风险与房地产动漫图

2. 有助于把握房地产业和房地产市场发展的规律。应用经济周期的一般理论和方法，结合房地产的特点，对房地产经济周期的发展阶段、产生原因、影响因素及周期的计量测度指标等进行系统的分析、归纳和总结，有利于把握房地产业和房地产市场发展的规律，从而指导实践并减少实践中的盲目性。

3. 可以正确地把握房地产业发展的周期性规律，明确一国（地区）房地产业所处的阶段、认清形势、审时度势、因势利导、掌握主动权、避免盲目性。

4. 有助于指导政府进行宏观调控。房地产经济周期的波动，一方面具有不可避免性；另一方面，过分剧烈、波幅过大的周期波动对国民经济具有破坏性。

5. 有助于投资者进行经营决策。在市场经济条件下，房地产投资者认识了解房地产经济周期的规律性及市场供求的变动趋势，可以更主动地适应宏观经济形势的变动，在市场经营中掌握主动权，避免由周期性波动带来的损失。

6. 可以在认清周期性规律的基础上，及时采取适当的对策措施，避免剧烈波动对房地产业的震荡。对房地产企业来说，应针对不同周期阶段，确定企业扩张或收缩的战略决策。对政府主管部门来说，应通过预测房地产业周期变化趋势，及时采取正确的政策措施，引导房地产业持续、稳定、协调发展。

第四章　大小周期协调之效——协调之美

【本章导读】

房地产市场和银行信贷之间具有天然的联系。一方面，房地产市场的发展离不开银行信贷的支持。房地产业是资金密集型产业，无论是土地的征购、住房的开发与建筑，还是建筑完工后的销售，都离不开大量资金的支持，而房地产开发商或购房者的自有资金远不及开发一个项目或购买一套稍大住宅所需的全部资金。因此，房地产业的供给和需求都离不开金融，如果房地产供求者因缺乏资金而出现资金链断裂，那么势必造成房地产市场发展受阻。

案例中的银行、金融都是宏观经济层面的，由此可见，房地产经济与宏观经济有着密不可分的联系。通过本章的学习，我们会了解到房地产业与宏观经济的一些相关内容。

【导入案例】

在中国人看来，拥有自己的房子是特别重要的，房子就是家的象征(图 4－1)，同时又有一种强烈的“根”的意识，这都中国人对房子有着特别的热爱之情，房子嫌少不嫌多是大部分中国人的心理。一部分人买房是为了居住，他们会在自己有条件购买时才行动，所以他们一般会高首付、少贷款；而还有一些人买房是为了投资赚钱，他们买房时尽可能低首付、多贷款，当房价再次上涨并且达到他们的要求后，他们会把房子转手卖出，从而获取利益。房地产商获得资金的途径主要有两个，一个是用预售的方式获取部分资金，另一个是通过向银行贷款获取资金，政府通过拟定与出台金融政策对利率和货币供应等进行调整，从而控制房地产市场价格。

图 4－1　房子是家

第一节　房地产经济周期规律曲线分析

想知道什么时候买房更为划算吗？想知道什么时候投资房地产能赚得更多一点吗？想知道什么时候卖房卖得价更高吗？那就一起进入本节的学习，一起来认识房地产经济周期规律吧，我们可以通过周期规律曲线图直观地感受到房地产经济的美。

一、曲线波动的周期奥秘

如图 4－2 所示，这是房地产经济的一段周期，数据都在某一个固定的数值上下波动着，而这个周期就像数学中的正弦函数一样，它有波谷与波峰，周期曲线的美感就在于它在一定程度上拥有与数学相同的美。房地产经济每个周期的长短可能不太一样，这是因为周期的长短还受各类因素的影响，这方面与数学中学习的函数会有不同。

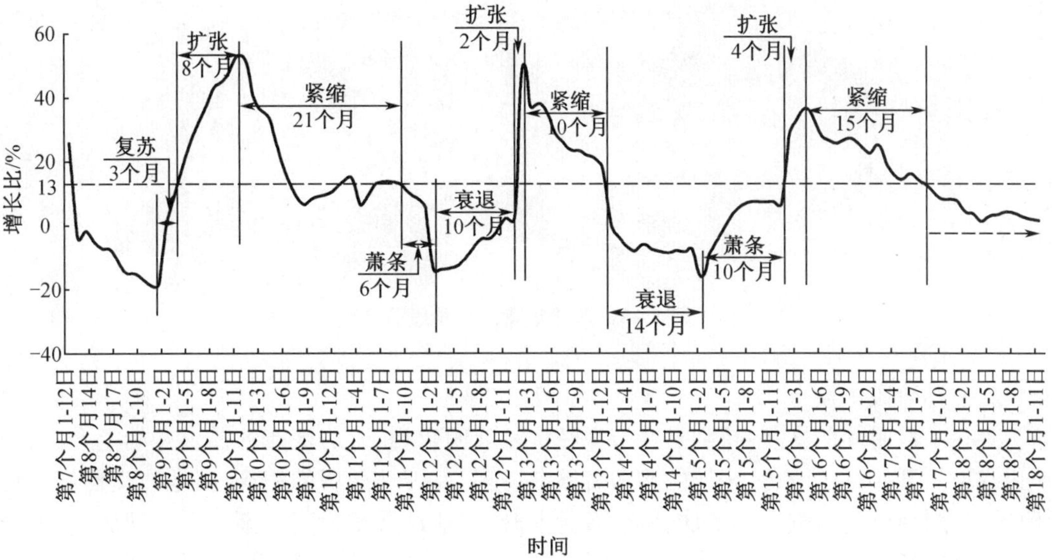

图 4－2　房地产经济的部分周期曲线图

就每一轮的周期长度而言，从图 4－2 中可以看出，第一轮周期是 38 个月，第二轮周期平均是 36 个月，第三轮周期平均是 35 个月。也就是说，我国的房地产经济周期大致在三年左右，即平均每三年是房地产经济的一个周期。（注：一个周期中有复苏、扩张、紧缩、萧条四个阶段）当房地产销售面积增加，销售价格上涨的时候，不管是上游的行业还是下游的行业，其业绩都会相应获得上涨，当房地产业景气度出现下降，或者说房地产业进入了下行周期的时候，对于下游行业的影响是比较快速的，但是对于上游行业来讲，存在一定的滞后性。

从以往的情况来看，我国房地产经济周期波动主要是政策和房地产业基本面之间的博弈，属于在经济发展和民生方面维持一个平衡，如果社会资金太多进入房地产业当中，那么社会消费水平的降低带来的就是居民生活消费水平的下降。房地产市场的周期性波动从长远方面来看是具有美感的，具体怎样展现波动规律的美感呢？后文从房地产经济周期自身波动的四个阶段做出了详细的解释。

二、不断上下阶梯的过程

同宏观经济周期类似，房地产经济周期波动的阶段可分为复苏、扩张、紧缩、萧条四个阶段，从而再进入新一轮增长，如图 4－3 所示。

（一）复苏增长

在房地产经济周期波动中，经历了萧条之后会出现复苏阶段，一般会经历较长的时间。

1. 复苏阶段初期

房地产供给仍大于需求，购房者在满足自用的前提下进入市场，总体上看交易量不大，价格与租金水平均处于较低位置，房价已经明显停止下跌，保持平稳并开始缓慢上行，在这一时期房地产投资量不大，房地产投机者也基本不存在。

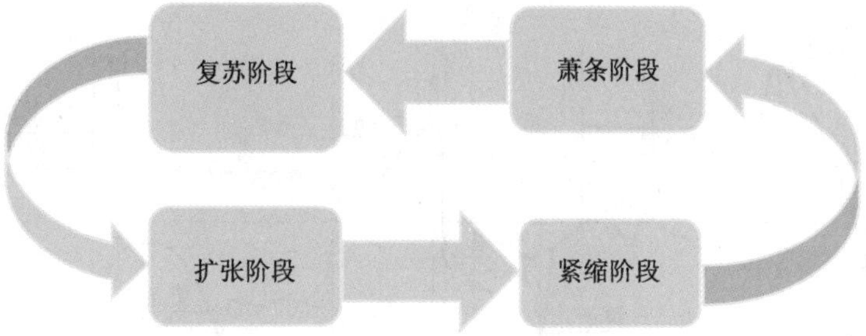

图 4－3　周期规律四个阶段循环

2. 复苏阶段中期

经过一段时间的恢复，特别是在宏观经济复苏的影响下，房地产的需求开始上升，房地产供求关系开始逐步改善，现楼的购房者逐渐增多，并带动期房的销售，房地产交易量有所增加。同时由于建筑成本的增加，房价有所上升，房地产开发投资逐渐增多。随后，房地产需求趋近旺盛，进一步刺激房价回升，建筑成本和楼价呈上升趋势，交易量的不断增加也推动房地产开发的上升，市场加速复苏，少数房地产投机者开始入市寻找机会。

3. 复苏阶段后期

在宏观经济加速复苏的刺激下，房地产市场进一步回升，房地产开发企业的开发项目与建设数量逐步增加，人们对日益好转的房地产市场形势充满乐观情绪。金融机构和房地产投资机构加大对房地产的投资，并带动其他行业投资机构进入房地产领域。随着房地产投资者特别是炒家进一步涌入，尤其是住宅价格上涨，租金飘升，同时房地产空置率大幅下降，房地产市场交易量快速上升，土地市场和三级市场开始活跃，物业开发与建设等相关行业加速发展，房地产市场信贷需求增加。伴随着房地产经济的快速增长，带资开发房地产项目的建筑企业数目明显增加，推动了房地产业的进一步扩张。

（注：房地产分为三种市场级别，房地产一级市场又称土地一级市场，是土地使用权出让的市场，即国家通过其指定的政府部门将城镇国有土地或将农村集体土地征用为国有土地后出让给使用者的市场。房地产一级市场是由国家垄断的市场。而房地产一级市场，又是针对二级和三级市场而言的。二级市场，是土地使用者经过开发建设，将新建成的房地产进行出售和出租的市场。而三级市场，是购买房地产的单位和个人再次将房地产转让或租赁的市场，也就是房地产再次进入流通领域进行交易而形成的市场，也包括房屋的交换。）

（二）扩张向上

继复苏阶段后，房地产经济周期波动便进入扩张阶段并达到周期循环的波峰，该阶段持续时间相对较短。

1. 扩张阶段初期

由于宏观经济进一步扩张，消费需求迅速增长，房地产开发企业对土地及物业的开发项目与建设数量进一步增加，房地产市场进入扩张向上阶段，市场交易量明显增加，空置率下降。其他行业的企业也因市场极度乐观和高额利润而进入房地产市场，且投资计划大多雄心勃勃。房地产价格愈涨愈高，先是楼花价格紧追现楼价格，然后两者并驾齐驱，接着楼花价格慢慢超过现楼价格，最终明显拉开与现楼价格的差距，并在楼价上涨过程中起带头作用。

（注："楼花"一词最早源自中国香港，是指尚未竣工的商品房在施工阶段就推向市场销售，所以预售商品房也称楼花、期楼。形象地说就是如果把开发公司已建成的房屋看成建设完成后的果实，那么开发公司正在建设而未完成的建筑物则可看作这一果实的花。由此进一步引申出买"楼花"、卖"楼花"、炒"楼花"等。一般称卖"楼花"为预售房屋，买"楼花"为预购房屋。现楼是指已经入伙并有合法房地产证的楼宇，一般称二手房。准现楼是指已竣工验收但未售出的商品房，在房地产广告中一般也称现楼。）

2. 扩张阶段中期

房地产投机者大量介入，房地产市场的炒楼行为越来越多。房地产价格越涨越高，旧房（三级）市场价格直逼新房（二级）市场价格。我国房地产信贷风险的度量与控制研究，为市场所关注。

3. 扩张阶段顶峰

房地产投机者与自用者均大量增加，人人欢欣鼓舞，市场一片乐观情绪，迅速形成并不断加大房地产泡沫，楼价继续高涨。由于房地产投机者以更快速度增长，逐渐拉近与自用者人数的距离，并呈现出追赶后者的态势，结果导致房地产市场炒风日炽，炒楼行为越来越为市场所注目。自用购楼者开始退出市场，留下炒家的投机资金支撑整个旺市，形成了有价无市的局面，房地产空置率上升，股市上的房地产概念股达到顶峰，房地产市场达到扩张阶段的顶点，房地产泡沫达到极限。在此压力下，社会关于限制炒楼行为的呼声也逐渐提高，政府开始出台一系列限制炒楼的政策措施，如提高银行利率、压缩投资规模、实行保值储蓄以及收紧银根等政策手段。

（注：房地产泡沫，是指由房地产投机引起的房地产价格与价值严重背离，市场价格脱离了实际使用者支撑的情况。最早可考证的房地产泡沫是发生于1923—1926年的美国佛罗里达房地产泡沫，这次房地产投资狂潮曾引发了华尔街股市大崩溃，并引发了以美国为首的20世纪30年代的全球经济大危机，最终导致了第二次世界大战的爆发。）

4. 扩张阶段后期

政府的紧缩政策日见成效，新增房地产投资数量明显下降，房地产投资总量也开始回落。以住宅为代表的各类物业销售市场达到饱和极限，销售难度明显加大，销售价格开始回调，房地产租赁市场交易量和租金水平也随之下降，房地产空置率进一步增加，房地产投资与交易过程中开始出现由利率提高、运营费用增加及财务压力加大等而导致的各种违约现象。在这一时期，房地产市场的全面乐观情绪逐渐被悲观情绪取代，房地产泡沫面临萎缩甚至破灭的危险。

（三）紧缩没落

当楼价高到把真正的房地产消费者排斥在市场外，仅仅依靠投机资金支撑时，房地产业就开始由盛转衰，预示着危机和紧缩阶段的到来。

1. 紧缩阶段初期

随着房地产紧缩政策效应的进一步显现，房地产市场在交易价格和交易数量两个方面都出现紧缩的趋势，房地产泡沫破灭的可能性增大。在房地产价格方面，虽然不同楼盘的楼价有升有降，但市场上房地产价格总体水平已经出现下调趋势，特别是现房价格基本停顿不前甚至有所回落，只有个别楼盘价格还在上涨，但上涨的速度明显放慢，大多数只比前一阶段微升。

在交易数量方面，随着房地产交易价格停滞不前甚至有所下降，房地产交易数量明显减少，各类房地产物业的空置率进一步提高，房地产市场日渐停滞萎缩，房地产市场的悲观情绪进一步加强。在投资回报率下降、投资风险加大等多种因素影响下，房地产投资额明显下降，特别是新开工的房地产项目数量急剧减少，已投资建设的房地产项目风险加大。

2. 紧缩阶段中期

受一些突发性利空消息或事件影响，房地产价格开始急剧下挫，有价无市的现象被打破，房地产泡沫开始破灭。在购房自用者被高价排斥出市场、炒家因转手困难，而纷纷恐慌抛售的双重打击下，房地产价格出现暴跌。

但暴跌的价格又势必阻止用家及炒家进入市场，从而加剧了房地产价格的下跌速度和深度，房地产投资量大幅缩减。仍然处于开发建设的房地产项目转手、停建等现象出现，房地产交易在大幅度回调的低价格水平和低交易数量的基础上维持。

3. 紧缩阶段后期

在交易量和价格锐减的情况下，房地产企业利润也大幅度降低，一些实力较弱的企业宣告破产。同时，由于房地产投资项目减少，该行业的就业水平下降，失业人数增多，因此加剧了相关行业特别是建筑业的失业问题。在紧缩阶段，房地产市场日渐停滞萎缩，市场的悲观情绪进一步加强，房地产投资量和交易数量大幅缩减，投资风险增加，为争夺市场而追加的营运费用上涨，结果一些实力较差、抗风险能力较弱的开发商因资金债务等问题而宣告破产，房地产企业破产率也逐渐增加，给银行贷款造成风险。

当时中金公司研究报告提出“2019 年是房地产基本面衰退年”。房地产市场不论从大周期还是小周期而言均刚刚跨过顶部，进入下行阶段。双周期叠加共振，下行风险值得特别警惕。

报告认为，2019 年全国商品房销售大概率将出现 5 年来首次同比下跌，面积、金额跌幅预计均在 10% 左右。其中，一二线城市将基本平稳，三四线城市将量价齐跌。基本面加速下滑将导致明年房地产开发投资和新开工面积同比增速显著转负，中性情形下跌幅预计分别达到 5% 和 10% 。

从 2016 年“930”楼市调控拉开大幕以来，全国各地调控政策数量、调控力度不断加码，两周年之际调控效果也逐渐显现，目前国内一线城市新房及二手房市场全面降温，二三线热门城市涨幅亦有回落。

楼市拐点已至，房价下降趋势明确，最明显迹象来自 2018 年楼市“金九银十”成色明显不足，在房企推盘集中放量的情况下新房成交量仍弱于季节性，多地房价出现松动，购房者观望情绪浓厚。

而房企投资意愿也显著下降，拿地节奏放缓。有房企高管表示，减缓拿地一方面是出于现金流的压力，另一方面是部分房企买地的心态也和购房者一样，买涨不买跌。

对于 2019 年楼市的调控政策，中金公司认为，2019 年政策可行的调节方向主要在四个方面：大力增加市场有效供应，包括促进增量与盘活存量；适当放松按揭贷款首付款比例、按揭利率的过度限制，支持刚需和首改等合理住房需求；适度增加按揭贷款额度；限价措施可继续保留，但改进定价机制与追踪管理的合理性，包括房地价统筹管理。

（四）萧条凋敝

经过急速而痛苦的危机和紧缩之后，房地产周期便进入了萧条阶段，这一阶段也就是常说的波谷，持续时间较长。

1. 萧条阶段初期

政府实施的宏观调控政策进一步发挥作用，整体经济规模萎缩。房地产价格呈现加速下降，个别楼价甚至跌破物业原值或建造成本，市场交易量减少；不动产信贷违约行为大幅增加，金融机构与投资者普遍“套牢”，房地产泡沫全面爆发。

2. 萧条阶段中期

在价格暴跌和成交紧缩的情况下，出现大量的房地产纠纷，一些实力雄厚的大公司濒临破产。

对于房地产业来说，可能会出现楼市崩盘，其主要表现是地区房价出现30%甚至50%以上的下跌，房地产开发和销售陷入两难的地步，购房行为大幅减少，房地产业进入阶段性萧条。楼市一旦崩盘，在相当长的时间内，该地区的房地产业甚至国民经济会出现停滞，烂尾楼大量出现，银行大量的坏账无法收回，规划好的待开发土地闲置，很多二次置业的人购买的房屋变成负资产。

3. 萧条阶段后期

在房地产总体水平加剧下滑之后，房地产的泡沫被挤压出来，房地产开发成本与房地产正常需求恢复到正常水平，房地产波动开始走向平稳，此时，政府开始关注房地产市场对经济发展的约束作用，采取减税等措施来刺激房地产经济复苏。

不过，房地产市场何时走出萧条阶段而开始复苏，取决于两个方面：一是有赖于产业内部对前期房地产开发项目的消化程度，以及房地产供求关系能否及何时回到相对均衡状态；二是取决于产业外部的影响因素，如宏观经济周期波动趋势、宏观经济政策特别是货币与金融政策以及房地产政策的变化。

这个阶段在市场上的表现是：

①房地产销售价格和租金水平继续沿着紧缩期以来的跌势下降，大多只跌难升，个别楼盘价格甚至跌破物业原值或建造成本，其跌幅触目惊心，房地产泡沫完全破灭；

②伴随房价的大幅下跌，房地产交易量进一步减少，空置率居高不下成为市场的普遍现象；

③在价格暴跌和交易数量萎缩的双重打击下，房地产泡沫破灭，房地产纠纷大量出现，房地产商破产现象更为普遍，由此慢慢达到波谷位置；

④在房地产业总体水平加剧下滑之后，特别是房地产泡沫成分被挤出后，由于受到房地产开发成本以及房地产正常需求水平的双重支持，房地产市场从急剧下降转变为波动相对平稳的阶段。同时政府也逐渐减少对房地产的限制性政策干预，部分放宽对房地产投资、交易等方面的限制，以期待房地产市场有所稳定或回升。

三、周期波动的“牵一发而动全身”

房地产业的相关产业链复杂且巨大，而房地产业作为整个产业链的贯穿环节，对于整个行业的发展产生了巨大的影响。从房地产业开发的整个流程来看，房地产企业分为三个部分，第一部分是上游产业链，主要包括土地方面的供应，建筑行业的原材料与工程机械的提供，钢铁、水泥以及作业机械的使用等；第二部分是对于行业的重要性来讲，包括土地的规划和项目开工建设，是房产的预售和竣工交付阶段，当然预售这个环节主要是向中国香港学习的，这一举措大大提升了房地产业的周转率。第三部分是对于下游来讲，包括装修、家电以及家具等，这些部分构成了整个房地产的产业链。

房地产业作为一个国家重要的经济组成部分，其因为政策的调控而出现了周期性的轮替，比如存在房地产高峰期和低谷期等，这两个方面其实属于经济发展与民生之间的政策平衡。对于我国的房地产来讲，当政策支持地产企业的发展时，房地产业将迎来一个高增长的时期，经济自然也起来了，但是过高的房价又导致居民人均消费水平的降低，因此就需要政策来进行调控，维持经济与民生这两个方面的平衡。当政策面宽松的时候，房地产的交易活跃度将会有所提升，带来的是房地产库存的下降和交易价格的上涨，当房地产交易过热的时候，就需要给一盆水进行降温，这个时候房地产库存增加，交易减少，价格也相应地降低。从而就会出现房地产业的景气度呈现周期性波动的情况。

（一）房地产业对消费的影响

房地产业的经济波动会直接或间接地影响人们的生活水平，甚至会对居民的消费情况和国家的经济造成影响。对于大部分购房者而言，买房子是家庭开销中一项重要的支出，不仅需要做长期大量的储蓄工作，而且一旦发生经济变动还会面临房价上涨的风险。具体来讲，房地产业对经济波动的影响具体分为以下几种情况，首先是财富效应，分为潜在的财富效应及已经基本实现的财富效应。其次是成本效应，房地产价格的不断上涨，会在一定程度上提升消费者的消费成本，影响居民的消费水平。再次是预算约束效应，房地产价格的持续变动，会在一定程度上影响消费者的判断，甚至影响其最终的消费观念。最后是流动约束的效应，房价的上涨或是下跌，会影响消费者和潜在消费者的流动性，甚至起到约束其购买行为的作用。

（二）房地产业对经济增长的影响

随着时代的发展和社会的进步，房地产业俨然已经成为国民经济重要的组成部分，支撑着其附加产业的先进流量，对经济的增长起到至关重要的作用。在房地产业中，房地产投资作为其重要的组成部分，一旦爆发经济危机，会直接使房地产业的发展陷入危机，扰乱社会的秩序。由此可见，对房地产业对经济增长的影响结果进行研究，并认识到房地产业的影响范围，对促进国民经济增长、促进社会和谐都具有重要意义。

（三）房地产业对通货膨胀的影响

想要全面提升房地产的价格，基本可以从以下几个方面来实现，首先，从与房地产业相关的行业下手，提升对钢铁、建材等产品的需求量，并提升这些产品的价格。其次，利用财富效应，从社会福利的角度来提高居民的财富积累，从而降低其对价格影响因素的敏感程度。最后，由于银行的信贷体系会随着房地产的价格有所调整，因此一旦市场上出现多数被动释放的货币，就会提升整个社会的通货膨胀压力。

【学习小结】

本节主要解释了房地产经济周期规律曲线的美及房地产周期规律中所需要经历的四个阶段,从浅显的方面去了解房地产,最后通过一个小案例“一生四宅,美好未来”去理解房地产经济周期规律曲线。

【思考题】

1. 下面这个小案例中的“四宅”在房地产周期的哪个阶段购买更合适呢?

2. 你对自己未来购房有什么想法?

【学习案例】

一生四宅,美好未来

人的一生要有4套房子:第一套,自住;第二套,改善;第三套,收租;第四套,情怀。下面具体来解释一下这四个关键词的意思。

第一套:自住

有了房子,才有安身之所,才有家。房子涨钱了,你是赢家,房子降价,那还是你家。

第二套:改善

当生活条件好了,我们就会改善住宅,享受更“美”生活。

第三套:收租

房子多了,可以作为投资,收租金,那你就是“包租公/包租婆”咯!

第四套:情怀

人是有感情的,房子也是有情怀的。依山傍水,那是对山水的眷恋,灯红酒绿,生活便捷,那是对时尚的追求,不管怎样,那是生活,那是自我的情怀。

三年以后你会发现:

身边的朋友没买房的,钱都不知道花哪里去了,遇到急事仍然两手空空,家庭状况岌岌可危!

而买了房子的人,也没影响生活和家庭幸福,不但有了房子,最终还积累了财富!可以先问问自己,如果不买房子,每个月除了各种生活开支你还能剩下多少钱。其实,真正考虑自己要不要买房的人,收入水平还是可以的,只要负债压不垮你,就不是问题。完全可以问问自己,如果不买房子,每个月除了各种生活开支剩下的钱,你能好好地利用吗?存银行被银行借给别人买房?那种“买一套房子,当一辈子房奴”的说法,完全是危言耸听的谎言。那种把买房子跟“诗与远方”对立起来的人,也基本上是哗众取宠之辈。

想想海子是怎么说的吧,“面朝大海、春暖花开”的前提是:我有一所房子!而这套房子,其实只用你负担前10年。每一个房奴都有一段辛酸的房奴史,这段苦逼的岁月真的没有你想的那么难熬和漫长,房贷的很大一部分压力只是自己想象出来的。你买的房子,不仅是房子。

1. 是家的温暖

有房才有家！住自己买的房子，在自己喜欢的城市安家落户，才有家的温暖。租房一年、两年还凑合，假如让你拖家带口租十年、二十年、一辈子，寄人篱下、辗转流离，你受得了吗？人生苦短，一家人开开心心、和和美美，才最重要！

2. 是教育资源

不论是学位房还是学区房，房子总是和优质教育资源紧密相连。再往浅了说，如果你没有房子，孩子想要在你所在的城市上学会有多难？难道你准备让你的孩子回到你都不愿意回去的那个城市吗？不让孩子输在起跑线上！这绝不是一句空话，而买房就是很好的证明。

3. 是养老金

以前养儿防老，随着社会老龄化越来越严重，人口平均寿命越来越长，未来一对夫妇甚至要赡养双方八位老人，这实在是不能承受之重。买房防老，是为了给自己一份高品质的晚年生活减轻子女养老负担，正当其时！

4. 是家庭的救命稻草

很多时候，房子作为社会硬通货，可能是当家庭面对重疾、天灾、生意失败等重大变故时，最后一根救命稻草。养兵千日用兵一时，房产就像是飞机上的降落伞、船艇上的救生圈、列车上的灭火器，不可一日不备。

说到底，我们买房，其实是为了生活得更好！

第二节　宏观经济周期分析

一、一个概念的研究

经济周期，也称商业周期、景气循环，经济周期一般是指经济活动沿着经济发展的总体趋势所经历的有规律的扩张和收缩，是国民总产出、总收入和总就业的波动，是国民收入或总体经济活动扩张与紧缩的交替或周期性波动变化，这种波动的周期就与数学中所学过的有规律的周期函数有着异曲同工之妙。过去把经济周期四个阶段称为扩张、紧缩、萧条和复苏，现在普遍也叫顶峰、衰退、谷底、扩张（图 4 –4）。

经济波动以经济中的许多成分普遍而同期地扩张和紧缩为特征，持续时间通常为 2 ~ 10 年。现代宏观经济学中，经济周期发生在实际 GDP 相对于潜在 GDP 上升（扩张）或下降（紧缩）的时候。每一个经济周期都可以分为上升和下降两个阶段。上升阶段也称为扩张，最高点称为顶峰。当然，顶峰也是经济由盛转衰的转折点，此后经济就进入下降阶段，即紧缩。紧缩严重则经济进入萧条，紧缩的最低点称为谷底。当然，谷底也是经济由衰转盛的一个转折点，此后经济进入上升阶段，就像人生一样总是起起伏伏。经济从一个顶峰到另一个顶峰，或者从一个谷底到另一个谷底，就是一次完整的经济周期。现代经济学关于经济周期的定义，建立在经济增长率变化的基础上，指的是增长率上升和下降的交替过程。

经济周期波动的扩张阶段，是宏观经济环境和市场环境日益活跃的季节。这时，市场需求旺盛，订货饱满，商品畅销，生产趋升，资金周转灵便。企业的供、产、销和人、财、物都比较好安排。企业处于较为宽松有利的外部环境中。

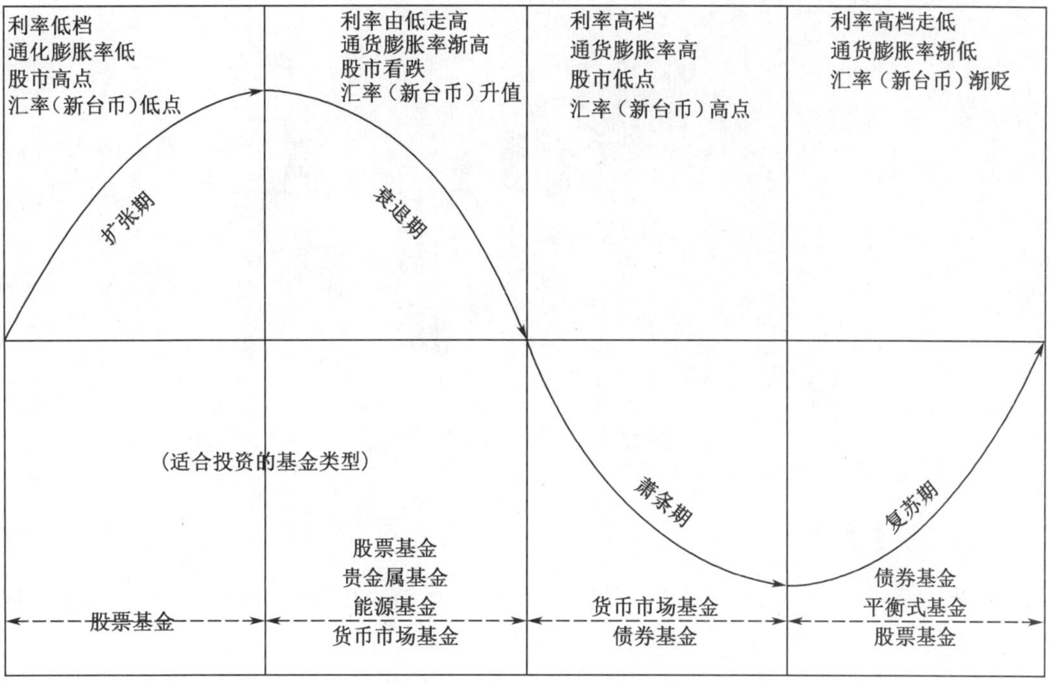

图4－4 经济周期的波动

经济周期波动的紧缩阶段，是宏观经济环境和市场环境日趋紧缩的季节。这时，市场需求疲软，订货不足，商品滞销，生产下降，资金周转不畅。企业在供、产、销和人、财、物方面都会遇到很多困难。企业处于较恶劣的外部环境中。经济的紧缩既有破坏作用，又有“自动调节”作用。在经济紧缩中，一些企业破产，退出商海；一些企业亏损，陷入困境，寻求新的出路；一些企业顶住恶劣的气候，在逆境中站稳了脚跟，并求得新的生存和发展。这就是市场经济下“优胜劣汰”的企业生存法则。

经济周期是经济活动沿着经济发展的总体趋势所经历的有规律的扩张与紧缩。改革开放以来，我国已经历了四个比较完整的经济周期：1977—1981 年为第一周期；1981—1986 年为第二周期；1986—1990 年为第三周期；1990—2002 年为第四周期。2003 年开始我国经济又进入了新一轮周期。自 1992 年 GDP 增长率为 14.2%，达到第四轮周期的顶峰后，我国经济增长率一直保持较高速度，但近年来徘徊在 7%～8%。

二、十种思想的碰撞

（一）心理预期理论

心理预期理论强调心理预期对经济周期各个阶段形成所起的决定作用。也就是说，人们的心理对经济的想法会影响到市场的经济变化，预期是一种心理现象，而心理现象又具有不确定性的特点。因此，经济波动取决于人们对未来的预期。当预期乐观时，人们会增加投资，从而影响经济步入复苏与扩张；当预期悲观时，人们会减少投资，从而影响经济陷入紧缩与萧条。随着人们情绪的变化，经济就周期性地发生波动（图 4－5）。

图 4－5　情绪下的经济波动

(二)纯货币理论

纯货币理论认为，经济周期是一种纯货币现象，经济中周期性的波动完全是由银行体系交替地扩张和紧缩信用所造成的。

在发达的市场体系中，流通工具是指银行的各种信用工具，商人运用的资本主要来自银行信用。当银行体系降低利率、扩大信用时，商人就会向银行增加借款，从而增加向生产者的订货，这样就引起了生产的扩张和收入的增长，而收入的增长又引起对商品需求的增加和物价上升，经济活动继续扩大，经济进入扩张阶段。但是银行扩大信用的能力并不是无限的，当银行体系被迫停止信用扩张，转而收缩信用时，商人得不到贷款，就会减少订货，由此出现了生产过剩的危机，经济进入了萧条阶段。在萧条时期，资金逐渐回到银行，银行可以通过某些途径来扩大信用，促进经济复苏，从而引起了经济周期的波动。

(三)投资过度理论

投资过度理论是一种用生产资料的投资过多来解释经济周期的理论。

这里的投资是指货币，最初用于银行，货币的投资过度论认为只要银行扩张信贷，使市场利率低于自然利率，工商企业贷款的投资对生产资料(主要是建筑材料和机器)的需求增加。由于是以充分就业为前提，所以由银行膨胀信用引起的投资和生产资料需求的扩大，只能是把原来用于制造消费品的生产资料转用于制造资本财货，因而势必引起消费品产量的减少和价格的上涨。那些货币收入不变或货币收入的增长落后于消费品价格上涨的消费者，将因消费品价格的上涨而非自愿地缩减他们的消费，这种现象称为“强迫储蓄”。

(1)当银行扩张的信用通过资本家的投资变成人们的货币收入之后，消费者势必会恢复他们原有的消费，于是引起消费品的需求比生产资料的需求增长得更多，消费品的供给减少，需求反而增加，消费品价格上涨。

(2)银行由于法律或营业习惯的限制，不可能无限地扩大信用。这两个因素共同作用的结果表现为货币资本供给的短缺。货币资本供给的短缺将引起两种结果：一个是工商企业在扩张阶段进行的投资(建造厂房添加设备)半途而废不能完成；另一个是已经生产出来的资本财货因需求不足而价格下降，存货积压。这就是经济危机。所以这一理论所说的投资过多或者生产资料生产过剩,并不是指消费品生产部门因生产过剩而减少对生产资料的需求,而是指资本家的投资活动超过了资本货币的供给,所以货币的投资过多论可以更确切地称为资本短缺理论,即危机根源于货币资本的供给落后于货币资本的需求。至于货币资本之所以短缺,除了银行停止信用膨胀之外,按照哈耶克的说法,还因为当银行膨胀的信用变成消费者收入之后,他们将恢复其原有的消费,所以资本短缺又可视为源于消费过多。按照这一理论,只要消费者减少消费,增加储蓄,增加货币资本的供给,就可预防危机的爆发,所以货币的投资过多理论又可称为消费过多(储蓄不足)危机论。

总之,哈耶克等的危机理论,以充分就业的宏观均衡为出发点,认为危机之所以爆发,乃是导源于充分就业条件下银行部门膨胀信用引起的投资扩张,破坏了社会生产两大部类之间的供求均衡和配合比例,即生产资料和消费资料之间的配合比例,跟货币总支出在这两大部类产品之间的配置比例(这就是人们的收入在个人消费和个人储蓄之间的配置比例)互不协调。也就是说,从社会需求在这两大部类产品之间的配置比例来看,生产资料生产部门过度扩张了。

(四)消费不足论

消费不足论主要用于解释经济周期中危机阶段的出现以及生产过剩的原因,但并没有形成解释经济周期整个过程的理论。

这种理论认为,经济中出现萧条与危机是因为社会对消费品的需求赶不上消费品的增长。而消费品需求不足又引起对资本品需求不足,进而使整个经济出现生产过剩性危机。消费不足的根源则主要是由国民收入分配不平等所造成的穷人购买力不足和富人储蓄过度。

消费不足论是一种把经济危机原因归结为消费品的生产超过了人们对消费品需求的理论。这一理论与投资过剩理论构成经济周期理论的两大主流学说。从西斯蒙第于19世纪初提出这一学说以来,马尔萨斯、霍布森等人又在此基础上有所发展。消费不足论的共同点是认为由于国民收入的一部分用于储蓄,造成对消费资料需求的不足,从而造成生产过剩的经济危机。霍布森认为资本主义体制最根本的缺陷就是国民收入分配不均,造成富裕者过度储蓄,因而造成消费不足。解决办法是改善国民收入的分配。关于消费不足论的最新论述来自美国经济学家斯威齐的资本主义发展理论,斯威齐根据资本家行为的特点,即尽可能多地将其利润转化为储蓄,认为资本家个人消费的增长有别于利润的增长,前者以递减的比率增加。此外,由于工资的增加相对于储蓄总额呈现递减的比率,即消费增加率(消费总额与消费增加部分的比率)与生产手段增加率(生产手段总额与投资的比率)之比不断降低,因而存在着消费的增加低于消费资料生产量的增加这一内在倾向。

(五)实际经济周期理论

实际经济周期理论是以普雷斯科特为代表的,其认为经济周期主要是总供给冲击所造成的,某一部门的创新或技术的变动所带来的影响会在经济中传播,进而引起经济的波动。

实际经济周期理论与新古典经济增长理论相一致,以微观经济主体的偏好、技术、禀赋等假设为基础,通过完全竞争和市场出清实现一般均衡,因生产函数会受到随机技术冲击等实际因素的影响,所以经济会呈现出周期性波动的现象;该理论认为经济周期所产生的产出波动不是实际GDP对潜在GDP的背离,而是潜在GDP本身的变动。

(六)弗里德曼货币需求理论

弗里德曼货币需求理论是以米尔顿·弗里德曼为代表的货币学派提出的,货币主义将经济周期归因于货币和信贷的扩张和紧缩,该理论认为货币是影响总需求最基本的因素。

与其他经济学家不同,弗里德曼把通货膨胀的责任完全归到了政府的身上。他认为,"没有一个政府肯于承担通货膨胀的责任,即使不是很严重的通货膨胀也是如此。政府官员往往寻找各种借口,把责任推诿给贪婪的企业家、刚性的工会、挥霍无度的消费者、阿拉伯的酋长、恶劣的气候,以及一些风马牛不相及的理由。无疑,企业家是贪婪的,工会也有刚性,消费者并不节约,阿拉伯酋长提高了石油价格,天气往往不正常,然而所有这些只能提高个别商品的价格,并不能使一般物价普遍提高"。

弗里德曼认为,根治通货膨胀的唯一出路是减少政府对经济的干预,控制货币增长。控制货币增长的方法是实行"单一规则",即中央银行在制定和执行货币政策的时候要"公开宣布并长期采用一个固定不变的货币供应增长率"。

由于这些政策主张顺应了西方经济在新形势下发展的需要,因此赢得了许多的赞同者和追随者,获得到官方的特别赏识。1979 年,以撒切尔夫人为首的英国保守党政府将货币学派理论付诸实施,奉行了一整套完整的货币主义政策;美国里根总统上台后提出的"经济复兴计划"中,也把货币学派提出的制定一种稳定的货币增长政策作为主要项目;瑞士、日本等被认为是"成功地控制了通货膨胀"的国家,自称其"成功的秘密"就在于实行了货币学派的"稳定的货币供应增长率"政策。货币学派一时声誉鹊起,被普遍看作凯恩斯学派之后的替代者,弗里德曼更是被称为"反通货膨胀的旗手"。

(七)政治性周期理论

政治性周期理论的代表人物是诺德豪斯,其理论将经济波动归因为政治家为重新当选而对财政政策和货币政策的操纵。也就是说政治因素会促成经济周期的波动,而且是一个很重要的因素。比如在各地方政府换届初期,各级地方政府将出台扩张性经济政策来促使投资扩张,由此带动了经济快速增长。而在任职后期,迫于中央政府和通货膨胀的压力,地方政府不得不采取紧缩性经济政策收缩投资,从而迫使经济增长速度减缓。也就是说,政治因素是经济运行的外部冲击因素,当政治因素产生变动时,它将引致经济运行的变动,进而促使经济周期波动的形成。

(八)建立在信息障碍条件下的货币周期理论

建立在信息障碍条件下的货币周期理论的代表人物是小罗伯特·卢卡斯,其理论的观点是,对价格和工资变动的错觉使人们提供的劳动或者过多或者过少,从而导致产出和就业的周期性波动。

卢卡斯认为,货币对产量和其他经济变量有重要影响,货币因素是波动的初始根源。这一理论将货币冲击分为预期到的和未预期到的,认为是未预期到的货币供给的冲击引起了经济波动。一方面,当中央银行出乎公众意料地增加货币供给时,由于公众对此没有察觉,所以厂商和工人很有可能认为这种价格变化是个别市场的需求提高引起的。于是,厂商会提高产量,工人有可能提高工作量。相反地,如果货币供给减少使得价格下降时,厂商会误以为对他们的产品需求下降,因而减产,工人们也会自愿地减少劳动供给。这就暗示了萧条时期的失业是人们权衡得失后的选择，是自愿的。当所有市场的厂商和工人都这样行动时，实际产量就会偏出正常水平，在短期内引起经济波动。另一方面，如果货币冲击是意料之内的，则不会产生任何影响，因为经济当事人这时不会产生任何错觉。

这一理论所阐述的经济波动的传导过程是这样的：假设个人和厂商观察到了他们产品的价格上涨了，他们就需要搞清楚这一现象究竟是反映了总需求的增长，还是反映了对他们个别产品的需求有所增加。若是前者，从实际量的角度来说什么也没变，厂商和工人也都会保持原来的状态，全社会的经济继续按自然率水平增长；若是后者，个别产品的相对价格上升了，工人会增加工作量，厂商会提高产量，双方都有动力增加供给，此时经济中将出现向上倾斜的短期总供给曲线。信息障碍使理性预期产生错误，使经济当事人不能准确判断价格变化的实际情况，有可能将总需求增长带来的一般价格水平的上升当作个别产品的相对价格的上升，从而导致了短期内产量的波动。当然，这也只是暂时现象，由于公众是理性预期者，他们将很快调整错误的预期，使产量最终恢复到长期增长水平，即自然率水平。

（九）创新理论

创新理论起源于拉丁语，原有三层含义：更新；创造新的东西；改变。创新就是利用已存在的自然资源创造新事物的一种手段，创新理论的代表人物是美籍奥地利经济学家熊彼特，他首先提出了用以解释资本主义经济发展和周期的理论。熊彼特把创新定义为建立一种新的生产函数，即企业家实行对生产要素和生产条件的新结合。它包括：引入一种新产品；采用一种新的生产方法；开辟新市场；获得原料或半成品的新供给来源；建立新的企业组织形式。当然随着科技进步、社会发展，对创新的认识也是在不断演进的。特别是知识社会的到来，创新模式的变化进一步被研究、被认识。同时他对康德拉季耶夫的长波现象做出了“内生化”理论解释。他认为，经济发展过程本身是不平衡的，它是流量系统自发和不连续的变化，而引发这种变化的根源就是生产要素的重新组合，也就是创新。创新是打破经济“循环流转”稳态、推动经济发展和生产方式变革的革命性因素。

这实际上强调了创新中应用的本源驱动和核心地位。然而，20 世纪 60 年代，新技术革命的迅猛发展，美国经济学家罗斯托提出了“起飞”六阶段理论，“技术创新”在创新活动中的地位日益重要。但随着技术创新的迅猛发展，其表现出了越来越强的知识依赖性，创新由易变难，逐渐成为高知识积累群体才能完成的工作，这也无形中造成了创新与应用间壁垒的形成。

创新在研究领域产生，随后经过一个时间过程后在应用领域被接受和采纳，这成了第二次世界大战后人类更熟悉的创新扩散模式。在创新扩散研究中，最有代表性的是罗杰斯的研究工作，他所提出的创新扩散理论从 20 世纪 60 年代起一直在领域内居于主导地位。罗杰斯认为创新扩散受创新本身特性、传播渠道、时间和社会系统的影响，并深入分析了影响创新采纳率和扩散网络形成的诸多因素。进入 21 世纪，信息技术推动下知识社会的形成及其对创新的影响进一步被认识，科学界进一步反思对技术创新的认识，创新被认为是各创新主体、创新要素交互复杂作用下的一种复杂涌现现象，是创新生态下技术进步与应用创新的创新双螺旋结构共同演进的产物，关注价值实现、关注用户参与的以人为本的创新 2.0 模式也成为新世纪对创新重新认识的探索和实践。

(十)乘数－加速数模型

乘数－加速数模型的代表人物是萨缪尔森,该模型说明乘数和加速数的相互作用如何使总需求发生有规律的周期波动。

乘数－加速数模型的基本思想是:在社会经济生活中,投资和收入是相互影响、相互调节的。通过加速数,上升的收入引起新的投资,即收入的增长会使投资更快地增加;通过乘数,投资又使收入进一步增长,即投资会引起收入更大的变动。投资启动,乘数效应使得收入倍增,循环往复,国民收入不断增加,处于经济周期的扩张阶段。收入增加超出资源瓶颈,收入停止增长,在加速数的作用下,投资将会更快下降。而在乘数的作用下投资的减少使收入更快地减少,即乘数原理和加速数原理的反向作用,经济处于经济周期的紧缩阶段。由于总投资不可能为零,因此投资的减少有一个下限,一旦有了恢复重置投资的能力和净投资的机遇,在乘数的作用下,经济就会开始复苏。在乘数－加速数模型的框架下,只要政府对经济干预,就可以改变或缓和经济波动(图4－6)。

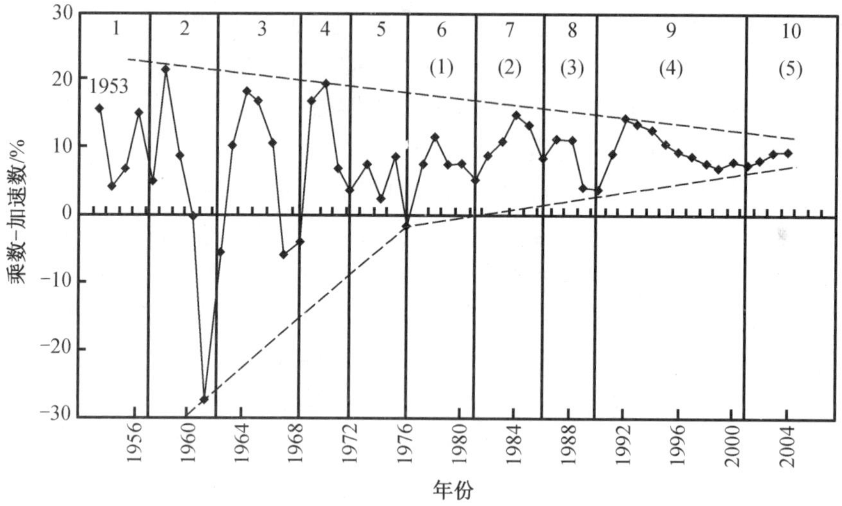

图4－6 某段时期我国商业乘数－加速数模型图

三、五大周期的发现

经济周期是一种复杂的经济现象,其产生和变化是多种因素共同作用的结果。按照经济周期经历的时间长短来划分,可以分为短周期、中周期、长周期(图4－7)。

(一)农业周期

农业周期也许是经济学中最为著名的部门经济周期,农业周期理论的代表人是莫代卡·伊泽克尔。这一理论指出,在农业部门发生这种规则波动的主要原因有二:一是下一时期的生产是由当前或过去的价格决定的;二是当前的价格由当前的生产决定。

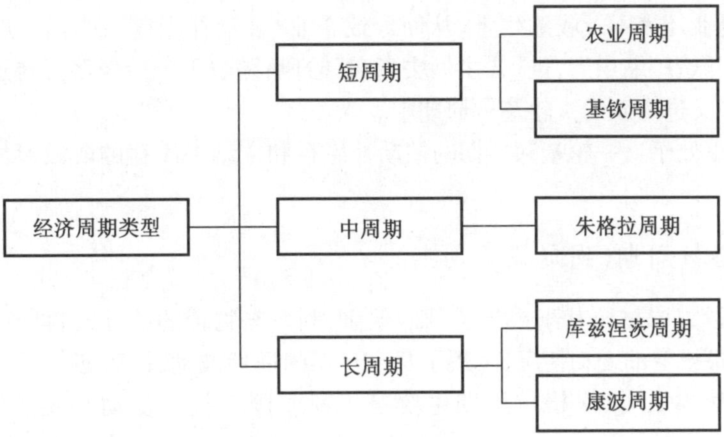

图 4－7 经济周期类型

（二）基钦周期

美国经济学家基钦经研究发现，经济活动中有一种有规律的短期波动，其持续时间约为 40 个月，这种波动同商业库存的变化有关。基钦提出经济周期实际上有大周期与小周期两种，小周期平均持续约 40 个月，一个大周期一般包括 2 ~ 3 个小周期。经济学界将他提出的小周期（40 个月左右）称为基钦周期。

基钦根据美国和英国 1890—1922 年的利率、物价、生产和就业等统计资料，从厂商生产过多时就会形成存货，从而减少生产的现象出发，将这种短期调整称为“存货”周期，在 40 个月中出现了有规则的上下波动，从而发现了这种短周期。基钦周期的内在基础是，商品的需求冲击是被动的、外在的，而供给调整是主动的、内在的，因此需求和供给（库存）的不同变动形成了四个周期性阶段，如表 4－1 所示。

表 4－1 基钦周期四阶段

基钦周期四阶段	被动去库存	需求上升	经济开始边际回暖，企业库存来不及反应，从而销售增加而被动去库存
		库存下降	
	主动补库存	需求上升	经济开始明显转暖，企业预期开始积极，主动增加库存
		库存上升	
	被动补库存	需求下降	经济开始边际变差，企业来不及收缩生产，销售下滑导致库存被动增加
		库存上升	
	主动去库存	需求下降	经济开始明显变差，企业预期消极，主动削减库存
		库存下降	

当经济开始边际回暖时，市场需求上升，但是企业生产来不及对销售增加做出反应，从而呈现出“被动去库存”的状态；随着经济开始明显转暖，市场需求的持续上升带来积极预

期，于是企业加大生产，进入“主动补库存”阶段；经过扩张顶点后经济开始边际变差，需求逐渐下滑，但企业还来不及收缩生产，从而导致企业“被动补库存”；当经济明显变差后，企业预期消极并开始压缩生产，进入“主动去库存”阶段；随着下一轮经济形势逐步回暖，需求再度回升，经济又进入新的一轮基钦周期中。

我国目前正处于这一轮基钦周期的被动补库存和主动去库存的阶段，对应经济基本面的逐步承压。

（三）朱格拉周期（固定投资周期）

法国经济学家朱格拉基于银行贷款的数字、利率与物价的统计资料，研究了英、法、美等国家工业设备投资的变动情况，发现了 9～10 年的周期波动，即朱格拉周期，也称为中周期。西方经济学界认为，朱格拉周期主要是工商业固定投资变动起主导作用所引发的周期。

朱格拉周期一般从设备投资占 GDP 的比例看出，对设备投资占 GDP 的名义上的比例以及两年后的投资收益先行指数（投资收益指总资本付息前利润率，简单地说就是从企业的收益率中减掉有利息负债利息率或金融成本）进行比较，可以看出投资收益的走势，预示着设备投资占 GDP 的比例。

生产力水平反映了制造业企业的核心竞争力，而生产力的提升是一个持续的过程，需要企业不断对设备进行更新和再投资。朱格拉周期波动以设备更替和资本投资为主要驱动因素。设备更替与投资高峰期时，经济随之快速增长，设备投资完成后，经济也随之衰退。

从历史的角度看朱格拉周期：2001—2009 年为一轮全球朱格拉周期，主要发达国家设备投资增速在 2002 年迎来上涨，并在 2009 年先后实现触底。2009—2016 年为新的一轮全球朱格拉周期，主要经济体从金融危机中缓慢复苏，开启新一轮资本投资。我国设备投资增速也表现出一定的朱格拉周期特性。自 2011 年起，我国设备投资增速开始大幅下滑，2017 年则出现了一定程度的回暖迹象，表明我国目前可能处于上一轮朱格拉周期的底部或新一轮朱格拉周期的初期阶段。

（四）库兹涅茨周期

美国经济学家库兹涅茨通过对 1840—1914 年美国某些商品生产与价格变动长期趋势的研究发现，存在着 15～25 年的中长期的周期循环，即“库兹涅茨周期”。由于该周期与建筑业扩张、收缩的关系密切，所以西方经济学界也把库兹涅茨周期称为建筑周期。

（五）康德拉季耶夫周期（康波周期）

俄罗斯经济学家康德拉季耶夫根据美国、英国、法国 100 多年内的批发购物价指数、利息率、工资率、对外贸易量，以及铁、煤炭、棉花等产量的变化规律，推算出了周期为 50～60 年的长期波动，即“康德拉季耶夫周期”，又称为长周期。

康波的核心观点就是全世界的资源商品和金融市场会按照 50～60 年为周期进行波动，一个大波里面有 4 个小波：繁荣、衰退、萧条、回升，也就是美林时钟的理论基础。每一个康波是指一个相当长时期的总的价格的上升或总的价格的下降。价格的长期波动不是自己产生的，而是资本主义体系本质的结果。以创新性技术变革为起点，前 20 年左右是繁荣期，在此期间新技术不断颠覆，经济快速发展；接着进入约 5 ~ 10 年的衰退期，经济增速明显放缓；衰退期之后的 10 ~ 15 年是萧条期，经济缺乏增长动力；最后进入 10 ~ 15 年回升期，孕育下一次重大技术创新的出现（表 4 – 2）。

表 4 – 2 基于技术创新的康波周期划分

周期	繁荣/年	衰退/年	萧条/年	回升/年	标志创新技术
第一个	1782—1802	1815—1825	1825—1836	1838—1845	纺织机、蒸汽机
第二个	1845—1866	1866—1873	1873—1883	1883—1892	钢铁、铁路
第三个	1892—1913	1920—1929	1929—1937	1937—1948	电气、化学、汽车
第四个	1948—1966	1966—1973	1973—1982	1982—1991	计算机
第五个	1991—2007	2007—2017	—	—	信息技术

2008 年美国次贷危机之后，金融风暴席卷全球，依据康波周期的划分，全球已经迈入康波衰退期。目前比较受到认可的康波划分方法是荷兰经济学家雅各布 · 范杜因的划分。在其划分中列出了有资本主义世界以来前四个康波周期的四阶段划分，以及标志性的技术创新，一次完整的康波周期为 50 ~ 60 年。离我们最近的第五个康波周期，其标志性技术创新为信息技术，自 1982 年起进入回升阶段，1991 年之后进入繁荣阶段，而 2007 年主导国美国繁荣的高点为康波繁荣的顶点，也是步入衰退的拐点。

根据一些观点的理解，主导美国繁荣的高点为康波繁荣的顶点，即 2000 年或 2004 年。2004 年之后，康波已经确认了从繁荣向衰退的转换，现在能确定的就是 2008 年全球经济见顶。假设 2008 年就是上升期最后 1 年，那么往前倒 20 年是 1988 年，20 世纪七八十年代美国遭遇石油危机经济下滑，以至于布雷顿森林体系都崩溃了，但进入 90 年代后美国经济开始复苏并且引领了互联网数字革命 20 年。2008—2013 年确实是全球都不太好受的 5 年，各国都在放水，现在美国经历了第一波下跌，经济出现复苏迹象。2008 年到达了顶峰之后，又进行了回落。

康波周期是 50 ~ 60 年，也就是意味着绝大多数人一生只能赶上一次康波周期，你生在哪个周期，做了什么选择，一辈子就这么决定了。

四、五类因素的探索

（一）投资

以固定投资举例，无论在经济周期的扩张阶段还是紧缩阶段，固定资产投资变动与经济周期变动之间存在着双向的格兰杰因果关系，即固定资产投资的变动是引起经济周期波动变化的原因，同时的经济周期变动也是影响固定资产投资变动的原因（图 4 – 8）。

（二）消费

改革开放前，消费的波动小于产出的波动。改革开放后，消费的波动大于产出的波动。1978—1990 年，农村居民消费波动小于城市居民消费波动；1990—2006 年，农村居民消费波动大于城市居民消费波动。技术供给、市场供给和消费者收入增加会加强消费的波动性，制度供给、金融水平发展、良好信用环境会减弱消费的波动性，因此消费经济也是按照周期进行波动的。

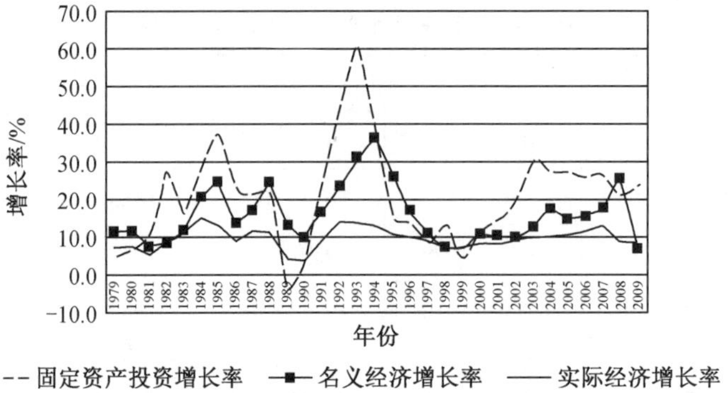

图 4－8　我国固定资产投资增长率和经济增长率趋势图

(三)财政收入与支出

无论是财政收入还是财政支出，都具有降低经济周期波动性的作用，这也是财政政策有效性的体现，但是赤字规模对产出波动性没有显著影响，虽然对经济周期波动有影响，但不会使周期消失。

需要注意的是，在财政规模的稳定性机制当中，财政收入规模的作用更为显著，这是因为财政收入政策的主要工具，如税收政策和国债发行等，大都具有强制性，直接作用于经济个体(居民和企业等)主体，其中介目标和最终目标比较明确，因此作用效果更为明显(表 4－3)。

表 4－3　经济波动性和财政规模之间的相关性检验

财政政策规模	系数估计	相伴概率
G/GDP	−1.114	0.005 5
T/GDP	−0.125	0.003 2
B/GDP	−0.002	0.422 5

(四)货币供给

经过实证分析得出，在我国，货币政策对经济周期的影响是显而易见的。我国货币政策通过调控货币供给影响经济产出的效果要远好于通过调控利率水平影响产出的效果，利率渠道在我国货币政策传导机制中效率低下。

对 GDP 的贡献率上，货币供给的贡献率占主导地位。这也充分说明了货币供给冲击对于我国宏观经济的重要性。

我们发现，无论是货币供给还是实际产出，它们的变化对利率没有产生任何影响。这与我国利率没有完全放开有很大关系。因此，为了提高货币政策实施的效率，我国必须加快利率市场化的改革进程。

（五）对外贸易

价格信号：世界市场价格变动→国内经营对外贸易部门的价格变动→与对外贸易部门相关的产业部门价格变动→国内价格变动→产出和就业变动。

需求溢出：某国经济的扩张使其对进口商品的需求也相应增加，若该国与我国有紧密的贸易往来，则其进口需求的增加将直接影响我国商品的需求，从而促使我国产品出口增加，出口部门的产量增加，进而使我国的总产出增加，最终会使我国从贸易伙伴的经济扩张中受益，经济趋于扩张。

政策传导：与我国有密切贸易往来的国家（如美国、日本等）财政政策、货币政策的变化会通过不同途径影响其国内一般物价水平，价格水平变化的信号传递至我国，会引起我国经济波动。另外，财政和货币政策的变化也会影响该国的总需求，其国内居民的消费和投资行为也将发生变化（包括引起我国商品的投资和消费行为的变化），从而影响我国的产出。

【学习小结】

宏观经济学作为西方资本主义普遍生产过剩危机发生后的思想产物，其发展逻辑并非线性，而是根据经济周期进行循环式波动前进。

西方宏观经济学发展至今，很少能让读者找到指导个体判断的核心标准线索。如果非要说宏观经济学对人类经济发展具有指导作用的话，那么其智慧主要在于经济周期，而对周期的研究是无数经济学者窥探“财富密码”的现实基础。

第三节　房地产经济周期与宏观经济周期协调之美

从前面的章节中，我们认识到了房地产经济与宏观经济都是有周期规律的，那我们由此想到房地产经济周期与宏观经济的周期有没有什么相互影响的地方呢？下面就让我们来进行本节的学习，一起去寻找二者的关系。

一、从五个角度为两种周期找异同

（一）政策的调控

我国的房地产市场经过20多年的发展，已成为我国经济的支柱产业。但是鉴于目前我国房地产市场中的诸多过热现象，国家采取了相应的宏观调控办法，通过政策手段，控制了房地产项目运作中最基本的土地和资金，并通过房产税收、限购等形式，抑制了房地产市场中的投机需求。针对政府现行政策房地产企业应该适宜地进行诚信互惠宣传、提高理念创新等，以保证自身的发展。

图4-9是土地供应政策对于房地产的一些相关影响，从政策上分析来看，土地供应政策调控房地产市场是指城市土地部门和相关规划管理单位通过土地利用规划政策、土地收购储备政策、土地征收集体建设用地进入市场政策、集约用地利用政策、土地供应计划等一

些政策的变更和调整，改变土地供应总量、土地用地结构、土地出让方式和时间，通过影响土地市场的各个环节和房地产市场的供给弹性对房地产市场的住房供给数量、住房市场结构、住房建设成本、住房供给预期产生影响，并最终反映到住房的供需平衡和房价的上升下跌进行周期循环的一系列政策传导影响过程。

2020年，中央坚持“房住不炒”调控总基调不变，上半年受新冠肺炎疫情影响，经济面临较大下行压力，中央加大逆周期调节力度，宽松的货币环境，叠加各地频繁出台的房地产相关扶持政策，市场快速恢复，热点城市地价、房价出现不稳定预期。下半年起，房地产调控政策有所转向，中央强调不将房地产作为短期刺激经济的手段，稳地价、稳房价、稳预期，房地产金融监管持续强化，“三道红线”试点实施，与此同时，多个房价、地价不稳的城市先后升级调控政策，力促市场理性回归，下半年房地产调控政策环境以紧为主。

2020年初，新冠肺炎疫情集中爆发，给我国经济发展带来较大冲击，一季度全国GDP同比下降6.8%，为改革开放以来季度最大降幅。面对经济的下行压力，以及全面落实“六稳”“六保”任务，中央加大逆周期调节力度，强调积极的财政政策更加积极有为，稳健的货币政策要更加灵活适度，保持流动性合理充裕，多次降准降息下，货币环境整体表现较为宽松。下半年，中央更加强调宏观政策落地见效，财政政策要更加积极有为、注重实效，稳健的货币政策要更加灵活适度、精准导向，更大力度支持实体经济发展。

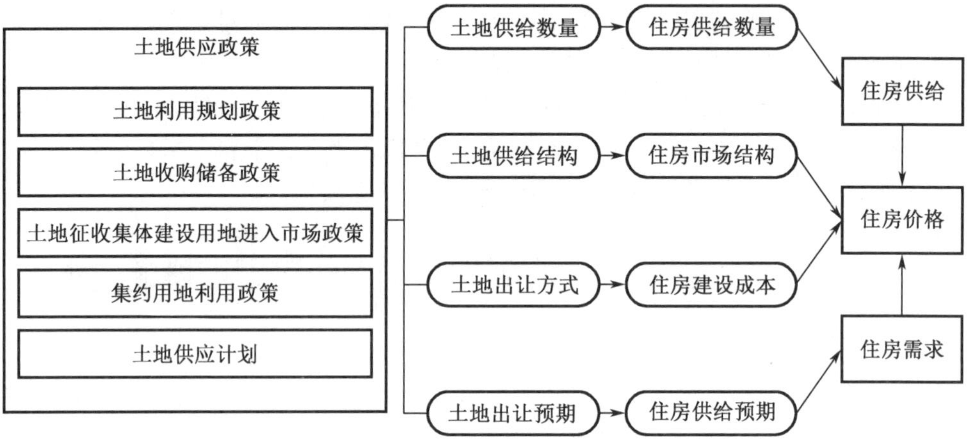

图4-9　土地供应政策与房地产的关系

随后出台的“三线四档”房地产开发企业债务规模调控新规。2020年8月，监督管理部门为控制房地产企业有息债务规模，设置了“三道红线”，即剔除预收款后的资产负债率大于70%；净负债率大于100%；现金短债比小于100%。按照规则：“三线”均超出阈值为“红色档”，有息负债规模以2019年6月底为上限，不得增加；“二线”超出阈值为“橙色档”，有息负债规模年增速不得超过5%；“一线”超出阈值为“黄色档”，有息负债规模年增速不得超过10%；“三线”均未超出阈值为“绿色档”，有息负债规模年增速不得超过15%。按照2019年年报计算，100家上市房企红、橙、黄、绿色档的数量分别为22、36、28、14家，其中86家上市房企需要逐步降杠杆。“三线四档”房企债务规模的管控，改变了长久以来房地产业的发展规则，对房企发展战略将会有持续影响（表4-4）。

表4-4 上市房企按销售规模划分的“三线四档”分布

房企业绩规模/亿元	红色	橙色	黄色	绿色
2 000	20%	40%	27%	13%
1 500～2 000	25%	75%	0	0
1 000～1 500	25%	50%	25%	0
500～1 000	14%	43%	36%	7%
500 以下	24%	27%	29%	20%

注:根据2019年年报计算

综上所述,政策是引领大方向的重要指标,政策会影响宏观经济的发展,从而会影响房地产的周期波动,使宏观经济周期带动着房地产周期进行波动,从而到达一种周期同步的状态。

(二)GDP的趋势

从GDP的趋势分析来看(图4-10),我国国内生产总值(GDP)季度数据具有明显的季节波动趋势,且波动幅度随时间推移星不断增大趋势,但经过季节调整(GDP_SA)后,数据走势明朗简洁。我国国内生产总值季度数据值,在2000年第一季度是21 329.9亿元,在2009年第四季度是100 825.8亿元,增长了79 495.9亿元,平均每年增长幅度是7 949.59亿元。2010年第一季度是87 501.3亿元,2019年第四季度是278 019.7亿元,增长了190 518.4亿元,平均每年增长幅度是19 051.84亿元。从整体上看,我国国内生产总值季度数据值,在2000年第一季度到2019年第四季度的20年时间内共增长了256 689.8亿,其中69%的增长是在后10年内完成的,后10年的平均增长幅度是前十年平均增长幅度的2.4倍。

如图4-11所示,我国商品房平均销售价格(HP)季度数据呈不断波动上升趋势,经季节调整(HP_SA)后,波动幅度明显小了很多。我国商品房平均销售价格季度数据值,2000年第一季度是2 126.90亿元/平方米,2009年第四季度是4 694.60亿元/平方米,增长了2 567.7亿元/平方米,平均每年增长幅度是256.77亿元/平方米。2010年第一季度是5 192.91亿元/平方米,2019年第四季度是9 310.27亿元/平方米,增长了4 117.36亿元/平方米,平均每年增长幅度是411.73亿元/平方米。从整体上看,我国商品房平均销售价格季度数据值,在2000年第一季度—2019年第四季度的20年时间内共增长了7 183.37亿元/平方米,其中65%的增长是在后10年内完成的,后10年的平均增长幅度是前10年平均增长幅度的1.6倍。

从可支配收入来看,如果一个家庭的可支配收入变多了,那么他们就会带动消费,从而带动宏观经济周期的波动,在这种情况下,人们拥有的存款变多,那么有能力买房的人也会增加,在房地产周期方面来看,这些消费者就会带动房地产周期的波动,从而宏观经济带动了房地产经济的开发,房地产经济促进了宏观经济的发展。(注:可支配收入,是指居民家庭获得并且可以用来自由支配的收入。包括家庭成员所从事主要职业的工资以及从事第二职业、其他兼职和偶尔劳动得到的劳动收入。也就是拿到手的收入,即工资收入中扣除掉基本养老保险、基本医疗保险、失业保险、公积金、个人所得税等剩下的那部分。扣除它们后所剩下的钱是可以随意支配的。精确地说,它等于GDP减去所有税收、企业储蓄和折旧,加上支出和其他的转移支付,还有政府利息支付。)

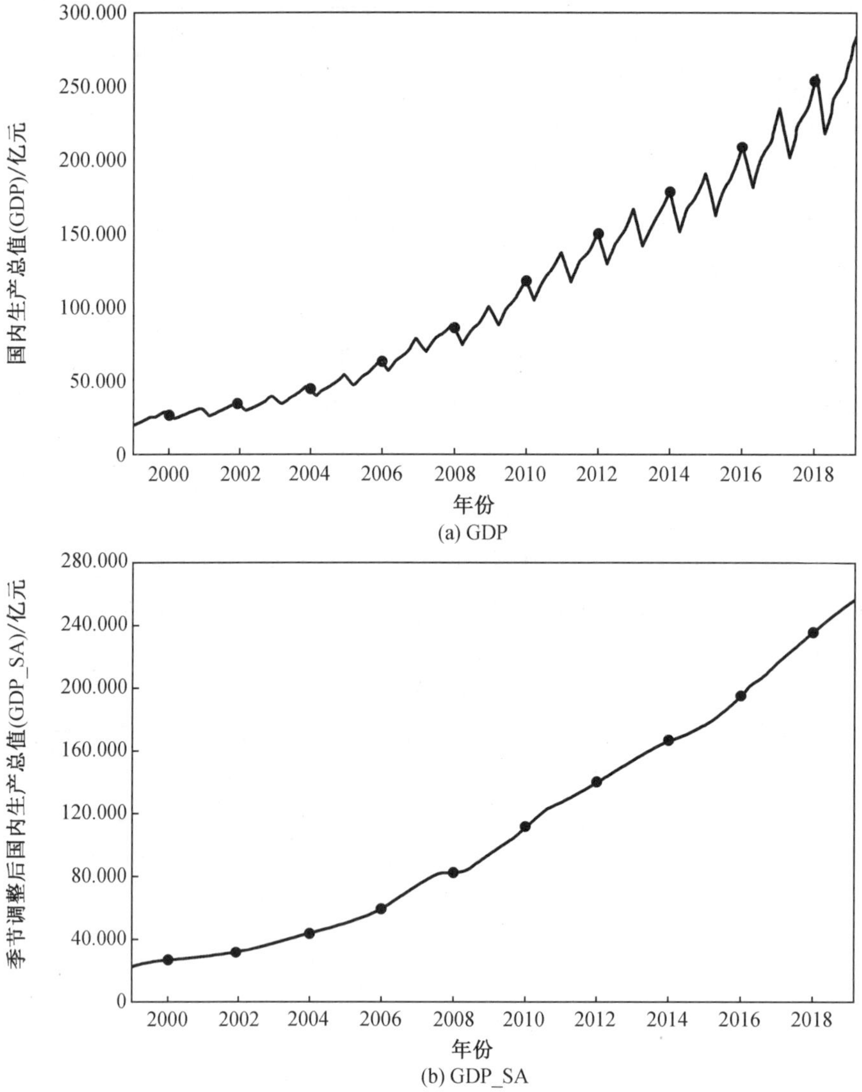

图 4-10　GDP 的波动曲线

城镇居民人均可支配收入的增长会引起房地产业的发展。综上验证分析,一方面表明我国城镇居民人均可支配收入的增长对我国房地产业有促进作用。

首先,随着我国城镇居民人均可支配收入的提高居民解决住房问题的意愿越来越强烈。虽然现在房价上涨的速度超过了城镇居民收入增长的速度,但基于对未来房价走势的预期人们仍会压缩其他开支来实现购房的愿望,这样就使得房地产市场需求增加在某种程度上会促进房地产业的发展。其次,在需求与消费者行为理论中,关于消费者收入增加与物品的需求量的关系中也论及随着收入的增加消费者将会有足够的收入购买更好的商品来替代原来的商品。也就是说随着我国城镇居民人均可支配收入的增长,人们会购买更高品质(区位条件更好、面积更大、环境更舒适)的住房,这会使得房地产业的需求量增加,从而促进我国房地产业发展。另外,西方经济理论认为,随着人们资产积累程度的提高,不动产在资产中的比例会越来越高而且房地产作为一种资产,具有保值增值和防止通货膨胀的作用。随着城镇居民人均可支配收入的增长,由于投资渠道的匮乏和对通货膨胀的预期人们就会把更多的钱投资到房地产中,这也会促进房地产业的发展。

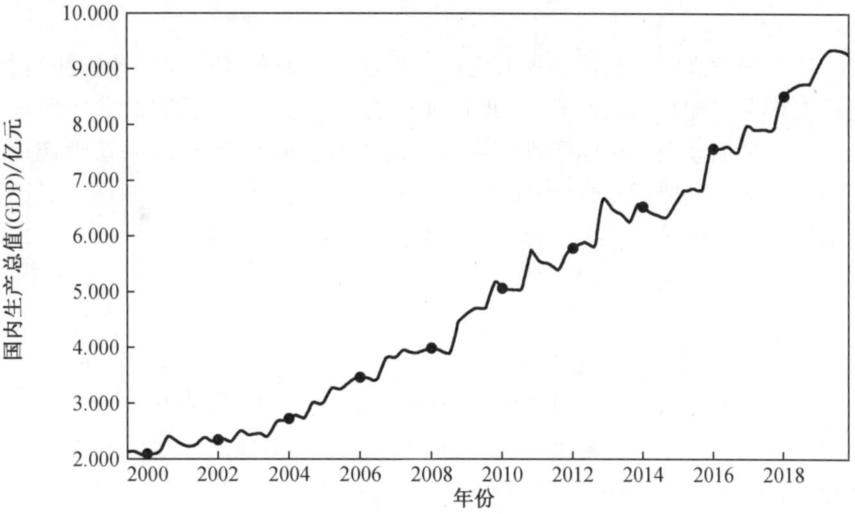

(a) GDP

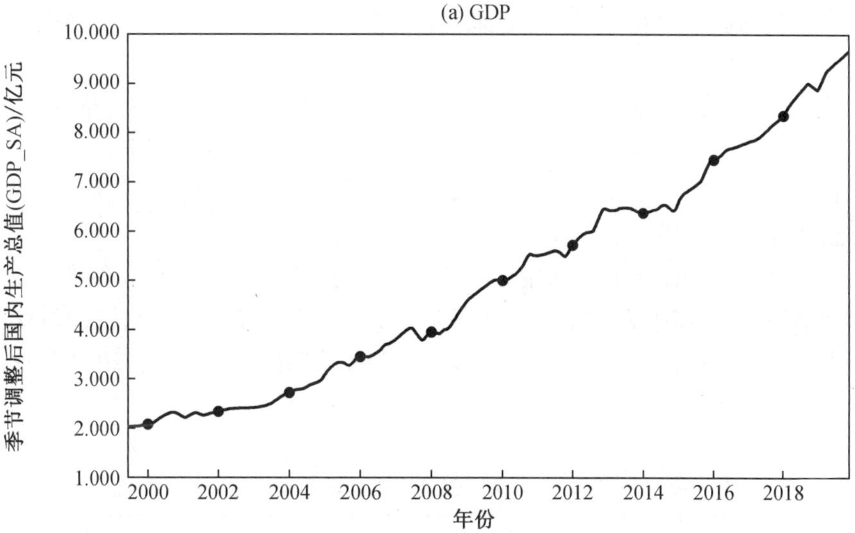

(b) GDP_SA

图 4-11 商品房平均销售价格曲线波动图

但是房地产业的发展对城镇居民人均可支配收入的推动作用不明显。房地产业的发展并没有带来城镇居民人均可支配收入的提高。

第一,虽然我国房地产业发展迅速,在国民经济中的地位越来越显著。2011 年房地产业增加值占 CDP 比重为 5.65% 与 1985 年的 2.38% 相比有大幅度的增加,但通过国民经济的内部传导机制,最终在提高城镇居民人均可支配收入上的作用并不明显。

第二,2011 年我国房地产企业(单位)从业人员只有 225.7 万,占城镇总就业人数的比例不到 1%,也就是说房地产业的发展并没有使大多数城镇居民在收入上受惠,受惠的是从事房地产开发的人员和房地产开发商。

第三,房地产是一种资金密集型产业具有开发周期长、资金投入大的特点,2011 年我国房地产业投资额达到了 61 796.9 亿元,占全社会固定资产投资总额的 19.84%,并且这一比率一直在增长,大量的资产流入房地产业使得社会存量资产凝固化降低了资产的流动性不利于社会财富的创造从创造社会财富角度来看房地产业的发展并不会带来居民收入的增长。

通过对我国房地产业与城镇居民人均可支配收入关系的实证与理论分析可知,随着我国城镇居民人均可支配收入的增长,房地产业的有效需求会增长,同时鉴于房地产业的产业特性人们也会更加倾向于房地产投资从而促进我国房地产业的发展;房地产业的发展虽然带动了国民经济的发展,但通过国民经济的内部传导机制最终在提高城镇居民人均可支配收入上的作用并不明显,再由于房地产业的直接受惠面较小我国房地产业的发展并没有促进城镇居民人均可支配收入的提高。

(三)人口的变动

房地产业是当前我国城市化进程中不可或缺的一个产业,对房地产业的投资变化映射着一个城市人口、规模、经济发展的变迁。我国当前城市房地产业的发展主要是建立在城市化的基础上,房地产业的发展规模很大程度上取决于政策导向、城市人口数量、工业聚集等因素。而从我国城市的发展壮大过程来看,尤其是大中城市房地产的发展投资基本依赖于该城市人口集聚的能力。

根据 Wind 数据库整理的国家统计局数据,70 个大中城市新建住宅价格同比指数,最早的数据从 2005 年 7 月开始,直到 2017 年 12 月结束。本文以 2005 年 7 月前的一年作为基期,其价格指数定为 100,可以测算出从 2005 年 7 月—2017 年 12 月,我国东部和中部地区省会城市新建住宅价格增长情况。

从表 4 – 5 可以看出,哈尔滨、沈阳、长春和太原的新建住宅价格增长幅度是最低的。哈尔滨、沈阳和长春是近年来人口出现减少的城市,其房价已经承压,增长较慢;太原则是因为近年来煤炭、钢铁等传统产业不景气,对城市经济发展负面影响较大,2017 年这些城市的城镇居民人均可支配收入中,太原最低。

表 4 – 5　2017 年 12 月东中部地区省会城市新建住宅价格指数

排序	城市	房价指数	排序	城市	房价指数
1	广州	224.93	9	福州	188.23
2	海口	218.44	10	武汉	184.62
3	长沙	209.45	11	济南	179.00
4	南京	207.42	12	杭州	176.40
5	郑州	201.10	13	沈阳	172.25
6	合肥	198.56	14	哈尔滨	163.93
7	石家庄	196.97	15	长春	158.94
8	南昌	188.76	16	太原	151.68

而我们继续采用户籍人口数据考察这些东部和中部地区省会城市的人口增长情况发现，在2010年以后，哈尔滨、沈阳、长春出现了人口减少。其中，沈阳的人口减少幅度相对较小，其户籍人口在2015年减少之后又在2016年出现了增长。与之相对应的是，沈阳房价增长幅度略大。进一步分析各城市的居民收入水平发现，收入增长趋势呈现不同的特征。在人口增长趋势比较中，哈尔滨、沈阳、长春这3个东北城市和其他城市不一致，其人口近年来是减少的。而在收入增长趋势比较中，各城市都比较一致，都保持着相似的向上增长幅度。

综上可以判断，东北地区的哈尔滨、沈阳和长春房价增长较慢，居住人口减少是重要原因。但近年来哈尔滨、沈阳和长春人口减少，房价却并没有下降，主要是因为目前还有其他区域的游资和投资购买力助力哈尔滨、沈阳和长春这样的省会城市购房，使得房价上涨。而等到我国总人口减少后，则会出现多个地区人口减少，总体的房价供给和需求逆转，房价会出现整体低迷的状况。

我们以西安人口与房地产投资关系分析进行举例。

1. 人口数量与房地产投资

在西安城市化的进程中，城市人口每年都在不断增长，人口的增加就需要城市的规模与之匹配，同样随着城市规模的不断增长，人口对住宅的要求也在发生变化。在西北地区，作为“一带一路”的起点，西安在吸引人才方面当前还是具有不错的吸引力的，居住作为人们的刚性需求，无疑也就拉动了房地产业的发展。有研究显示城市暂住人口比例增长1%，房地产投资就会相应增加3 531万元，而市区户籍人口数量每增加1万，房地产投资相对就会增加2 870万元。人口数量的增长与房地产投资之间存在一定的正相关关系，此外，人口结构同样也会影响对房地产的需求，从而影响到房地产的发展。西安从2015年开始，户籍人数明显增加，而西安房地产业投资2015年比2014年增长4%，2016年同比增长6.8%，2017年比2016年的投资幅度更大，达到15.0%。

2. 人口结构与房地产投资

依据人口结构理论，西安人口结构可以划分为自然结构、社会结构和区域结构三个部分，一般考虑人口结构主要涉及人口性别结构、年龄结构、教育结构，家庭规模、就业和城乡结构等。人口结构不同划分房地产投资的兴趣偏好和购买住宅的经济能力与面积需求，都有所不同。例如城市化过程中，家庭结构在不断发生变化，很多年轻人婚后基本单独居住，家庭结构呈现小型化和分散化的趋势，家庭中人口数量随规模缩小而减少，相对城市内家庭户数却在增加，这种变化必然会引起家庭需求更大的居住空间，无形中会拉升房地产的投入额度。

（四）投资的考虑

我国房地产投资额总量处于中下水平。受城市规模大小、经济水平和房地产业发展程度的影响，各城市的房地产投资额差异较为明显。作为长三角地区的龙头和中心，上海的房地产投资额位居全国首位，2019年达到4 231.4亿元，遥遥领先于其他城市；杭州的房地产投资额位于3 000亿~4 000亿元，属于第二梯队；苏州和南京的房地产投资额位于2 000亿~3 000亿元，属于第三梯队；宁波和无锡的房地产投资额位于1 000亿~2 000亿元，属于第四梯队。宁波房地产投资开发额在六市中排第六位，相对靠后（表4-6）。

需要说明的是，如表4-6所示，杭州排序比较靠后，而现实中杭州房价较高，这是因为杭州房地产市场起步早，价格基数高，2003年开始在温州炒房团炒作下，杭州房价迅速增长。随着浙江民营经济减速和民间信贷风险暴露,杭州的高房价开始回调,2012 年和 2014 年,杭州房价在国内大城市中"领跌"。根据国家统计局数据显示,若以 2010 年为基期,2014 年 12 月杭州新建住宅价格指数在 70 个大中城市中列倒数第 2。而表 4 - 6 反映了 2005 年以来的房价变化,表明杭州房价在高基数上的增幅相对不大。

表 4 - 6　2019 年各城市房地产开发投资情况

城市	房地产投资开发额 /亿元	新开工面积 /万平方米	施工面积 /万平方米	竣工面积 /万平方米
上海	4 231.4	3 063.4	14 803.0	2 669.37
南京	2 501.3	1 989.3	8 997.0	1 582.3
无锡	1 358.3	1 455.0	6 353.2	1 326.3
苏州	2 686.5	2 761.2	12 148.0	1 283.8
杭州	3 395.8	2 435.0	11 996.0	1 728.0
宁波	1 703.6	2 101.6	8 347.7	712.1

注:因统计标准变化,2018 年起杭州不再公布房地产投资开发额,本文以 2017 年数据为基础推算。

对于房地产投资者来说,通货膨胀也是需要考虑的一点,如果通货膨胀发展比较温和且软着陆的话,房地产市场发展也会保持健康发展态势,价格会保持较快速度上扬。在这种情形下,购房需求还一如先前一样比较强硬,因为,对住宅等不动产进行投资,是避免通货膨胀带来损失的传统办法。

但是,如果通货膨胀发展向恶性趋势,即物价水平上涨很快,超过了经济与市场容忍的范围,那么,人们就会向恶性通货膨胀方向预期,这种预期会推动人们在市场上出现抢购现象,这反过来又会推动物价更快上升且更难控制。对于房地产市场来说,由于预期恶性通货膨胀,引起购房预期需求大大增加,这必然进一步推动房价上升。但是,这种情形下的房价上升,预期起了极大且破坏性的作用,住宅价格在短时期间被大大高估,其结果是产生大量的泡沫,使市场逐渐失去理性。我们就可看得出,如果是把房产作为投资来说,在温和通胀下,不失为一种好的选择。但是,不同时期投资,其结果迥异,必定是"几家欢喜几家愁",一如股市,要么是先进先出者,要么是后进抄底者。而对于普通收入又不想把购房作为投资的人们而言,如果遇到的通货膨胀是温和的,且收入能在后期得到调整(如政策性收入调节政策——"涨工资"),那么影响不是很大,因为,他们手头上不宽裕,无论是支出普通商品,还是投资购房,都是要精打细算的,但是,如果碰到恶性通货膨胀,生活就得"节衣缩食"了。

(五)消费的需求

随着社会经济的发展、城市化的水平越高,人们在房地产业上的消费也逐渐增大。随着城市的发展,城市总面积的不断增加,城市对土地和住宅的消费也就越来越大,其人口也会相应地增加,加之生活水平的提高,对城市土地的消费就越来越大了。与其他市场一样,价格的高低对房地产的消费有很大的影响,价格高,就会限制对房地产的消费;价格低,会增加对房地产的消费。国家政策对房地产业的生产性消费和消费性支出都有巨大的影响,特别是对房地产的总量平衡和结构平衡有重大的调节作用。

对于居民住房消费影响最大的是国家的住房政策以及与住房有关的各项优惠政策，城市产业结构发展的状况，不仅决定着城市对房地产消费的总量，而且决定着房地产业的消费结构，消费者的消费会受到外部环境的制约，外部环境影响着现实支付能否得到实现，如果消费者对未来经济发展的预测是乐观的，房地产业消费就会增长；如果是悲观的，消费会减少。这表明了宏观经济与房地产经济相互影响，人们不知不觉地改变着宏观经济周期的波动，同时也影响着房地产经济周期的变化。

关于房价变动对居民消费的正向促进作用，对房主来说如果房价上涨，那么房主的财富增加，消费能力也会随之增强，甚至有的房主直接将房子卖掉来增加财富，这样能很大程度促进居民消费的增加；房价上涨之后，如果房主并没有把房子卖出去或者对房子进行交易，那么房子目前的价值也是发生了相应的变化，房子价值的增加也能够促进消费者的预期收入，进而增加消费。

房价变动对居民消费的反向促进作用，在正常情况下房价和房租有明显的联动关系，房价上涨，必然带动房租的上涨，这些都会影响消费者当前的收入，消费者为了缴纳房租或者储蓄买房存款，只能抑制消费来增加货币的储蓄。

【学习小结】

本节从几个方面总结了宏观经济周期与房地产经济周期之间的关系，由此看出，宏观经济周期与房地产经济周期在形态、成因、影响因素方面都有千丝万缕的联系，两个周期是相互影响、相互依存的关系。但是两者又有区别，本节从理论和实践的角度进行举例，分析了两者之间的关系：房地产经济周期波动与宏观经济周期波动趋势基本上一致；房地产经济周期波动幅度大于宏观经济波动幅度；房地产经济周期进入复苏、紧缩、萧条阶段略晚于宏观经济周期，但是房地产经济周期在扩张阶段略早于宏观经济周期。房地产经济周期与宏观经济周期规律都是相似的，都有着四个阶段，且多次重复这四个阶段，波动的规律大致都是相同的。

【思考题】

1. 你对于未来房地产经济的发展有什么想法？
2. 除本章所说的因素，你觉得还有哪些因素能影响经济与房地产业的关系？

【学习案例】

为什么说房地产对于经济的影响很大？

房地产与经济的关系应该是十分紧密的，有一个词叫：房地产经济。足以说明房地产与经济的紧密度，借此机会简单谈谈房地产对于经济的影响。

一、房地产经济其本质就是投资经济（依靠不断投资拉动经济增长）

大家应该知道我国长期的经济增长（GDP）模式就是投资、外贸和消费；可以说这三驾马车是始终能够带动我国经济长期高速稳定发展的基石，而我国对于经济增速进行调控的关键因素之一就是投资，尤其是固定资产投资。几点愚见：

第一、固定资产投资已经历次拉动了我国经济增长。例子就是2008年，美国次贷危机引发的全球金融危机。当时国内的外贸基本处于停滞状态，因为美国自身经济不佳的问题，很多做外贸的企业都面临倒闭的情况（美国是我国第一大外贸出口国），所以引发失业潮和企业倒闭潮是早晚的事情。在这个时候为了稳定经济增长和就业形势，投资就成为了我国采取的行政干预手段。而固定资产投资，尤其是基础建设还有房地产建设这个时候就派上用场了，而实际情况也达到了目标，我国经济还是维持了中高速增长（9%）。但是从2008年之后，房地产这个潘多拉盒子被打开，房价开始一涨不可收拾。

第二、房地产是为数不多的能够拉动我国几乎所有主要工业门类的产业。从钢筋水泥到人工，可以说涵盖了我国几乎所有的主要行业，重型机械、钢铁、汽车运输（物流）包括建材行业、广告设计等，也正是这种属性我国有了"基建狂魔"的美誉，也正是如此很多地方也把经济增长寄托于房地产业。可以说房地产业带动了我国最多的产业发展，自然也就拉动了经济增长。

第三、土地财政如今还是很多地方的主要财政来源。发展经济的目的就是为了钱，财政！地方发展经济的目的也是为了有更好的财政收入，这样才可以办大事，办多事。而单单依靠吸引企业靠税收来过日子，对于绝大多数地方政府来说是杯水车薪。而土地财政才是最快的办法，据初步统计结果显示，基本上我国的大多数三四线城市对于土地财政的依赖度在50%以上（土地出让金占据财政收入的一半还多），足以说明土地财政对于地方经济的巨大影响。如果说是房地产业拉动了我国经济快速发展也不为过，未来或许会拉动全球经济从过去的历史经验来看，房地产快速发展是伴随着我国经济高速发展而来的。我国经济高速发展时期开始于上世纪90年代，也正是我国房地产高速发展时期，可以说房地产经济已经早已深入我国经济发展各个环节，不仅仅是地方经济包括国家经济都是如此，影响的不仅仅是地方财政更影响的是我国民众的收入。不过这样长期下去肯定是不行的，几点愚见：

第一、主动调低经济增速目的就是为了降低对于房地产经济的过度依赖。从2015年开始我国开始主动降低GDP增速，其目的就是为了减少固定投资对于经济的推动作用，转而向实体经济和制造业倾斜。因为现在任何人都明白，房地产发展到最后肯定是泡沫，只有实体经济制造业才能真正的创造财富。

第二、国内外环境影响已经使得我们不得不去寻求新的经济增长点，一带一路倡议等其实就是将我国的基础建设推向全世界。自从美国次贷危机以来，欧美国家的经济始终不稳定，过去我国这些主要的外贸大国如今自己都是自顾不暇。可以说依靠外贸过日子的时代已经过去了，在三架马车已经有两个下线（固定投资肯定不是长远之计）的情况下，寻求新的增长点也就成为必然。一带一路等倡议的提出，其目的还是依靠国内强大的基建能力，来开拓国外市场，消化国内的过剩库存而已，其实质还是房地产和固定投资。一带一路倡议的实施，我国依靠投资带动经济发展的模式会迅速普及沿线国家和地区，搞不好房地产等基础建设会带动全球经济发展。

综上，房地产经济绝对不是虚假的，是真实存在的。如果说一带一路等倡议能够顺利实施的话，相信我国的房地产等基础建设投资模式还会走向世界，甚至世界都要依靠钢筋水泥来拉动经济增长了，这也是为什么很多欧美国家不愿意大肆进行基建的主要原因，因为一旦打开就控制不住了。

第五章　市场需求变化之快——有效需求

【本章导读】

从我国实行住房改革以来，商品房销售金额年平均增长速度达到31%，销售面积平均每年增长26.5%。特别是人们对住宅的大量持续稳定需求将会给房地产业带来极大的利润，也将为国家财政带来更多的税收。

我国商品住房需求至少来源于以下四个方面：

第一，现有城镇居民要求改善住房条件或者城市家庭子女长大后成家对于住宅的需求；

第二，大量农民涌进城市，我国城市化水平将会保持长期的高速发展；

第三，城镇旧住宅拆迁带来对新房的需求；

第四，我国每年的高人口出生率，将是房地产业长久发展的不竭动力。

由此可见，我国房地产业将拥有巨大的市场。

第一节　房地产市场需求——"消费者"

一、房地产需求及其影响因素

（一）理论之美

从微观经济的角度看，房地产需求是指房地产消费者（包括生产经营者和居住消费者），在特定的时期内、一定的价格水平上，愿意购买而且能够购买的房地产商品量。这里所说的需求不同于通常意义的需要，而是指在此基础上还具有购买能力。从宏观经济的角度看，房地产需求是指社会对房地产市场的总需求，而在某一时期内全社会或某一地区内房地产需求总量，包括实物总量和价值总量。

（二）需求类型

1. 性质之美

（1）生产性需求

生产性需求是指物质生产部门和服务部门为满足生产经营需要而形成的对房地产商品的需求，其需求的主体是各类企事业单位和个体工商业者。如工厂的厂房、商店的商铺、办公用房、服务行业用房以及其他生产经营性用房等产生的需求。这类需求直接同社会生产经营活动有关，是房地产作为生产要素存在而形成的需求。房地产开发商要从生产性需求出发，提供符合这类需求的物业。

(2)消费性需求

消费性需求是由人们的居住需要而形成的房地产需求,主要是住宅房地产需求,其需求的主体是居民家庭。这类需求具有广泛性和普遍性。按住宅的分类,居住消费需求又可以分为:花园别墅需求、高层住房需求、多层住房需求、大中小各类房型的需求和各种不同档次的住房需求等。如何根据住宅消费需求的不同层次性,开发建设不同的居住物业,始终是房地产供应商需要认真研究的课题。

(3)投资性需求

投资性需求是指人们购置房地产不是为了直接生产和消费,而是作为一种价值形式储存,在合适的时候再出售或出租,以达到保值增值的目的,其本质上属于获利性的投资行为。在市场经济条件下,房地产投资性需求的产生有其必然性,它是由房地产资产功能引申出来的,房地产作为不动产不仅是价值量大的超耐用品,而且土地又是稀缺资源,有升值的趋势,是良好的投资工具。正是其投资风险较小,收益稳定,因而受到投资者的青睐。

2. 效果之美

(1)潜在需求

潜在房地产需求是一定时期内该地区房地产需求的最大可能值,因此也称为房地产的边界需求。潜在需求虽然不能作为提供现实供给的根据,但对规划未来房地产业开发规模和投资决策有重要参考作用。所以政府部门和房地产开发企业在制定长期发展规划时都要重视预测房地产潜在需求。

(2)有效需求

有效需求从微观经济的意义(微观角度)上来讲,是指消费者在一定的时期内,在每一价格的水平上愿意而且能够购买的商品量,即有支付能力的需求。从宏观经济的意义(宏观角度)上来讲,是指商品的总供给与总需求达到均衡状态时的总需求。因此,分析房地产市场的有效需求,必须从微观上把握有支付能力的需求,在宏观上把握总供给与总需求的均衡。

(三)需求特点——特点之美

1. 房地产需求的整体性

房地产需求的整体性是由地产和房产的不可分割性所决定的。由于房地产业是地产和房产的结合体和统一物,土地是房屋的物质载体,而房屋是地基的上层建筑,二者不可分割,因此房地产需求既包含了对房产的需求,也包含了对地产的需求,是对房地产统一体的需求,决不可以也不能够把二者分离开来。这就决定了房地产商品空间的固定性、效用的长期性和价值量的巨额性,由此引发房地产需求的特殊性和对房地产市场需求分析的复杂性。

2. 房地产需求的区域性

由于房地产具有空间的固定性、位置的不可移动性、不动产的特性,这就决定了房地产需求的区域性特别强。主要表现在两方面:一方面,一定地域或一个城市房地产市场需求大部分来自本区域内的工商企业和居民的需求,即使外地居民或海外居民有购房需求也必须迁移至该地区才能形成实际需求。不像彩电、冰箱等一般商品可以运输到有需求的全国各地甚至海外销售。另一方面,同一城市的不同地段房地产市场需求也会有很大差异,如在市中心地区、次中心地区和城市郊区,人口密集度、地区级差和房价等不同,都会形成不同的需求。房地产需求的这种明显的区域性,要求房地产企业在投资决策时,要认真分析本区域的房地产市场需求,使供给与地区需求相适应;同时,也要求地区(当地)政府在处理供求关系时,必须根据地区市场需求,促进本区域内房地产供给和需求的总量平衡。

3. 房地产需求的层次性

房地产需求的层次性主要是针对住宅房地产而言的,包括以下两层含义。

第一,是指住宅的功能性需求层次。住宅作为生活资料,可以满足人们生存性需求、享受性需求和发展性需求,社会经济增长和收入增加,在满足基本生存需要的基础上,享受性需求和发展性需求会逐渐上升到主要位置。因此,适应这种需求的变化趋势,住宅的设计、房型、设施、科技含量、环境与品位也需要不断提高。

第二,是指住房消费需求的结构性层次。由于居民的收入结构和购房承受能力是分为不同层次的,因此相应的住宅消费需求结构也划分为不同层次。从档次结构看可以分为高档住房、中档住房和低档住房;从价位结构看可以分为高价位住房、中价位住房和低价位住房等。住房消费需求结构的这种层次性,要求供给结构与之相适应,从而达到二者之间的结构平衡。如果高档、高价位住房建设过多,超过高收入家庭的数量,可能会因卖不出去而造成空置积压;而如果中低档次、中低价位住房建设不足,则又有可能形成供小于求,导致中低收入家庭的住房需求得不到满足。在现实经济生活中这两种情况都会阶段性存在,正是由于居民收入水平的层次不同,所以促使形成房地产需求的层次性。

(四)影响因素之美

在市场经济条件下,影响房地产市场需求有多种因素,分析这些因素,对于扩大市场需求,正确进行投资决策,促进供求平衡有重要意义。

1. 经济因素

(1)国民经济发展水平

一个国家或一个地区的经济发展水平是影响房地产需求的决定性因素。一般来说,房地产需求水平与国民经济发展水平呈现出一种正相关的关系,即一个国家或地区经济发展水平高,相应促使其房地产需求的水平也比较高,反之则相反。国民经济发展水平对房地产需求的影响作用主要来自以下两个方面。

一是投资规模。投资规模的扩大,拉动生产经营性用房需求增加,从而加大了对工业厂房、商铺、办公用房等需求。

二是国民收入水平。随着经济的发展,国民收入的增加,企业的扩大再生产能力提高,个人的可支配收入增长,必然会加大对房地产的生产性需求和消费性需求。我国自改革开放以来,国民经济快速增长,促进了房地产需求急增,由此出现了现阶段我国房地产业出现繁荣局面。

(2)居民收入水平和消费结构

居民收入水平与房地产需求呈正方向变动的关系。从住宅消费需求的角度分析,在住房价格既定的前提下,居民的收入水平和消费结构对住房需求具有决定性作用。

首先,居民收入水平的提高直接拉动居住消费需求的增加。我国城镇居民长期以来受收入水平上的制约,改革开放以后随收入增加,改善住房条件的愿望十分迫切,促使住宅的需求数量和质量急速提高,从而成为房地产市场发展的强大推动力量。

其次,居民收入水平的提高,促使居民的消费结构发生重大的质的变化,主要表现在恩格尔系数下降,即花费在食品方面的比重减少,而花费在"住"和"行"上的比重增加。在住房制度改革以前,由于实行实物福利分房制度,房租极低,房屋租金只占居民生活消费的2%~3%;住房分配货币化后,多数居民购买商品房,同时房租也逐渐上升到商品房租金水平,居住消费在家庭生活消费支出中的比例也相应上升到10%以上。国际上发达国家住房消费支出一般占家庭年收入的三分之一左右。随经济发展和收入增加,我国城镇居民的消费结构也将进一步优化。当前我国城市的恩格尔系数已降到30.2%,正是住房需求旺盛、房地产业大发展的时期。近几年来我国城市房地产业的兴旺发达,印证了这一点。

(3)房地产价格

房地产商品与其他商品一样,价格和需求量之间存在着反方向变动的关系,即在其他条件不变的情况下,房地产价格提高,会限制消费者对房地产商品的需求量;反之,房地产价格下降,会促使消费者对房地产商品的需求量上升。可见,房地产价格的高低对其需求量的多少,有着重要影响。

(4)城市化水平

城市化是社会经济发展的必然趋势。城市化包括城市数量的增加、规模的扩大和城市人口的增多等。城市化水平的高低也是影响房地产需求的重要因素,主要体现在以下三方面:

一是伴随城市数量的增加和规模的扩大,必然要加快城市建设,例如,盖更多的工厂,建更多的商店、银行、学校、医院以及基础设施建设,从而对各类房地产提出更多更大的需求;

二是城市人口的增多,既增加了对城市住宅的巨大需求,又增加了安排就业对生产经营性房地产需求;

三是城市建设的发展,需要进行旧区改造和实施重大建设工程,因此必然要进行旧城区的动拆迁,引致动拆迁户的大量住房需求。世界各国城市化平均水平为60%,发达国家高达80%。截至2020年末,我国常住人口城镇化率超过60%。大量农村人口进城就业和生活,房地产市场的潜在需求很大,必将带动我国房地产业长期持续发展。

2. 人口因素

新增城镇人口将带动大量购房需求。2020年我国常住人口城镇化率达到63.9%,户籍人口城镇化率达到45.4%。根据国家对城市规模的重新设定和对户籍政策的调整要求来看,各类规模的城市落户政策均规定了合法稳定住所要求,尽管租赁也被视为合法稳定住所,但从预计的具体落户政策的积分执行细则和个人实际住房需求两个方面角度考虑,住房购买需求依然具有刚性,另根据对全国所有城市人口规模考察后可知,100万人口以上城市占有绝大多数比重。因此,未来新增在城镇落户的农业转移人口和其他常住人口将产生与之对应的庞大新增住房需求,为住房市场发展提供长期需求潜力。

3. 政策因素

房地产需求还受到国家有关经济政策的制约。国家的土地政策、财政政策、货币政策和住房政策,对房地产的生产性需求和消费性需求都会产生相当大的影响。

国家的土地政策和财政政策的调整,会对房地产业价格产生重大影响,进而影响房地产需求。同时房地产税收政策的变动还会增加或减少购房者的负担,发挥抑制或促进居民购房需求的作用。例如,在房地产市场需求不振时,降低契税税率,减少购房负担,可以鼓励居民买房。

国家利率政策的调整，也会对房地产的生产性需求、投资性需求和消费性需求产生重大影响。首先是贷款利率的升高或降低，会影响投资成本和收益率，从而抑制或促进生产性需求和投资性需求。其次是贷款利率的升高或降低会从两方面影响房地产消费性需求：

一是对开发商贷款利率的高低，会直接影响房地产商品的价格变化，从而影响消费性房地产需求；

二是对居民的住房贷款利率的变化，会增加或减少购房支出，从而影响消费性房地产需求。

国家的住房政策也是影响住房需求的重要因素。我国改革以后实行住房分配货币化政策，促使居民购买商品房，扩大了对商品住房的需求。

4. 消费者因素

消费者对未来的预期是一种消费心理对房地产需求的影响，带有主观的色彩，但在一定程度上也反映了对房地产价格和需求的科学预测。其中，主要是对未来经济发展形势的预测，若预测乐观，对房地产需求就会增加，反之，则相反。

同时，也取决于对未来房价变化的预测，一般消费者都存在“买涨不买跌”的心理，当房价上升时，若消费者预测房价还会上涨，即使当前价格偏高，但今后存在上升空间，未来收益会促使消费者需求提前释放，形成现实需求增长。这种情况在投资性需求方面表现得尤为明显，因为投资性购房者的目的是投资获利，预期房价上涨吸引其投资买房。而当房价下跌时，若消费者预期还会下跌，则他们往往会持币待购，迟迟不肯入市，导致延期消费。

此外，还有一种“负债消费”观念也会影响房地产需求。例如，长期来的“即期消费”观念，对住房消费信贷难以接受，会因购房支付能力的不足而影响住房需求；而当消费者树立起“负债消费”的现代消费观念时，于是在未来收入预期的基础上，他们便敢于“用明天的钱圆今天的住房梦”，就会借助住房抵押贷款进入房市，从而扩大了住宅市场需求。

二、房地产需求不均衡之挑战美

随着我国经济的高质量发展，房地产业逐渐成为国民经济的重要组成部分。一个国家或地区的经济景气与否，往往表现在房地产业的景气与否，于是它成为国家财政收入的一个主要方面。

房地产业最能反映当今我国的社会结构和社会状况。然而，当我国房地产业出现下滑状况时，供需失衡的问题便不可避免地出现。长期以来，我国房地产市场发展存在诸多矛盾，如果这些问题长期得不到有效解决，就必然造成房地产市场效益损失和社会整体福利的下降，也对与我国房地产市场的相关产业市场的健康稳定发展带来一定的不良影响。

（一）房地产市场供求机制和价格机制

1. 房地产市场供求机制不敏感

供求机制是市场经济运行的普遍机制，其作用在于调节供给和需求之间的关系。房地产供求机制的作用过程表现为：房地产供大于求时，价格下降，企业利润减少，生产萎缩，供求趋于均衡；当房地产供小于求时，价格上升，利润增加，生产扩大，供求趋于均衡。由于我国房地产市场发育晚，房地产市场供求机制还不敏感，不能很好地反映出房地产价格和供求关系的内在联系，因而其自动调节市场的能力较弱。

2. 房地产价格机制欠缺灵活

价格机制是调节土地、房地产资源优化配置最重要的市场机制。价格机制的表现形式是供求关系的变化引起价格的波动，价格的波动又会引起供求的变化。房地产市场的价格机制，不仅调节市场供求的变化，还调节房地产买卖和租赁市场的结构。购房和租房是房地产消费的两种形式，两者具有一定的替代性。如果房价过高，消费者就会选择租房；如果租金过高，消费者就会选择买房。价格机制起着调节租价比的作用，使租金和房价维持在一个合理的范围内。另外，政府还可以通过价格机制调节和优化土地资源的配置。

（二）中国房地产市场特征

1. 房地产的使用特征

所谓“衣食住行”四者，其中住房就是四者之一的“住”，住房不像其他生活必需品用完后需要继续购买，它的使用寿命是很长的，因此，其购买的频率相当的低。

2. 房地产的价值特征

一般对于一套房子而言，它的价值是很高的，可以住十年、几十年，甚至一个家庭可能就只购买一套住房。

3. 房地产供给的稀缺性

房地产市场是一个供给稀缺的市场，一方面是随着人口的不断增加，需求也相应增长。另一方面是土地作为不可再生资源，基本上其数量是恒定的。

4. 房地产的不完全开放性。

由于土地使用权和房屋所有权两种不同权益在同一市场流通，为保证市场的有效供给，国家需要采取强有力的措施抑制不合理的市场需求来干预市场。因此，房地产市场活动在某些环节受到政府的严格限制，具有不完全开放性。

5. 房地产的市场特征。

在房地产市场整体中，住房相当于商品，它符合市场的运行规律，并受市场供求规律的控制。

（三）城市房地产需求分析

城市房地产需求分析有宏观需求分析和微观需求分析。微观需求分析往往是通过对某地段房地产的价格、平面、户型、结构、布局和环境等因素的变化进行分析。宏观需求分析则是通过某一区域范围内的社会、经济和文化因素的变化来分析该区域社会各阶层对房地产需求总量的影响，其主要用于政府有关部门的宏观决策，就城市房地产需求分析的内容而言，宏观需求分析主要有以下几个方面。

1. 需求总量

研究房地产需求总量的意义重大，只有切实把握了房地产需求总量的前提下，才能指导供给。在我国传统的计划体制下，居民的房地产失去了实际需求的意义，如今房地产制度的改革将大部分居民推向房地产市场，这就要求居民在房地产问题上要“自住其力”。一旦把房地产需要同支付能力相联系，房地产需求问题的讨论才会有实际意义。准确地把握需求总量才能切实地解决房地产市场供需不平衡问题，否则，不研究房地产的需求量，只知道建设、生产，必将不利于我国房地产市场健康有序的发展。

2. 需求结构

房地产的需求结构是指影响房地产需求的各个因素内部不同组成成分的关系。例如，房地产的种类、房型、地区因素等。研究房地产需求结构的意义在于，能深入到房地产需求内部的不同因素、不同成分，明确不同成分在因素内部所占的客观地位，实现指导供给，使供给结构适应需求结构，使供求总量得以实现，保障房地产业的良性循环。

3. 需求价格

价格由供给和需求双方共同决定，是供求总量和结构关系的集中表现。同时，价格也可以影响供给和需求。从价格的角度出发，人们可以研究如何刺激和制约需求，从而达到供求关系的积极平衡。

4. 需求变化

在经济学中，需求曲线会因为消费者爱好的变化而发生移动。我国由于地域广阔，各地区对房地产需求偏好不同。因此，要深入研究需求的结构首先必须研究消费者偏好。

5. 需求政策

政府的住房政策是房地产问题中的重大影响的因素。一般来说，世界各国政府都是重视住房政策的。住房改革可以从供给和需求的两个角度发生作用。从需求角度看，当住房政策宽松时，或有利于居民得到住房时，房地产需求会增长；当住房政策紧缩时，房地产需求会下降。但是，在不同的房地产体制运行下，住房政策对于房地产需求的影响是不同的。因此，对房地产市场调控政策的研究必须要考虑需求政策。

（四）房地产需求主要挑战——区域不平衡

我国房地产在消费需求上的差异分析。房地产业的发展与经济状况是分不开的，同时经济状况也影响着人们对房地产的需求。经济水平高的地区，人们的生活水平高，对生活质量的要求也逐渐地提高，就会促使人们对房地产的需求增加。我国经济发展水平总体来说是东部经济水平高，中西部经济发展水平相对较低，进而影响了地区居民的收入水平，也影响到了房地产业的供需关系。中部地区积极的发展经济，促进了房地产业的发展，相应的房价也逐渐提高。在西部地区，除本地居民购买商品房以外，周边地区的消费者也逐渐向这一地区靠拢，就造成西部大城市住宅市场需求相对大于供给，刺激了房地产市场的发展，更加大了对房地产消费的需求。

（五）造成我国房地产需求区域分布不均衡现象产生的原因分析

通过以上的分析我们可以看出，我国房地产需求存在区域分布不均衡的现象。这种现象的产生离不开经济发展水平的影响，我们从以下几个方面进行具体的阐述。

1. 经济发展水平的不均衡

房地产业作为国民经济的重要组成部分，其发展程度与经济发展水平有着密切的联系。东部地区作为我国最先发展的地区，其科技水平、文化教育和经济水平都有着绝对的优势，而且东部地区的地理位置优越，发展较早，城市化水平较高，城市密度和城市规模较大。这些方面都推动了东部的房地产业走在时代的前沿，也是造成中西部房地产业区域发展的不均衡的主要原因。同时房地产业的发展，对经济的发展有着巨大的促进作用会使得这种不均衡性继续扩大。

2. 我国经济宏观调控的影响

经济的发展离不开国家的支持，为了促进我国经济更好更快地发展，就需要根据我国的具体国情制定相关的政策。因此，我国经济宏观调控的区域性具逐渐的显现出来。改革开放以来，我国经济发展的重心就一直在东部地区，目的是以区域性经济发展带动全国经济的发展。在重点项目建设和投资方面，一直都是东部沿海地区多于中西部。在税收政策方面，也为东部的经济发展创造了良好的环境。我国的这一系列政策，有效地促进了东部地区的经济发展，推动了房地产业的发展。同时也导致了房地产经济发展区域分布不均衡现象的产生。

3. 我国城市居民消费观念的影响

居民的消费观念与城市经济水平有着很大的关系，因此不同地区、不同城市间的消费观念有所差异。在东部地区，城市居民对房地产的认识更为深刻，将房屋作为一种投资理财；在中西部地区，经济发展水平相对落后，居民的收入不高，房屋逐渐地变成一种奢侈品，制约了房地产业的发展需求，与东部地区的这种差异性也在扩大。

【学习小结】

本节从房地产需求、需求类型、需求特点以及影响因素来阐述房地产市场需求及影响因素，从市场供求机制和价格机制、城市房地产需求、需求的区域不平衡性等方面展示房地产需求不均衡的特点。通过本节的学习，我们了解到房地产市场需求的含义及其特点，深刻体会到房地产需求的理论美、特点美以及差异美等，对当下房地产市场需求有了更加深层的理解。

【思考题】

1. 通过本节学习，你对房地产需求有了怎样的认识？
2. 搜集资料，谈谈如何改变房地产需求的区域不平衡性？

第二节　房地产价格分析

【引导案例】

自 1998 年实施城镇住房制度改革以来，我国房地产市场取得突飞猛进的发展，房地产业在我国国民经济中占有举足轻重的地位，2016 年房地产开发投资更是高达 100 847 亿元，对 GDP 增长贡献率提升至 78%。这些对于提高人民生活水平、改善人民居住条件，推动城市化进程起到了极大的作用。然而，房地产市场在促进经济发展的同时，也带来了诸多问题。例如，高昂房价超出居民消费水平，“房奴”成为一大社会现象；房地产空置率迅速增长；房地产投资过度；一些城市房地产结构矛盾突出；高价房产易加大贫富差距等。房价的过快上涨既波及社会的稳定又危害国民经济的健康发展，成为我国公众关注的焦点。因此，研究影响房地产价格的因素并分析这些因素的影响程度，对于稳定我国房地产价格具有重要的意义。

一、房地产价格影响因素之美

（一）房地产价格与宏观经济理论的关系

1. 行政因素和政治因素

行政因素主要有，土地所有权制度，房地产税制，国家宏观调控政策，城市规划和城市化进程等；政治因素包括战争，政治动荡或重大活动等。在社会动荡时期，房地产业因受到影响，而导致房地产价格下降。在过去的十几年中，房地产业的蓬勃发展与我们国家的政治稳定，和平与繁荣是密切相关的。

2. 金融政策和经济因素

因为房地产业对货币的需求量大、使用周期长，通常要利用财务杠杆来填补对资金的大量需求。如果金融机构提高利率，那么贷款购房将会减少，房地产业会衰退，反之亦然。国家可以通过调节金融政策来影响房地产价格。经济因素主要包括国内生产总值，经济增长情况，城镇居民的收支情况，物价水平等。经济因素与房地产价格变动一般呈正相关关系，比如，在经济增长较快时，房地产价格就会较高。

（二）房地产价格与宏观经济指标的关系

1. 房地产价格与国内生产总值的关系

一方面，房地产价格与国内生产总值的关系主要通过居民收入来体现。当国内生产总值较低时，很多企业的利润会受到影响，企业会通过裁员或减少员工工资来维持发展，由于居民的收入减少，便没有多余的资金用于房地产业的投资，房地产价格会随需求的减少而下降。相反，当国内生产总值增长较快时，居民的收入就会增加，那么也会增加对房地产业的投资，从而推动房地产价格上涨。另一方面，房地产价格的变动也会影响国内生产总值。房地产业的迅速发展会带动钢铁、水泥、煤炭等相关产业的发展，从而带动整个国民经济的增长，使国内生产总值增长。

2. 房地产价格与人均可支配收入之间的关系

人类是消费的主体，因此，人们的收入会在一定程度上影响消费，由于供求发生了变化，那么物价就会发生变化。在房地产业也是如此。当一国经济活跃，人均可支配收入较高，人们对房地产业的消费意愿增加了，对住房档次的要求也提高了，这就增加了房地产业的需求，房价势必会上涨。另一方面，当一国的经济处于不景气的阶段时，人均可支配收入下降，人们的收入大部分用于购买生活必需品，而减少了对房地产的消费，那么房价会随着需求的减少而下降。因此，房地产价格与人均可支配收入呈正相关关系。

3. 房地产价格与价格指数的关系

（1）房地产价格与土地价格有很大的相关性。随着城市化进程的加快，土地资源越来越紧缺，由于供给的减少土地价格会上涨，那么房地产业的开发成本就会增加，房地产开发商只能通过提高房价来获得预期利润。

（2）房地产价格与劳动力价格指数也有较大的相关性。由于劳动力的减少，劳务费用日益增加。而房地产业的开发需要大量劳动力，这就在一定程度上增加了开发成本，房价势必会上涨。

（3）物价指数。物价持续上涨时会引发通货膨胀，那么货币会贬值，人们会通过增加对房地产的投资来规避货币贬值的风险,房价会随着投资的增加而上涨。反之亦然。

二、房地产价格形成机制——供求规律之美

房地产的市场价格是由基础价格决定的,它是受供求规律作用并围绕基础价格上下波动的价格。由于房地产市场不具备一般商品市场的完全竞争性,因此,也使得房地产的市场价格长时间偏离房地产的基础价格。这样也就使得对房地产市场价格的研究显得尤为重要。

房地产供求均衡是指房地产的供给量与需求量达到的一种均衡状态,是指房地产商品的供给价格与需求价格一致,而且供给数量与需求数量相一致时的经济状态。由房地产供求均衡原理可知,房地产供给和需求均衡态不仅是房地产基础价格的实现,而且也是房地产市场运行所追求的重要目标。由于房地产供求双方是动态变化着的,所以房地产具有生产周期长、供给调节的滞后性、竞争的不充分性等特点,使得房地产供求双方的非均衡态成为一种常态,而均衡态则是短暂的。通过对房地产供求均衡的认识,不仅为房地产商合理预测未来的房地产市场并及时调整生产经营策略和计划提供借鉴;而且为国家运用税收、利率等经济杠杆,刺激或抑制供给和需求,引导供求曲线朝着市场平衡的方向移动,稳定房地产市场提供政策调控的依据。

房地产的供给数量随房地产价格的上升而增加,随房地产价格的下降而减少。房地产的需求数量会随着价格的上升受到抑制,会随着房地产的价格下降而增加。

如图 5－1 所示,图中 *SS* 表示房地产的供给曲线;*DD* 表示表示房地产的需求曲线当房地产的需求上升时,需求上升导致空置商品房的消化,随着空置房的消化,房地产租金和价格随之上涨,在图 5－1 中表现为需求曲线向右上方移动。随着需求上升导致房地产价格的上升,开发商通过开发房地产可以获得的利润逐步增加,在超额利润的刺激下,不仅现有的房地产开发商会增加投资,而且新的开发商也开始进入房地产开发市场,当经济状况良好,建设项目陆续上马,供给量会逐渐上升。供给量的上升将导致租金和房地产价格下挫,在图 5－1 中表现为供给曲线向右下方移动。随着租金和房地产价格的进一步下降,价格和成本的差额变小,导致利润快速降低甚至消失。随着利润的降低,一部分管理和技术水平较差的开发商,会因为单位生产成本较高,而使其利润最先消失。这部分开发商在利润减少甚至为零的情况下,开始减少新项目的启动,进而减少房地产的供给,随着供给的减少,房地产市场逐步回到了供给无法满足需求的状态,进入下一步房地产需求的上升状态。

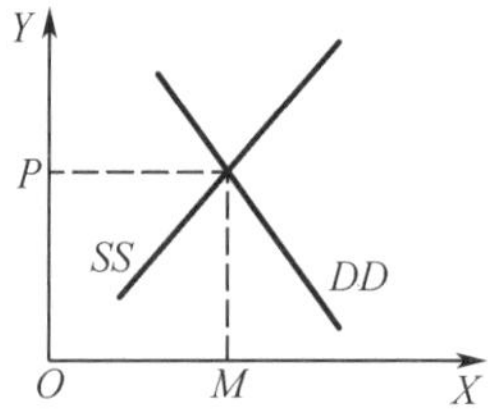

图 5－1　房地产供给曲线和需求曲线

当房地产需求减少时,导致房地产租金和价格的下跌。当房地产租金、价格降低到一定程度时,同样花费的可以享受较大面积的房,可能会引起空置房的低价位消化,或者继续空置。此时,由于房地产价格过低,房地产商很难获得利润,于是逐步减少房地产的开发或

是退出房地产开发市场转向其他产业。最终房地产价格和租金价格降低到一定程度,使得在该价格下大部分房地产商都不愿意提供房地产的供给,使得房地产市场中的相当一部分刚性需求只能由既有的空置房源来提供供给。随着空置房源的消化,房地产市场的供给相对于需求会明显不足,在这种情况下供需缺口再次刺激房地产价格的上升。

长期的均衡状态只是一种趋势,而短期中的不均衡状态才是市场的一种常态。在短期中房地产的供给曲线无弹性,是一条垂直于横轴的直线。而需求曲线则由市场中的主要消费群体所决定,在一般情况下消费需求和投资需求占据主导地位,房地产的需求曲线向下倾斜。

如图5－2所示随着房地产价格的升高需求量有下降的趋势。而对于一种极端的情况,当非理性的投机行为占主导地位的时候,房地产的需求曲线将是一条向上倾斜的曲线,投机者会简单地根据过去房地产价格变化趋势来决定未来需求量的大小。不管是哪种情况,由于短期中的房地产的供给无法随价格的变化及时作出应映,因此,短期中房地产价格的变化主要取决于需求量的变化。

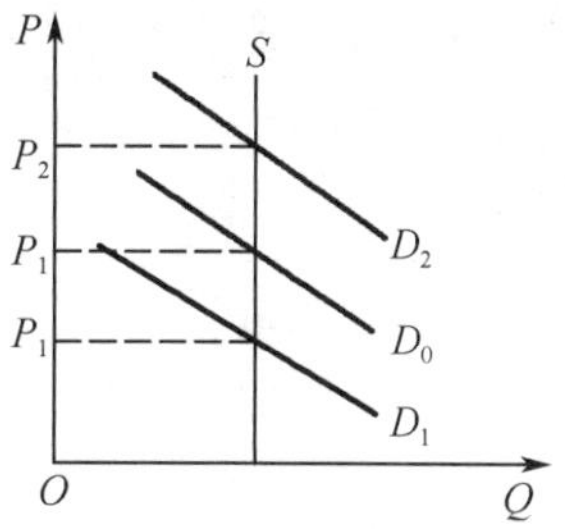

图5－2　S表示供给曲线D表示需求曲线

三、典型城市房地产价格分析——有效市场之法

(一)我国房地产业的历史与现状

我国房地产业在改革开放以前,实行的是统一建设和分配的制度。以1998年开始的房改为标志,我国福利住房制度开始向以市场化为导向的住房分配制度转变。房地产业进入了一个不断繁荣时期,土地成片开发,大量外资引入,高楼大厦纷纷拔地而起,房地产业作为一种重要的经济杠杆,在促进经济发展与就业、改善人民生活、城市现代化建设、城镇化进程中等方面发挥了巨大的作用。但是,随着房价不断地攀升,使房价的涨幅远远超于物价和GDP的增长速度,甚至已严重背离了房屋的真实价值和普通百姓的经济承受能力。在北京、上海、深圳等热点地区,住房成为大部分人的难题。然而,在房价飞速上涨的同时,工资水平却很稳定,住房价格与城市居民家庭年收入之比,即房价－收入比不断扩大。据统计,我国平均房价－收入比在8:1。根据联合国有关统计,发达国家房价收入比仅为(1.5～5.5):1,发展中国家的房价收入比为(4～6.1):1,绝大多数国家的房价收入比为(3～7):1之间,显然我国已远远超过了这个比例。

房价“高烧不退”,受利益的驱动,房地产业聚集大量的社会投资,从而导致其他行业资金不足,出现了2016年几百家上市公司一年的利润不如卖一套一线城市的房子的利润高,长此下去，必将导致我国产业发展结构模式单一，市场创新发展活力不足，经济发展转型升级面临巨大挑战。

1. 我国房地产业的调控历程

房地产业在国民经济发展中起基础性、先导性和支柱性作用，房地产业的有效发展，不仅可以刺激经济，拉动内需，而且还关乎民生和社会的稳定。保持房地产业的健康长效发展，加强对房地产业的宏观调控，合理控制房价过高过快的上涨，一直是各级政府面临和亟需解决的问题。然而现实情况是，房价越调越涨（表 5－1），由此带来的社会问题日益突出。

表 5－1　房地产业调控主要措施及市场反应

序号	时间	主要调控政策	市场反应
1	1998 年	积极财政政策，启动住房消费改革，深化落实住房消费货币化	房地产业进入黄金期，房价开始上涨
2	2005 年	首次调控“旧国八条”与新“国八条”	房价总体持续上涨
3	2006 年	房贷利率再次上调、“国六条”出台	房价继续上涨，涨幅相对平稳
4	2007 年	国家税务总局清算土地增值税、限制外商投资房地产、紧缩银行、提高首付比	前期房价暴涨、地王频现，后期全国房价出现下跌，成交量萎缩
5	2008 年	降准，政府由“控市”向“救市”转变，金融政策权限松绑	2009 年楼市复苏，后继续大涨
6	2009 年	“国四条”	短期出现观望，二手房成交量下降
7	2010 年	限购令“国十一条”，限贷、限购，上海、重庆试点房产税	地王继续产生，3 月后房价飙升
8	2011 年	二套首付提高	房价继续上涨
9	2012 年	严打小产权房	一线城市房价继续上涨
10	2013 年	“新国五条”，二手房交易按差额征收 20% 交易税	开发商以价换量，房价缓慢上涨
11	2014 年	“930”救市，松绑限购、限贷，三四线城市去库存	房价全面止跌上涨，房价缓涨
12	2015 年	“因地施策，分类指导”，满足合理自主与改善性住房需求	房价稳中有涨
13	2016 年 2 月	150 个城市“去库存”，降首付、减税	房价暴涨，深圳上海涨幅高达 40%
14	2016 年 10 月	提高二套房首付比达 50%，认房认贷	成交量下降，房价缓慢上涨
15	2017 年	全国限贷限购，提高首付比，提高贷款利率，增加土地供应	成交量下降，房价依旧坚挺

2. 我国对房价变化规律的研究

根据西方经济学的理论，商品价格受多种因素影响，但是成本、供给和需求是最重要的三种因素。商品房,既然是市场经济条件下可交易的商品,那么它的价格也是在这三种主要因素影响下形成的,房价的波动必然遵循需求与供给规律。下面主要从两种经济状况来分析房价调控的变化规律。

(1)经济稳定下的房价

初始状态下,商品房需求是缺乏弹性的,因为城镇化进程当中,外来人口不断涌入城市,住房的刚需在市场上始终存在甚至不断增长,当价格上涨时,总是有一部分人需要买房。而当价格下跌时,市场上部分消费者出现观望,销量也不会大增。

商品房供给受土地政策(土地供应)和房地产市场价格影响,市场稳定情况下,供给不会有太大变化,均衡市场(P_1,Q_1)(图5-3)。

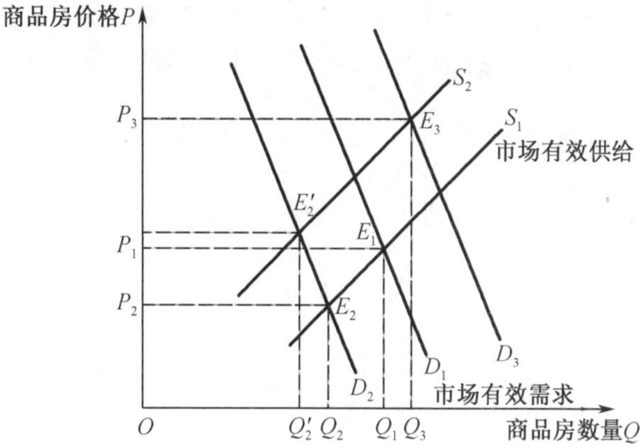

图5-3 商品房供求规律

从需求方的来看,当政府开始调控,限贷、限购、紧信贷时,限制了总需求,市场上消费者因为购房资格(如户口、首付、贷款利率、非首套房等)问题,很多潜在的购房者被排除在市场之外,也就是说市场有效需求减少,需求曲线向左移动至D_1后(图5-3),在供给(含库存)不变的情况下,市场均衡点由E_1移动至E_2,价格P、成交量Q均下降。但实际上由于通胀预期的客观存在,人民币在国内存在贬值,人们心理预期房价还会继续上涨,因此,虽然社会总需求减少了,而实际上消费者的收入并没有减少,人们对房子的心理可承受价格依然是P_1,甚至在上涨,卖方可以迅速地将售价提升到P_1,减少供给,以获得最大利润,于是便会出现房价越调越涨。

从供给方来看,当政府开始调控,首先,房地产市场中卖方会捂盘惜售,短期内会观望市场走势,不会立即降价。其次,由于土地资源有限,土地供应在减少,历年拍卖土地成交价格不断攀升,加之劳动力成本、材料成本上涨等因素,开发商手上新盘的供给存在成本也在不断上涨,其成本存在刚性,导致新盘价格依然坚挺。最后,二手房市场上卖方也存购买商品房以及贷款的成本刚性,甚至部分二手房退出市场,转售为租,导致市场价格依然不会主动下降,极大地可能是保持稳定,甚至上升。于是,带来的结果就是市场上购房者愿意接受价格大于P_2,甚至大于P_1,相对应的,市场供给减少(可供出售的房源在减少),即供给曲线S_1向左移至S_2,结果房价越调越涨。

当政府突然放开限购,松银根、宽信贷政策,如2016年的去库存政策,市场上的需求会迅速增加,并且还会把之前紧缩信贷政策抑制的市场需求一下子释放出来,而此时,市场的供给不会迅速增加，市场需求由 D_2 向右移动时 D_3，而供给 S_2 不变，市场上短期均衡变为 (P_3, Q_3)，价涨量升。

经此以上四个阶段，呈现出地方政府房地产调控政策的失败，导致越调控房价越涨，即很多经济学者所谓的“我国房地产发展规律不符合西方经济学规律”。经此深入分析发现，并非是不符合，而是各项前提条件、市场供求、社会预期等相关因素发生了变化。

(2)经济低迷下房价出现下跌的可能性

当政府实行紧缩的财政政策、货币政策，导致社会经济增长乏力，通货膨胀下降，甚至出现通货紧缩，从而出现社会可支配收入 Y_d 下降，也即社会购买力下降，即由 Y_1 向左移动至 Y_2，社会产品总需求从 AD_1 下降为 AD_2（图 5－4）。而这种情况的出现，往往是国家经济出现下滑，经济步入危机的前兆，人们的可支配收入下降了，市场上有效需求大量减少，而市场上商品房库存保持不变，需求曲线由 D_1 向左平移至 D_2，最后导致房地产市场交易出现量价齐跌，由初始均衡点 (P_1, Y_1) 向左下移动至 (P_2, Y_2) 达到新的均衡（图 5－5）。

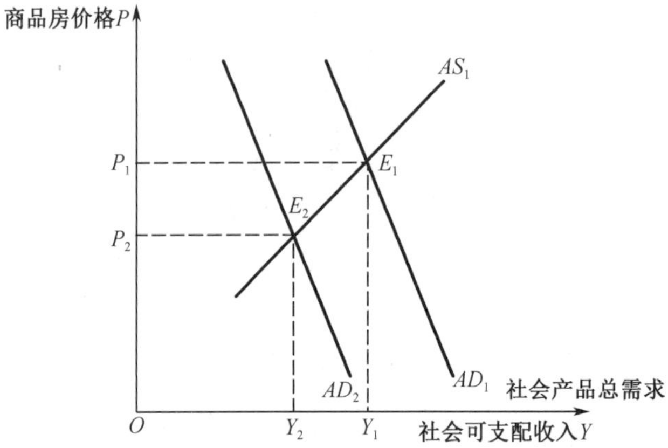

图 5－4　社会总价格与收入关系

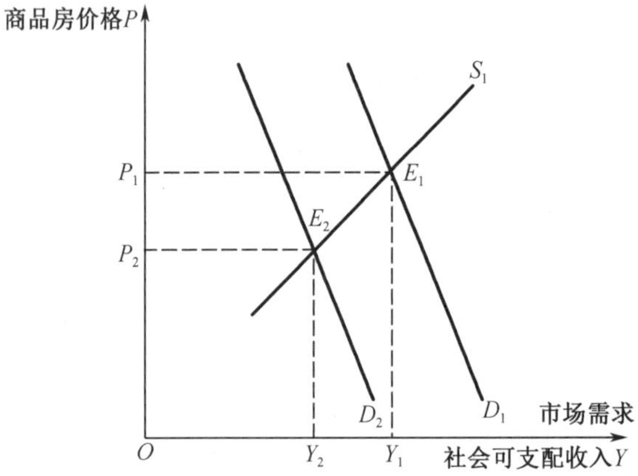

图 5－5　商品房供给与价格关系

通过分析，可以总结出房价难以控制的主要原因有：

（1）土地价格的不断上涨；

（2）城市化进程加快，改善性需求的增加，住房供小于求；

（3）消费者心理预期；

（4）房地产成为重要的投资方向；

（5）房地产开发成本驱动；

（6）开发商炒作、捂盘惜售；

（7）商品房预售制；

（8）地方政府 GDP 需要等一系列因素。

（二）我国房地产价格变化分析

任何商品价格的变动都受到供给和需求的影响，房地产的价格也不例外。供给和需求是影响其房地产价格变动的两种主要因素，其他因素都是通过影响房地产的供给与需求来影响房地产价格的。有些因素对房地产的需求产生影响如收入、人口因素等；有些因素对房地产的供给产生影响如土地价格、建筑成本（人工费、建筑材料费用）等；有些因素同时对房地产需求和供给产生影响如市场预期、税收政策等。影响房地产价格的因素很多，本书将选取有代表性的因素进行分析和评价。

1. 城镇人口因素

（1）城镇人口数量

城镇人口数量与房地产价格呈正相关关系，城镇人口数量增加，对房地产的需求也同样增加，房地产价格便开始上升。在城镇人口数量因素中，反映城镇人口数量的相对指标是人口弧度。人口密度高的地区，房地产供给相对缺乏，需求大于供给，因而其价格水平会上升。这是因为人口密度提高刺激住宅需求的同时，会带来消费的增加刺激商业的繁荣，刺激商业房地产价格的上升，最终将导致房地产价格的上升。当然在城市化高度发展的情况下，人口密度的过度提高可能会造成生活、生态环境的恶化，一些高收入阶层有向人口密度低的地区转移的动机，从而抑制房地产价格的上升。当前我国正处于城市化的过程中，城镇规模不断扩大，大量农村人口向城镇转移，再加上城镇人口的自然增长，造成了城镇人口迅速增加而房地产的供给由于受土地资源的稀缺和技术原因显得需求相对不足，形成了房地产价格上涨的动力之一。由于我国特殊的农业与非农业的户籍制度，教育促进迁移的作用更强。因此我国近年来中高等教育扩张，加剧了农业人口向城镇的转移，小城镇人口向大城市转移，落后地区向发达地区转移，加剧了房地产的需求，特别是住宅房地产的需求，加剧房地产价格快速上涨。

（2）城镇人口结构

从人口的年龄结构看，构成房地产需求主要是青年人和中年人。对于青年的新婚夫妇来说，住房对他们来说是刚性需求。对于青、中年人来说可能前期事业有成，现在收入稳定，其他开支又不大的情况下，一方面要为子女准备未来的住房产生购房需求，在当前我国没有征收遗产税的情况下，与其把钱存入银行不如提早购买房屋，这样可以保证自己的资产保值、增值。另一方面自身住房改善的需求，可能以前受到经济实力等各种因素的制约，购买了不是很满意的住房，现在收入提高了，产生了改善住房的需求。对于老年人来说多数已经退休，处于收入减少阶段，并且也拥有居住时间较长的住宅。由于经济原因和对原有住房的依恋,本书认为此时大部分老年人不会选择购买房屋。因此,本书认为一个地区青、中年人口所占比例较大时,则该地区对房地产的需求偏好和有效购买力会比较强,该地区的房地产价格会比较高。反之,老年人口所占比例较大时,则对房地产的需求偏好和有效购买力也比较差。从而房地产价格相应地也会较低。

2. 城镇居民收入

城镇居民的收入不仅与国民经济的发展水平密切相关,而且直接影响居民对房地产的购买力,进而影响着房地产价格。城镇居民收入的不断增长一方面意味着人民生活水平的提高,对居住的活动空间的要求也会随之增加,进而能引起房地产价格上涨;另一方面收入的提高也促进了居民的购买力,使更多的潜在需求转变为现实的需求。城镇居民收入对房地产价格的影响程度,主要取决于消费者当前收入所处的阶段,如果是消费者当前的收入很低,还处于解决温饱问题的阶段,当然新增长的收入就会首先用于食品、衣服等生活必需品。此时收入的增长对房地产价格的影响程度比较小。当收入增长到一定程度,温饱问题已经基本解决,其收入增长的部分除了用于改善生活和解决温饱外,仍然有相当一部分剩余。如果此时居住条件还比较差,新增长的收入就会主要用于改善居住质量。我国城市居民生活质量逐渐提高,正是改善住房质量的人数在社会上占有较大比例的时期,对房地产的需求量很大,城镇居民收入的增长对房地产价格变动的影响程度大,收入的增长引起市场预期对房地产价格的影响。

3. 土地价格

土地作为稀缺资源是房地产业中必要的生产要素,土地的价格与房地产价格存在着相关关系。由于土地的需求是一种引致需求,它是基于土地的用途而形成的,也就是说土地作为一种生产要素投入到房地产经济活动中,社会需要土地并不是土地本身具有生产力,而是表现为一种投入的要素,其需求是基于社会对住宅、办公、商业、工业厂房等需求引起的。土地价格的上涨是由于土地价格与房地产价格呈正相关的因素上升而拉动房地产价格的上涨;房地产价格的上涨引发了房地产开发企业增加投资、扩大房地产的开发量,从而又引发对土地的需求,并打破原有的土地供求平衡,拉动土地价格的上涨。同时由于土地价格的刚性作用,土地价格上涨到一定程度又推动房地产价格的上涨。因此,土地价格作为房地产价格的构成要素之一,对房地产价格产生影响,但土地价格与房地产价格并不是简单的单向因果关系,土地价格的上涨会带动房地产价格上涨,同样房地产价格的上涨在很大程度上也带动着土地价格的上涨。

影响房地产价格的因素是多样的,大体上可以将其分为经济因素(城镇居民收入、土地价格等)、社会因素(城镇人口等)、行政政治因素、房地产业的内在因素和环境因素。

(三)2000—2017 年我国平均房价

我们先简单地看一下 2000—2017 年的房价情况:2000—2003 年房价增长较为缓慢,自 2003 年后房价开始呈现整体高速上涨的态势,截至到 2017 年,我国平均房价已经上涨至 7 892 元/平方米,相比 2000 年上涨了 2.74 倍(约等于 2000—2017 年的全国城镇人均可支配收入增长幅度 2.79 倍)。

期间,购房价格在 2008 年经历了一次大幅度下降,2014 年经历了一次近乎 0 增长的价格走势,在此一段补涨趋势之后,近两年的增幅再次明显降低(图 5 - 6)。

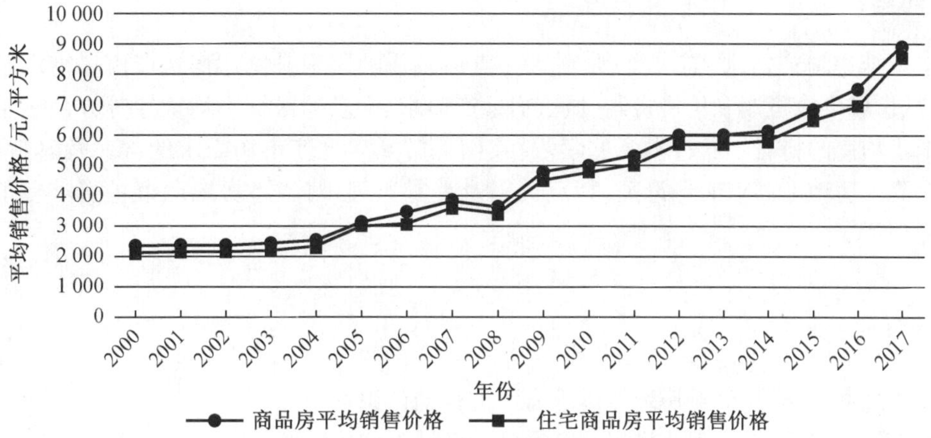

图 5－6 2000—2017 年房价变化情况

而这些影响房价的因素中，我们从另外一个角度将影响因素分为两大类，一类是在长期产生正向影响的因素，另一类是会产生阶段性影响的因素。

长期正向影响因素包括国家开发政策中的新区，例如，上海浦东新区、深圳经济特区、雄安新区等；全社会的经济发展，以及人们对于住房条件的追求；还有可利用土地逐渐减少等。这些都导致了房价长期保持上涨的状态，并且这种态势在极长一段时间内不会产生方向性的改变。例如，从过去近二十年的国内平均房价的涨幅与人均可支配收入的上涨幅度基本一致，那么也意味着诸如此类的影响因素是从根本上影响房价长远走向的（图 5－7）。

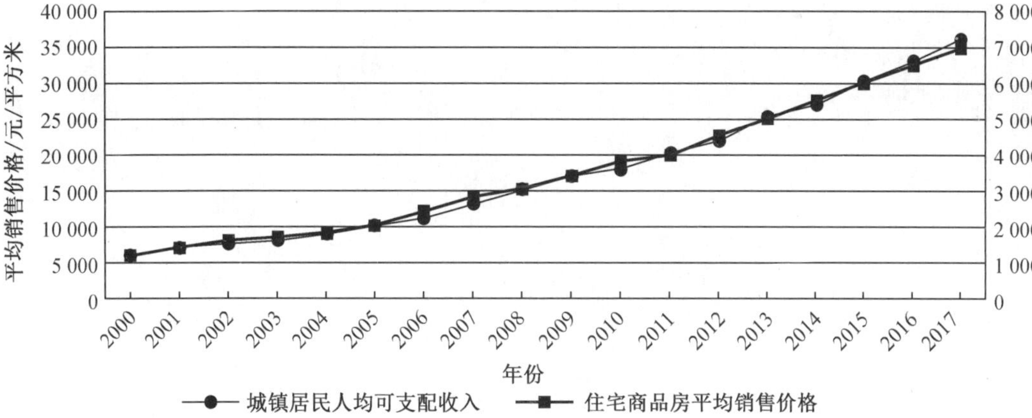

图 5－7 城镇居民人均可支配收入和住宅商品房平均销售价格

那么阶段性影响因素包括阶段性房产调控政策，例如，坚持反炒房，大力推行“租购并举”等政策，它们增加了大家的购房成本，很大程度上减少购房数量；购房需求的短期萎缩，例如，人口增长率下降、老龄化加剧、社会鼓励租房等，它们会使得在原来人口抚育成本增加的基础上，使人们减少购房欲望。

【本章小结】

本章从房地产需求、需求类型、需求特点以及影响因素来阐述房地产市场需求及影响因素，从市场供求机制和价格机制、城市房地产需求、需求的区域不均衡性等方面展示房地产需求不均衡的特点。通过本章的学习，我们了解到房地产市场需求的含义及其特点，深刻体会到了房地产需求的理论美、特点美以及差异美等，对当下房地产市场需求有了更加深层的理解。

【思考题】

1. 通过本章学习，你对房地产需求有了怎样的认识？
2. 搜集资料，谈谈如何改变房地产需求的区域不均衡性？

第六章　供给结构均衡之难——供给错位

【本章导读】

本章主要介绍房地产市场供给及其影响因素，房地产市场供给不均衡的现象及其原因，以及促进房地产业健康发展的展望与建议，同时通过美国和日本两个典型国家的房地产价格分析体现房价变化的规律美。通过分析房地产价格的变化之快，让学生了解房地产市场的变化规律，理解房地产价格的形成之美，唤起学生对专业的学习兴趣，培养学生发现规律和运用规律的能力。通过图表观察、数据分析、案例研讨，提高学生的综合运用市场分析能力，培养学生的自主学习意识，打造努力奋斗精神，树立民生责任。

第一节　房地产市场供给——“生产者”

一、房地产市场供给及其影响因素

（一）房地产供给的含义

从微观经济角度来看，房地产供给是指生产者在某一特定时期内，在每一价格水平上愿意而且能够租售的房地产商品量。在生产者的供给中既包括了新生产的房地产商品（俗称增量房），也包括过去生产的存货（俗称存量房）。在现实经济生活中，新增商品房供给又包括销售的现房和期房（达到一定标准的预售房）。在商品房供给中以供给方式划分，又可以分为出售的商品房供给和出租的商品房供给两种。

从宏观经济角度来看，房地产供给是指房地产总供给，即在某一时期内全社会或某一地区内房地产供给的总量，分为实物总量和价值总量。

综上可将房地产供给理解为房地产开发商和拥有者（卖者）在某一特定的时间内，在每一价格水平下，对某种房地产所愿意而且能够提供出售的数量。形成供给有两个条件，一是房地产开发商或拥有者愿意供给，二是房地产开发商或拥有者有能力供给。如果房地产开发商或拥有者对某种房地产虽然有提供出售的愿望，但没有提供出售的能力，则不能形成有效供给，也就不能算作供给。

（二）房地产供给的特点

1. 城市土地供应的刚性和一级市场的垄断性

城市土地是指作为城市房地产基础的土地，它的供给分自然供给和经济供给两类。自然供给是指自然界提供的天然可利用的土地，它是有限的，因此是刚性的。经济供给是指在自然供给基础上土地的开发利用和多种用途的互相转换。土地的经济供给，由于受自然供给刚性的制约，其弹性也是不足的。因此，从总体上说，城市土地的供给是有限的、刚性的。我国城市土地属于国家所有，国家是城市土地所有权市场的唯一供给主体。因此，城市土地一级市场是一种垄断性市场。

房地产供给的这一特点，决定了其受土地供应量、供应方式和供应结构的制约。国家把握土地供应的龙头，便可以达到有效调节房地产供给总量和供给结构的目的。因此，土地供应也就成为政府实施宏观调控的重要手段。

2. 房地产供给的层次性

房地产供给一般分为现实供给层次、储备供给层次和潜在供给层次，这三个供给层次是动态变化的。

(1)现实供给层次是指房地产产品已经进入到流通领域，可以随时出售和出租，通常也称其为房地产上市量，其主要部分是现房，也包括已经具备预售条件的期房。房地产的现实供给是房地产供给的主导和基本层次，它是房地产供给方的行为状态，并不等于房地产商品价值的实现。房地产商品价值的实现取决于供给和需求的统一。

(2)储备供给层次是指房地产生产者出于一定的考虑将一部分可以进入市场的房地产商品暂时储备起来不上市。这是房地产生产者的主动商业行为，与人们说的空置房是有区别的，空置房主要是指房地产生产者想出售但一时出售不了的房地产商品。

(3)潜在供给层次是指已经开工和正在建造，以及竣工但未交付使用等尚未上市的房地产产品及一部分过去属于非商品房地产，但在未来可能改变其属性而进入房地产市场的产品。

认真分析房地产供给的这三个层次，对于科学地把握供给状况和预测未来供给都具有重要意义。

3. 房地产供给的滞后性

房地产商品的生产周期长，一般要两三年，甚至更多年。较长的生产周期决定了房地产供给的滞后性，这种滞后性又导致了房地产供给的风险性。即使房地产开发计划在目前是可行的，但在数年后房屋建成投入市场时，也可能因市场发生变化，而造成积压和滞销。因此，科学地预测市场供求变化趋势，对开发商投资决策极为重要。

(三)房地产供给的影响因素

影响和决定房地产供给的因素是多方面的，主要有以下因素。

1. 房地产市场价格

房地产市场价格是影响房地产供给的首要因素，因为在成本既定的情况下，市场价格的高低将决定房地产开发企业是否盈利和盈利多少。一般而言，当价格低于某一特定水平，则不会有房地产供给，高于这一水平，才会产生房地产供给，而且供应量随着价格的上升而增加，随价格的下降而减少。

2. 土地价格和城市土地的数量

土地成本是房地产成本的重要组成部分，我国目前城市中土地费用约占商品房总成本的30%左右。土地成本的提高，将提高房地产的开发成本，对此房地产开发商一般会采用两种可选对策：一是增加容积率，使单位建筑面积所含的地价比重下降，消化地价成本的上升，从而有利于增加房地产供应。二是缩小生产规模和放慢开发进度，从而会引起房地产供给的减少。

城市房地产的供给能力，在很大程度上取决于能够供给城市使用的土地数量。一般来说,一个国家经济发展水平越高,特别是农业生产力越高,则可提供给城市使用的土地就越多。换言之,城市土地的供给水平必须与经济发展,特别是农业发展水平相适应。改革开放以来,我国农业发展迅速,为城市土地的扩大提供了条件。但我国人多地少,对于不恰当地过多占用耕地的情况,必须加以制止。

3. 资金供应量和利率

由于房地产的价值量大,开发建设需投入大量资金,除自有资本金投入外还需银行等金融机构开发贷款的支持。据统计,房地产开发资金中直接和间接来自银行贷款的约占60%,依存度很高。因此,国家的货币政策对房地产供给的影响极大。若货币供应量紧缩,对企业的开发贷款减少,建设资金紧缺,必然导致房地产供给量下降;反之,当货币供应量扩张,对企业的开发贷款增加,建设资金充裕,则房地产供给量上升。同时,房地产开发贷款利率的高低也会对房地产供给带来重大影响,若银行的贷款利率提高,会增加利息成本,在销售价格不变的情况下势必减少利润,影响其开发积极性,导致供给量减少,反之则供给量增加。所以,银行的信贷政策是调节房地产供给的重要因素。

4. 税收政策

税收是构成房地产开发成本的重要因素,我国目前各种税费约占房地产价格的10% ~ 15%。如果实行优惠税收政策,减免税收和税收递延,就会降低房地产开发成本,使同量资金的房地产实物量的供给增加,会提高开发商盈利水平,从而吸引更多的社会资本从事房地产开发,最终会增加房地产的供给量。反之,若增加税费,则会直接增加房地产开发成本,使等量资金的房地产实物量的供给减少,会降低开发商盈利水平,使开发商缩小其投资规模,甚至将资本转移到其他行业中去,从而会导致房地产供给量的减少。

5. 建筑材料供应能力和建筑能力

建筑材料如钢材、木材、水泥、平板玻璃及建筑陶瓷等,其供应能力是制约房地产开发规模和水平的物质基础。建筑能力包括建筑技术水平、装备水平、管理水平及建筑队伍的规模等因素,是决定房地产供应水平的直接因素。

改革开放以来,我国建材工业和建筑业有了长足的发展,技术水平、装备水平、管理水平及职工队伍素质都有很大的提高,我国建筑业企业建造了无数令人叹为观止、全球少有的各类顶尖工程。如各项指标居世界第一的三峡大坝,世界海拔最高、"有史以来最困难的铁路工程项目"青藏铁路,标志着中国工程"速度""密度"的高铁工程,标志着中国工程"精度""跨度"以港珠澳大桥为代表的桥梁工程,代表着中国工程"高度"的上海中心大厦,代表着中国工程"深度"的洋山深水港码头,代表着中国工程"难度"的全球首推示范工程——福清核电站5号机组,等等。在海外,我国建筑业企业建造了许多优质精品工程,还深度参与了"一带一路"沿线65个国家和地区陆、海、天、网四位一体重大项目的规划和建设。这些无一不体现着我国建筑业快速发展。

由此可见,我国的建筑材料供应能力和建筑能力基本上已能满足房地产业生产的需要。但也出现建筑材料供应紧张的状况,所以说,房地产供给水平也必须与建材的供应能力相适应。

6. 房地产开发商对未来的预期

这种预期包括对国民经济发展形势、通货膨胀率、房地产价格、房地产需求的预期,以及对国家房地产信贷政策、税收政策和产业政策的预期等,其核心问题是房地产开发商对盈利水平即投资回报率的预期。若预期的投资回报率高,开发商一般会增加房地产投资,从而增加房地产供给;若预期的投资回报率低,开发商一般会缩小房地产投资规模或放慢开发速度,从而会减少房地产供给。

二、房地产市场供给不均衡之挑战美

(一)房地产市场的不均衡

房地产市场供给的不均衡表现为以下三种状态。

1. 总量性供小于求状态

总量性供小于求状态是指房地产市场中商品房供给总量小于需求总量的一种房地产供求格局,通常把这种处于总量性供小于求状态的房地产市场称为卖方市场。其特征是商品房供应紧张,价格飞速上升,消费者急于求购处于被动地位,而供应商处于主动地位,产生惜售行为,甚至抬价出售。产生的原因主要是,商品房开发供给能力不足或市场需求集中释放所引起。此外经济体制不合理,也会造成体制性供小于求。如在八十年代以前,我国城镇实行实物福利分房制度,一方面政府建房很少,另一方面又造成福利分房需求的无限扩张,住房短缺成为严重问题。

由于计划经济体制下价格实行管制,出现了商品经济法则,即供小于求会引起租金或价格上涨,不能起调节供求关系的作用,而价格外的其他因素仍会影响供求,于是总量供小于求的矛盾越来越严重,使得居民的居住状况愈益困难。在改革开放前的1978年,我国城镇居民人均住房面积仅有3.6平方米。不过这仅是计划经济体制下的特例,而在市场经济条件下,供小于求,引起价格上涨,诱使供给增加,需求减少,从而调节供求趋向平衡。

2. 总量性供大于求状态

总量性供大于求状态通常出现在市场经济体制下,微观经济层面盲目扩大投资,宏观经济层面缺乏有力调节的时期和地区。我国在九十年代初期房地产业过热,使得九十年代中后期出现房地产市场总量性供大于求的情况。据报道,1995年底,全国商品房积压5 031万平方米;1996年底,增加到6 624万平方米;到1998年底,进一步增加到8 000万平方米,其中住宅积压占80%。通常把这种处于总量性供大于求状态的房地产市场称为买方市场。在这种市场态势下,消费者处于主动地位,有较多的挑选余地,供大于求,引起房价下跌,开发商利润空间下降,实力较弱的开发企业甚至破产倒闭。

在总量性供大于求的状态下,本来市场机制会迫使其价格下跌,以调节供求关系,但由于我国当时还处在从计划经济体制向市场经济体制转轨时期,一方面,在房地产价格构成中,还有相当一部分由政府部门控制,变化余地不大;另一方面,由于房改有待深入,广大职工居民尚未真正进入住宅市场,加上部分企业效益下滑,职工下岗增加等原因,使得实际房地产需求增幅不大,远落后于供给量的增长幅度,而由于受1992—1993年房地产过热的滞后影响,那些过热投资的开发建设在1994年以后陆续转为现实供应,使得供给增加幅度较大,供大于求的情况更严重。究其原因主要是体制性需求不足造成的。因此,当时的宏观调控措施,是在适度压缩房地产投资的同时,加快住房制度改革,鼓励买房,促进需求增加,到1998年以后逐步调整过来,房地产市场供求出现新的均衡状态。

3. 结构性供求失衡的状态

房地产出现结构性供求失衡有供给结构失衡和需求结构失衡两种情况,主要是商品房供给结构与需求结构变化趋势不相适应。这种结构性失衡也会影响到供求总量均衡,结构性失衡一般是由于供给方的投资决策失误而造成的。例如,有些城市房地产开发高档办公房、商业娱乐用房过多,住宅比重太小或是在住宅开发中高档住宅太多,而普通住宅太少等。这时,虽然总量上没有产生供大于求,但由于供求结构失衡,仍有一部分供给表现为"积压",另一部分供给严重不足。

(二)供给不均衡发展的原因

1. 住房市场化进程的过快推进

新中国成立以来,我国民众长期处于住房紧张状况。房地产业主要发挥的是其居住功能,商品交换功能并不显现。改革开放之后,为了加快房地产业的发展,政府先是采取部分租赁房由租户购买成为产权房的政策,以筹措资金。后来又逐步过渡到政府批量建房分配给市民,并开放了房地产的一二级市场。于是房地产的居住功能与商品交换功能并存。

随着市场经济的发展,商品交换成分逐渐加大且住房市场化进程快速推进。本来相关部门应该对房地产市场进程加强监管,重视房地产业对经济发展的重要影响,以及在市场经济中会产生的负面效应。但是,有关地方政府部门却将土地批租和房地产业作为地方政府提升 GDP 增长率的法宝。房地产开发商、销售商也将房地产业作为致富途径。在这种情况下,一些地处优势的大中城市都热衷于在城市中心地段开发高档商品房,而忽视经济适用房和保障房的建设。以致城区中心地段逐渐被高档商品房占据,大量经济适用房只能在市区偏僻地段甚至在远郊开发与建造,因级差地租的原因而价格悬殊,造成民众抱怨。一些经济发展缓慢的中西部中小城市则由于大量人口外流到沿海城市买房、租房,给已经上涨的大中城市房价火上浇油,而本来就惨淡的当地房地产市场则雪上加霜。

房地产业不均衡发展在造成供应结构布局不合理的同时,还带来城区中心地段房价恶涨,房屋居住功能逐渐被获利途径所取代。不少人买房为囤房,囤房为炒房,使得一些大中城市中心地段的房子供小于求,出现了先买房者获利巨大,后买房者获利丰厚,未买房者想买房会倾尽所有的现象。随着城区中心地段的房价飞涨,郊区房价也不断抬高,最终造成房价整体上涨。

2. 过分强调房地产业对经济的拉动作用

房地产业是城市经济发展的支柱产业之一。从宏观来看,房地产业具有引领、传导作用,其带动钢铁、水泥、建材、装修、家电等行业的发展引力很强。尤其是随着温饱问题解决之后,居民对居住房的材料要求、装修要求、功能要求越来越高。所以,房地产投资在城市建设中占社会固定资产的比重相当之大。

但是在长期的实践中,我国的房地产业只是起到了经济的附庸作用。政府有关部门对房地产业的看法也失之偏颇,认为房地产业既能拉动消费,提升 GDP 增长率,又能增加地方财政。于是当我国经济低迷或有经济危机(如 1997 年亚洲金融危机和 2008 年美国次贷危机)时,房地产业被作为拉动经济的手段。而当经济过热或投资增长过快时,一些地方政府首先想到的也是压缩房地产投资。譬如减少土地供应,紧缩房地产业开发贷款,没有进行深层次考虑后就进行干预。

所以,发展房地业也好,化解房地产库存问题也好,都应该正确认识房地产的属性和功能,理顺房地产业与经济发展、城市发展的关系,将其回归到应有的功能和作用上。

3. 缺少行之有效的基本制度,政策多变

房地产业的不均衡发展,与政府有关部门缺乏宏观管理思路与运营手段有一定关系。

虽然政府也在不断通过财税调节，甚至通过行政手段，例如准入户口或限购等政策来对房地产进行宏观调控，但是由于基本保障制度没有形成，可持续的住房政策体系框架没有建立，实际上房地产业被工具化的状况始终没有得到改变。而工具化的直接后果就是相关政策的不稳定，时而开放、时而限购，甚至出现深夜推出新政策的情况，给城市的发展和民众的心理造成了极大的混乱。

4. 缺乏对金融业在房地产业投资的有力监管

由于房地产业获利丰厚，金融机构加大了对房地产业的投资。一段时期来，金融业对房地产的信贷规模过大、贷款方式过于优惠，使得房地产业发展如虎添翼。

但金融监管机构放任了银行放松购房贷款、延长购房还款期限、增加对房地产商贷款额度等一系列政策，这些政策鼓励了民众投资买房炒房的积极性，也推动了房产商投资的盲目性。其后果是炒高了中心城区地产价格，而使得一些偏僻地区楼房由于无人购买而成为空置房，其投资商因付银行贷款高额利息而造成损失。这种状况若不加以控制将会对我国整体经济造成重大影响。而我国经济进入新常态后，经济增长脚步放慢情况也使我们越来越感到放松对金融业投资房地产业监管的危害。

（三）促进房地产业健康发展的建议

1. 政府需要在市场经济体制下，保持政策的连续性

政府应在多年管理的基础上，总结经验，慎重地制定政策并保持政策的连续性。通过法律法规使房地产成为国民经济的重要组成部分，而不是牟取暴利的载体。从源头上监管金融机构对房地产的信贷和加强房地产买卖中的财税管理，从宏观上引导房地产向正确方向发展，使房价的上涨与经济增长率大致同步。同时要适时、有效地对房地产市场进行调节。

大中城市已进行了土地供应结构的调整，例如，通过适当压缩工业用地供应量来增加住宅用地供应量；改变目前非居住用地偏多、居住用地偏少现象；通过旧区改造、棚户区改造等方式，充分利用存量建设用地来满足城市居民自住性、改善性的住房需求；采取限购政策，优先考虑户籍人口居住；对外来人员采取提高学历要求、提高技术等级等办法，降低其入住率等。但这些措施仍无法从根本上解决民生问题，尤其是外来人员到城市的居住问题。具体地说，住宅用房除了要充分运用限购政策外，还需要通过调整国民经济布局，减少东西部发展差距，发掘本地经济的亮点，中减少各地人口的外移这一根本措施来解决。同时，对大中城市，尤其是京沪广深等一线城市，要加快发展卫星城镇，通过人口的合理分布，逐渐解决房价高涨的问题。

2. 调整布局，加强监管，回归房地产业的正常功能

房地产市场化成为社会化常态后，个人需求、市场运作、国家调控三者之间的关系成为改革房地产供应体系的关键。要改变单一商品房购买形式，构建多层次、全覆盖的以政府为主提供基本住房保障，以市场为主满足多样化住房需求的体系。将改善中低收入家庭住房作为重要目标来引导房地产开发。通过调整房地产业结构，梳理、整顿现有房地产业，对开发高中低住宅进行精准定位。加大租赁房供应的数量、提高其质量，扩大地域范围来解决一部分市民和外来人口的居住问题，并通过价格杠杆引导社会购买力。在相当长一段时间里，实施限购政策，暂停购房落户、调整土地竞价方式、调整公积金和商业贷款、调整二套房首付比例，以打击囤积房产，哄抬房价的行为。

3. 提高运营能力，使房价回归到合理价位

提高运营能力是化解房地产库存及房价高涨等问题的重要手段。运营能力具体表现在住宅销售要利用价值规律，使房价回归到合理价位，并使国民理智购买和投资，以保证后续发展的动力；改变商业地产单靠租金收入支撑，通过对商场的综合运用，提高使用率，降低运营成本；旅游地产则通过旅游方式的多样化，提高使用效能。政府和房地产商都要改变不动产盈利的传统思维，通过调结构、去库存的运营思路使房地产业得到健康发展，使房价回归到合理价位。

4. 鼓励大胆创新，改变传统思维

城镇房地产业的布局和发展不是在于高楼的多少而是在于功能的综合利用和发挥。因此，在房地产业开发及解决其短板时要有科学合理的城市规划，将房地产业的规划和建设要求统一到紧凑城市、智慧城市、通达城市、安全城市上来。一方面大力开发新技术，采用新工艺，利用新材料降低造价，建造经济型的多层、小高层住宅。同时还可以将一些库存房改造成社会养老用房。鉴于我国核心家庭人数不断减少，社会服务设施逐渐健全的发展趋势，居民的住房面积也不宜过大，以方便舒适为好。

在设计居住用房的同时还要考虑到文化、体育设施乃至宗教需求。随着消费形式的改变，综合性商场的需求可能会减少，而网络销售的配套措施则需要增加。

随着大规模生态型的新型城镇建设的兴起，房地产业的建筑设计也要满足国民对住房的材料、装修、功能等越来越高的要求。

5. 重视经济梯度发展特点，提倡城市建设个性化

由于历史与地理条件的原因，我国经济发展将长期处于梯度化状态。例如，长江三角洲随着城际高铁、高速公路的发展，以及市郊交通设施的改进，地区间人员的流动会越来越大。宁波、舟山、苏州等城市既会主动调整房地产业结构，迎接上海经济的辐射，同时也会以其生活成本低于上海，发展空间广阔的优势，吸引来大批的青年创业者。所以上海及长江三角洲的房地产业开发既可以利用联动作用和边际效应，在如何提高住房的综合利用率，增加公用空间，提高生态环境标准方面相互借鉴和相互影响，还可以利用地区级差、交通便利和文化认同等有利因素和谐共存，协同发展。而对西部地区来说，要在新兴能源、现代制造业等的带动下，参考欧洲生态城市的模式，探索绿色城镇化建设的新路，不必贪大求洋走以往的城市发展之路。

同时要考虑人口的动态因素和其他相关因素。例如我国 GDP 的增长速度虽然将较长时期保持在 6% ~7% 之间，但是对各省市来讲，发展速度还是有所不同的。总之，房地产开发要从市场出发，使产品适销对路，充分满足社会的需求。

6. 加强对商业银行监管，防止出现房地产贷款风险

要监管金融机构对房地产业的信贷和加强财税管理。这些年来房地产业出现的波动与商业银行大量贷款给央企和一些大型企业也不无关系。早在 2008 年，由于国内实施的经济刺激计划包含了非常宽松的货币政策，使得全年人民币贷款增长高达 9.59 万亿元，同比增加 4.69 万亿元，推动广义货币供应量 M2 增长 27.7%。这样产生不可避免的副作用是推高包括住房价格在内的资产价格。

为了获得土地使用权，其他房地产企业也只能将目光投向银行或其他金融机构，使得房地产贷款利率越来越高，风险越来越大。随着经济进入新常态，银行与房产投资商都难以规避风险。因此，在房地产开发企业顺应市场规律调整营销策略，适当降低商品住房价

格的大背景下,银行只有收紧银根,才能降低风险,使房地产降温,并进入有序通道。

7. 引导民众投资多元化,提高土地使用效能

国民闲置资金逐渐增多,可以鼓励投资多元化,使国民将闲置资金投到国债、基金、保险等风险较小的项目,以及通过民间募资来解决中小城镇、甚至大中城市的公用设施建设、社区建造,减少一窝蜂买房投资的趋向。同时过去那种简单拿地、盖房子、卖房子的房地产发展模式已经一去不复返,所以可以借鉴国外经验,在固化建筑容积率、高度上限等总体指标的前提下,提高布局的灵活性,增强土地供给方式对于产业供给变化的适应性。推行多元化土地租赁制度,提高土地有效利用水平;制定鼓励政策,提高企业闲置地、闲置厂房等的使用率。

第二节　其他国家房地产价格变化规律——他山之石

一、美国房价分析

(一)美国百年房价变化

图 6－1 是 1890 年至 2009 年美国房价变化曲线。以 1890 年售价为 10 万美元的房子为基准,1997 年房价是 11 万美元。数据显示 2009 年初标准房价为 14 万美元,最新数据为 12.5 万美元,虚线为预测值。

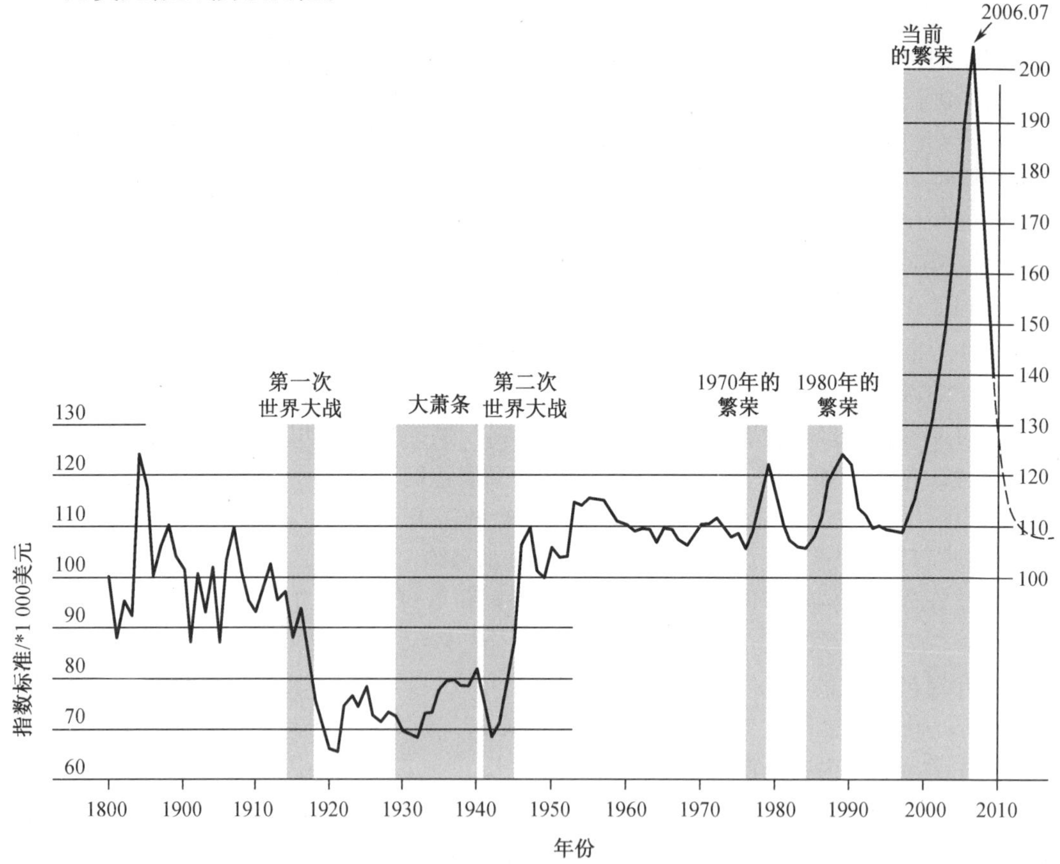

图 6－1　美国百年房价变化

从图 6－1 中我们不难看出，第一次世界大战导致了美国房价的急速下降，其表现为 1890 年的房子标准价由 10 万美元跌至历史最低 6.5 万美元，紧接着在 1930 年前后开始的 10 年经济大萧条中又跌至另一历史低点 6.8 万美元。然而萧条期房价并非没有涨幅，依然有缓慢的增长。第二次世界大战初期，美国房价陷入历史上第三个低点 6.8 万美元。随着战场上美军主动权的逐步确立，1942 年底美国房价的剧烈拉升，重回 10 万美元上方至 11 万美元。之后一直到 1997 年，房价虽然有过七八十年代的两次繁荣，但涨、跌幅度不是很大，都在 10% 范围内。1997 年后，房价开始狂飙，2006 年升至 20.3 万美元。之后房价一路下跌至 1999 年的 12.5 万美元左右。虚线部分曲线仅仅是预测，仅供参考。

（二）纵观美国房价 100 多年的变迁，我们分析出以下结论

第一，平均房价处于缓慢微幅上升趋势。1890 年开始的上个世纪初，由于交通等方面的因素，美国和世界的沟通远不及第二次世界大战后，因此这段曲线参考意义不是很大。本书认为分析美国房价的变化趋势，应该从第二次世界大战后的 1950 年开始。1950 年至 2010 年的美国，整个社会相对稳定。从房价的变化趋势看，平均房价是缓慢增值的，但绝没有想象的增值巨大。也就是说，从一个长期角度看，10 万美元的房子和 10 万美元的存款差不多。这是社会稳定所带来的效果。

第二，没有只涨不跌的房价，涨得快，跌得也快。尽管美国房价相对稳定，但在一个小的时间区间看，房价波动是经常发生的。七八十年代尤其是 21 世纪的第一个 10 年，都有过较大的波动，但每次涨幅和跌幅差不多，因为涨得快，跌得也快。

（三）美国房地产价格现状

美国的房价增长在 2020 年达 10.3%，相较于 1992 年的 7.8% 有所增长。美国房价增长数据按季更新，1992 年到 2020 年期间平均值为 5.3%，共 116 份观测结果。该数据的历史最高值出现于 2005 年，达 10.8%，而历史最低值则出现于 2009 年，为 －11.9%。如图 6－2 所示。

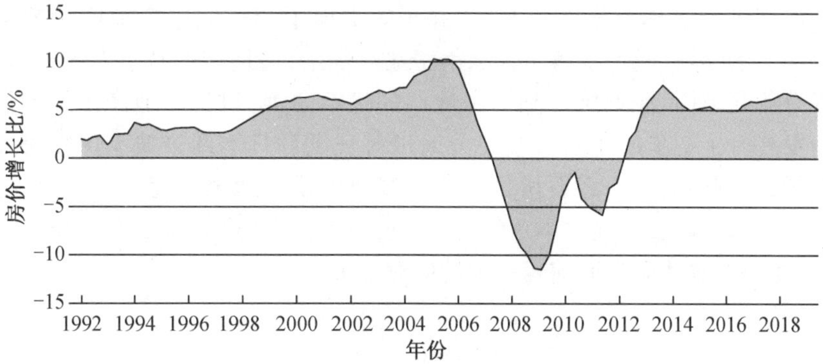

图 6－2　美国房价变化现状

二、日本房价分析

日本的房产发展总体经历了三个阶段，房价增长阶段、房价断崖式下跌阶段、缓慢恢复期阶段。

第二次世界大战后，日本的经济在得到美国强有力的支持之后得到迅速发展，很多领域的重建也给日本带来了前所未有的机会，房地产业的发展更是迅猛。日本街头的楼盘如雨后春笋拔地而起，日本民众的茶余饭后也是对关于房的议论，更是在当时氛围的影响下大批的日本民众开始加入买房的大军，一时间房似乎成为日本民众绕不开的一道坎。

从1980—1985年这5年的时间里，日本的房价上涨了5倍，东京银座的土地价格更高达100万美元/平方米，也就是在这5年间日本产生了大批的富豪，彼时东京的房价可以买下4个美国，当时的民众没有人会相信东京的房价会下跌，甚至很多人都对房价的上涨充满信心。

在1985年9月22日，美国、日本、联邦德国、法国以及英国的财政部长和中央银行行长在纽约广场饭店达成“广场协议”。目的是解决美元汇率过高，而贸易出现大量赤字的问题。这一协议间接导致了日元疯狂升值，而面对贸易出口又接连受阻。这就导致日本内部的资金过剩，内部汇率高导致了各方面投资收不到客观的收益。因此很多投机者，便把目标放在日本的房地产上。

1990年1月12日日本迎来了最为黑暗的一天，在毫无征兆的前提下股市暴跌70%，受股市的影响日本的房价开始大幅下跌，众多日本企业破产，房产跌破民众为其贷款的金额，很多日本民众为其付出了惨重的代价。由于很多人为房子背负巨额债务，致使当年的日本自杀率达到顶峰。日本似乎经历着有史以来最为黑暗的日子，为其房产的泡沫经济付出惨痛的代价。。

日本房价在经历这样一场浩劫之后也慢慢恢复至平静期，民众的生活也恢复了平静，随着日本经济的增长并且逐渐成为世界第二大经济体，民众的收入也恢复到之前的水平。的房价发展到今天，在日本一线城市例如东京、大阪想买一套公寓也需要3 000万日元左右，折合人民币200万左右。

【本章小结】

本章第一节主要从房地产供给的含义、特点及影响因素三个方面进行了讲解，详细分析了房地产出现供给不均衡发展的原因，并相应提出了几点促进房地产业健康发展的建议。通过第一节的学习，我们了解了什么是房地产供给，房地产的特点有哪些，影响房地产供给的因素有哪几方面，深刻感受到了房地产的供给之美，对于房地产供给如何调控市场的健康均衡发展有了初步的了解。第二节通过对美国和日本两个典型国家房地产价格变化规律的剖析，深刻体会他山之石房价的变化规律以及因地因时而异的影响因素，带领大家领略规律之中的差异美。通过本章的学习，同学们应当学会正确地分析供给不均衡发展的原因，并且能够在这些问题面前有一定的应对之策。

【思考题】

1. 土地价格提高后，房地产的开发成本也会相应提高，对此，房地产开发商该如何应对？

2. 政策多变也是房地产供给不均衡发展的原因，我国近十年对于房地产业的调控政策有哪些？

第七章　购房分析决策之乐——人民至上

【本章导读】

目前我国商品房消费存在两个矛盾。一是经济的飞速发展带来的个人消费需求的提高，人口的不断增长，个人的生活水平提高，使住房需求不断攀升，这与目前土地稀缺和政府控制房产的政策是个不平衡的矛盾。二是房地产商的哄抬价位与目前个人收入普遍偏低的不平衡的矛盾，导致了老百姓需要买房但买不起房的尴尬局面。然而，当老百姓拿着积攒多年的存款购买商品房时，对于他们来讲，住房就不只是一个居住的地方了。他们会根据自身需求选择适合自己的住房。

【引导案例】

小王毕业工作了几年，已经有一部分积蓄了。但是仍然没有自己的房产。对于这些自己是否应该买房；应该买什么样的房或者是什么样的标准的房才能够更加合适；自己到底是应当一直租房还是尽早购房再慢慢还房贷；买房的话要一下子拿出一大笔首付，以后过上房奴的生活；租房子的话又觉得前路漫漫，这样下去也不是个办法；买房应当如何买，进行购房决策后的影响效应与我们房产的保值增值又如何呢；等等。这些问题都令小王非常地困惑。接下来我们本章节的内容将对这些问题进行讲解。

第一节　购房决策七因素——齐家之匙

影响居民消费的因素有很多，但归结起来有两大类。一是宏观方面，例如环境、人口、政策、自然，这些因素属于外部环境影响，且在短时间内变化不大；二是微观方面，可以概括为房屋价值、企业品牌、配套设施、地理位置及物业管理。

一、影响因素

（一）房屋及地段价值之美

商品经济中，价格是价值的表现形式。所以房屋价值就包括房屋本身的价值和地段价值。在抽样调查的样本中为房屋质量、保值增值、地段价值、价格因素和户型结构等因素。其中户型结构在一定程度上决定了房屋价值，其值占到了52%，价格因素为44%，房屋质量为58%，其余两项都为28%。由此可以看出房屋价值的重要性在消费者选择上占了主导位置。目前的我国，能在一线或热门二线城市买到一套地段不错或发展潜力较大的房子，起码在未来很长一段时间里是不会亏损的。因为一线城市的房地产市场已经基本平稳，并保持微涨，而热门的二线城市的房地产市场正在集体爆发。不过很重要的一点是一定要分城市的等级、类型、发展程度和潜力来判断，因为在一个城市买房其实就是在持有一个城市的股票，这些都是控制风险很重要的因素，也体现了一种理性的消费观念。

（二）企业品牌之美

一个好的房地产开发商在品牌形象上是相对成功的。良好的品牌形象不仅可以给消费者精神上的保障，还是一种消费的号召力，并具有导向性。例如，保利地产、富力地产等，当这些名字出现在人们面前时代表的不仅仅是房地产商，更是高质量的房屋价值与物业服务等。图7－1是2020年全国十大房地产企业的销售额和销售面积，通过它来了解品牌对销售额的影响。可以看出，消费者对大品牌还是比较买单的，知名品牌房地产企业的销售额明显大于小的房地产品牌。

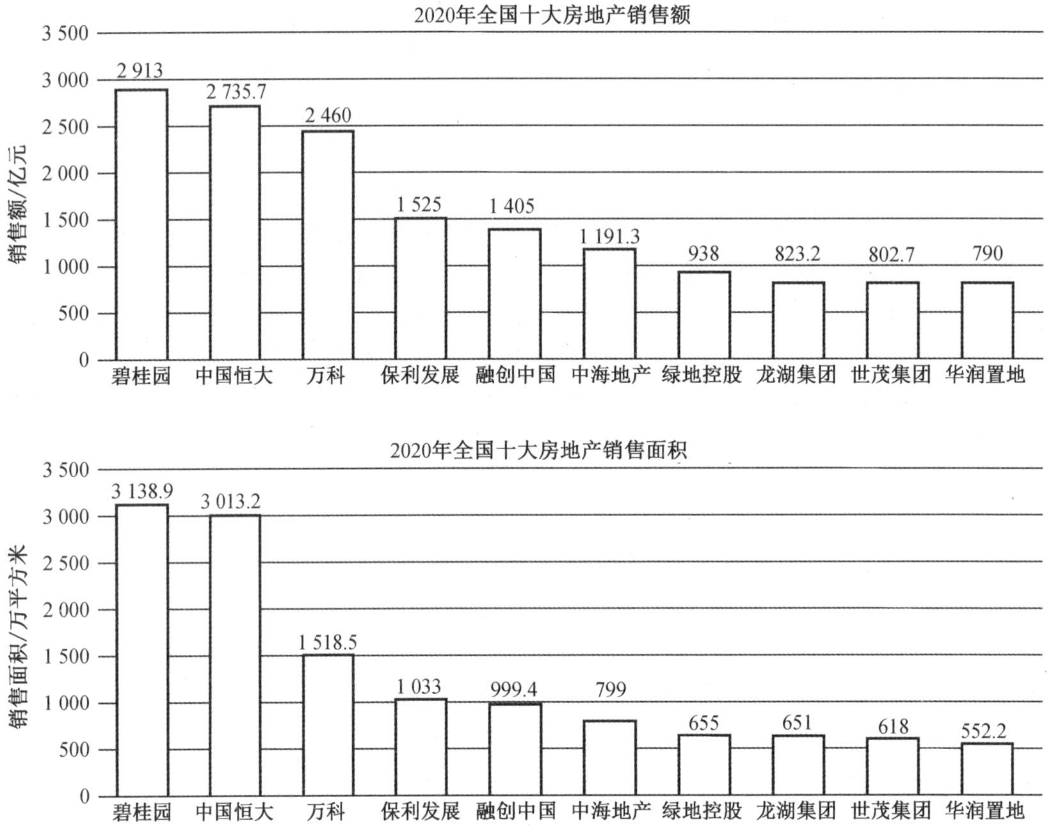

图7－1　2020年全国房地产企业的售业绩TOP100

（数据来源：中指研究院）

（三）配套实施之美

配套设施是服务于消费者生活的一系列物化测试，它包括社区交通、给水、排水、消防、娱乐设施、商品消费设施、教育设施等。这些服务于消费者的设施改善了居住外部环境，并且丰富了业主的生活。随着人们生活需求的提高，消费者在购房时也会着重考虑这类因素。调查中包括小区环境、社区文化、休闲配套、教育配套因素，比例依次为66%、34%、

22%、40%。小区环境高于房屋价值的比例,可以看出消费者对外部环境的期望值很高,追求更好的生活氛围。社区周边配套成熟度是衡量一个项目性价比的一个重要指标,它对消费者购房前和入住后都有着直接的影响,也是决定一个项目档次及品位的重要因素。完善齐全的配套设施不仅让小区居民的生活更加舒适便利,更好地享受周边环境带来的愉悦,还大大提升了楼盘的附加值。图 7-2 是某小区的配套设施。

图 7-2　小区配套设施

（四）地理位置之美

衣、食、住、行是紧密联系在一起的,而其中的“行”也是相当重要的。所谓“好”的居住地理位置因人而异,有的喜欢郊区,但交通较麻烦不利于出行,所以多数为中老年人的选择。有的喜欢市中心,出行便利,利于上下班和消费,但会有交通堵塞的问题,多数为年轻人的选择。但无论郊区还是市中心,理想的地理位置是消费者不可忽视的考虑因素,调查中 62% 的样本选择交通便利作为考虑因素。可以看出人们理想的集中居住地还是市中心,并且决定了住房的地理位置应满足消费者日常出行需求。而多数人选择市中心必然会带来交通拥挤等问题,并且加快了城市化的进程,导致房价的上涨。所以地理位置影响着房屋价值,房屋价值也决定了地理位置,两者关系密切。

（五）解决安居之美

如果在一个城市工作稳定,拥有自己的房子居住,不需要租房子,对于大多数人来说其心里是十分愉悦的。即使房子不在自己工作的城市,也可以租给别人,既能解决别人的租房问题,还能以租还贷,以减轻自己的经济压力。如果决定回到拥有自己住房的城市生活的时候,还可以再把房子收回来居住,实现一举多得。

（六）物业管理之美

物业管理是业主通过选聘物业服务企业,由业主和物业服务企业按照物业服务合同约定，对房屋及配套的设施设备和相关场地进行维修、养护、管理，维护物业管理区域内的环境卫生和相关秩序的活动。随着物业管理在购房市场上的普及，人们不再是各扫门前雪，而是形成一个集合体，物业就是这个集合体的管理统筹者。他们的任务是打造和谐的社区环境，让每一位业主都能享受到公共服务并实现共同管理。

（七）加强保障之美

如果在自己身上突然发生了意外而产生了不小的经济成本，比如自己或者家人生病需要钱或者自己辞职了，需要一些资金创业，那么一套还算值钱的房子就是自己买的比较靠谱的保险或启动资金。因为买一套房子本质上是在逼迫自己养成存钱理财的习惯，培养居安思危的意识和面对未来的能力。不过有人可能会说买保险应该会更好一点，但是我们看到过几个有实力购买商业保险的人是连一套房子都没有的。还有人可能会说还贷压力太大，一辈子给银行打工，没有幸福可言了。可是现实却是，一旦谈婚论嫁，绝大多数痛苦和隐患可能都源于一套房子。退一万步说，如果一个人背井离乡他（她）的父母不在身边，也没有爱人的陪伴，起码还有一个安放自己身体和灵魂的窝。因为毕竟绝大多数人都不可能只靠信念和信仰，安逸、幸福地生活在一个现实的社会之中。

第二节　典型调查四步骤——齐家之道

从总体调查中可以看出购房影响因素的重要性的顺序为地理位置、房屋价值、配套设施、物业管理，企业品牌。消费观念没有太大突出点，主要表现为价格与地理位置，其中地理位置与房屋价值两个因素的重要性差距不大，所以两个因素应同时考虑。比较突出的问题是房地产业发展的不成熟和营销手段不够鲜明。如果说房屋价值和配套设施这些是硬件的话，那么物业管理就是软件。购房者并不重视软件的重要性，这是不可取的，一定要软硬兼施才能构筑和谐的生活环境。概括而言，购房者理性消费的同时追求享受的环境。本书认为理想购房首先要根据个人情况确定消费能力，然后根据地理位置和配套设施去选择适合自己的房屋，同时企业品牌及物业管理也是重要考虑的因素。

随着1998年《国务院关于进一步深化城镇住房制度改革加快住房建设的通知》的颁布，我国住房商品化时代正式开启，房地产业取得了稳定快速的发展，成为我国国民经济的支柱产业。然而近年来，房价的不合理增长及居民生活压力的增加成为我国国民经济关注重点，政府制定了多项政策进行调控，结果却不尽如人意，这反映出房产对居民需求的不了解。对于政府和房地产企业来说，居民消费者处于最根本地位，只有了解了居民消费者的购房需求，探究其购房决策的影响因素，才能制订可行性方案来改变当前现状。

本书注重研究思路的创新和研究方法的选择，首先通过深度访谈了解当前房地产企业的发展，并在调查过程中将调查对象扩大化，结合大数据背景下统计分析方法，针对城市居民及新市民进行多地区、多因素、多维度购房偏好进行讨论分析，有利于房地产企业了解客户诉求，制订合理的策略，推动创新性改革发展；有利于政府部门制定合理化的调控政策，稳定民心，增强政府对市场的把控，保证房地产企业的持续健康发展，促进我国国民经济的稳步提升。

一、深度访谈

本书通过研究石家庄市房地产企业，编制抽样单元，并随机抽取企业进行深度访谈，有利于更好地了解调查背景，为设计问卷提供部分思路和支持。具体结论如下：接受访谈的房地产经营者认为，目前中美贸易战所带来的影响必将是全方位、长期、复杂、深远的，在这种背景下我国宏观经济将面临很大的挑战，给房地产企业带来巨大的威胁。中小房地产企业在这场激烈的竞争中可能会逐渐退出市场或合并转型，有着一定客户背景和资质的大型房地产企业会靠着自身的创新和多元化经营理念赢得更大的市场。这些房地产经营者认为，当前居民生活水平不断提高，陈旧的设计理念已经无法满足居民的生活需求，为了满足更多居民的现代需求，随着设计理念的创新提高以及企业建设新型技术的引进（如大数据技术及人工智能等），成本也会剧增，同时政府各项政策对房地产企业乱象的整顿也使得拿地成本增加、产业融资压力增大。虽然当前各地区房价已经逐渐转向调整波动，但居民购房压力依旧没有得到根本缓解。在房价迅速增长的阶段，居民收入水平并没有得到实质性的提升，导致现阶段居民的住房需求与经济能力不符，造成居民对房价不满的结果。

二、调查方案设计

（一）预调查

预调查针对石家庄市主城区（不包括四个新市区）所有市民，采用方便抽样，即“拦截式”的方法，每隔五分钟调查1人，过程中根据被调查者的反馈对问卷进行不断修改，最终调查结果为实发问卷100份，有效96份，问卷回收率96%。

（二）正式调查

正式调查采用概率抽样与非概率抽样相结合的调查方式。第一阶段，将石家庄市四个主城区作为一级抽样单元并按照常住人口比例进行配额，得到应抽取样本量；第二阶段，将石家庄市四个主城区所有街道乡镇作为二级抽样单元并编制四个抽样框，按照简单随机抽样方式来抽取最终三级抽样单元；第三阶段，在抽取到的最终三级抽样单元中选择街道或乡镇的公共活动区域旁进行实地调研，并采用每五分钟调查1人的方便抽样方式进行调查。最终，发放问卷546份，其中10份问卷无效，536份问卷有效，有效问卷率为98.17%。

三、问卷设计和样本描述

本书分别从个人特征、家庭特征、流动性特征、心理特征四个控制变量和住房因素、环境因素、地区因素、制度因素四个核心解释变量着手，来探究不同个体的不同购房需求以及影响购房决策的因素（本次调查涵盖16～56岁甚至更高年龄段的石家庄市主城区居民，其中有购房需求的人数占调查总人数的63.8%）。

（1）人群分布：城镇居民占67.35%，新市民占32.65%；

（2）性别：男性占45.9%，女性占54.1%；

（3）婚姻状况：未婚占25.75%，离异（单亲）占1.87%，已婚占72.38%；

（4）有无子女：有子女占61.38%，无子女占38.62%；

（5）学历：初中及初中以下占1.12%，高中/中专占39.18%，大学本科/大专占52.43%，硕士研究生占7.27%，博士研究生占0%；

(6)职业：集中在普通公司职员，占比87.5%；

(7)工资水平：集中于2 000～8 000元，占比86%，其余家庭平均工资处于8 000元以上。

四、调查结果分析

(一)居民购房需求基本分析

1. 各主城区居民购房意向区域

如图7－3所示石家庄市各主城区居民购房意向区域包含四个主城区和四个新城区，调查显示，对于主城区的居民来说，新城区不在其购房意向范围内，四个主城区购房意向由高到低排名为长安区、裕华区、新华区、桥西区。长安区居民选择在裕华区购房的人数最多，而其他三个城区居民则最有意向在长安区购房，综合购房意向及购房根本目的，更多的人选择自己购房意向时最先考虑的是工作需要及子女上学，其次是地区繁华，说明长安区和裕华区的工作机会和学校分布相比其他区域更多些，同时处于石家庄市最繁华区域。

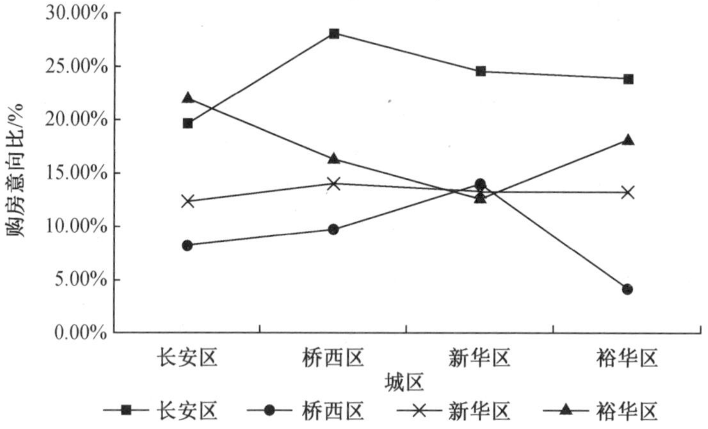

图7－3　各主城区居民购房意向区域

2. 不同收入居民购房类型分析

不同收入群体的购房类型从图7－4中比例对比可知，工资水平由低到高的过程中购买小高层电梯房的人数骤减，购买高层电梯房、复式家庭房和别墅花园型住房的人数不断增加，说明工资水平的高低在很大程度上影响着居民住房类型的选择。从整体来看，被调查总体几乎都会选择小高层电梯房及高层电梯房，极少部分人选择复式家庭房，几乎无人选择多层楼梯房和别墅花园型住房。这说明石家庄市居民消费水平处于中等均衡状态。

3. 不同年龄段居民购房需求偏好分析

如图7－5所示，随着年龄的变化，居民购房需求也有所不同。在16岁到55岁年龄段间，追求实用的居民比例呈现减少趋势，追求舒适、美观和气派的居民比例呈现上升趋势，追求方便的居民比例保持平稳；而在56岁以上群体中，追求气派、实用和方便的居民比例大幅提升，追求舒适和美观的居民比例有所下滑。从总体来看，居民购房需求更偏向实用舒适和方便，而美观与气派则是小部分居民的选择。

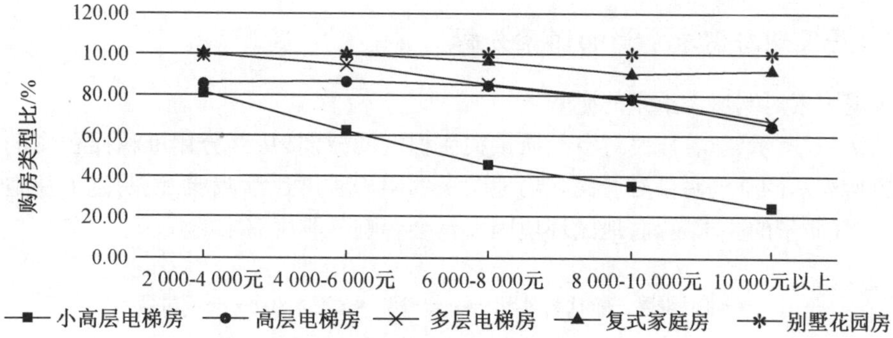

图7-4 不同收入居民购房类型

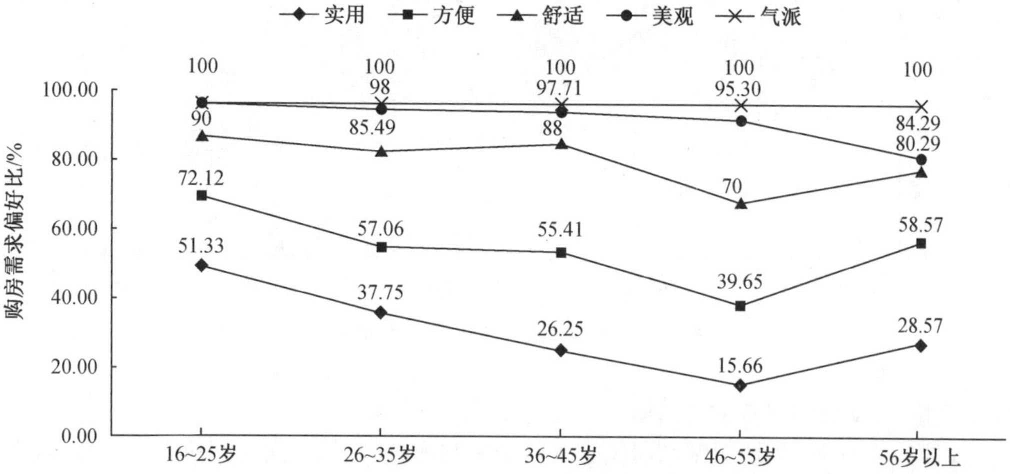

图7-5 不同年龄段居民购房需求偏好

4. 居民购房决策类别偏好及排名

在小区与住房特征选择时，城镇居民与新市民需求（即优先考虑）排名相同，说明现阶段不同人群对于住房环境的需求存在共同点，具体类别偏好及部分排名如表7-1所示。

表7-1 居民购房决策类别偏好及排名

排名	类别					
	住房基本特征	住房自身特征	小区特征	小区周边环境	小区物业会馆服务	小区内环境设计
1	住房价格	采光效果	小区绿化	近学校	幼儿园	以绿化和树木为主
2	住房户型	通风效果	小区治安	近公交地铁站	儿童活动中心	以水景为主
3	住房楼层	装修效果	小区车位	近医院	健身场所	以游乐设施为主
4	公摊面积	房屋风水	小区物业	近市中心	游泳池	以体育设施为主
5	品牌开发商	隔音效果	小区房屋外观设计	近公园	商务洽谈场所	以大面积活动广场为主

(二)居民购房需求量影响因素分析

1. 环境因素对购房需求量的影响

如图7-6所示,随着居民对空气质量关注程度的减弱,从百分比堆积面积图的左下方到右上方所表示的空气污染对居民在当地购房的阻碍程度逐渐减弱,说明越关注空气质量的人,对空气质量的要求越高,地区环境因素越会影响其购房需求的强弱。

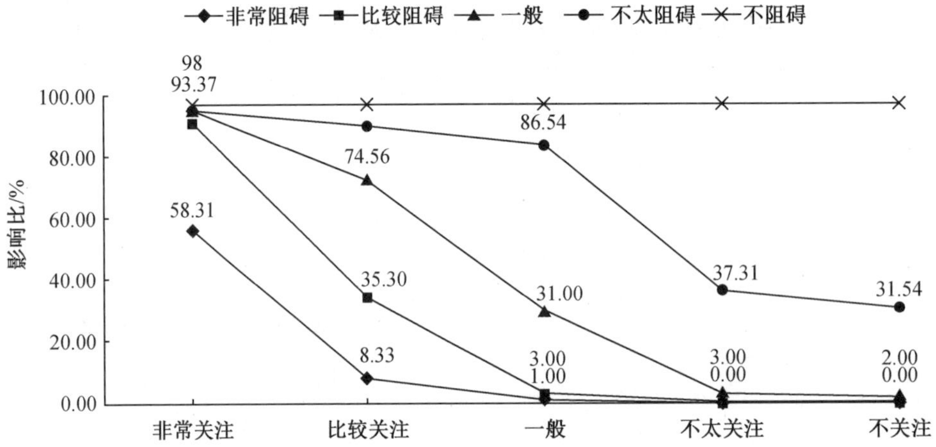

图7-6　环境因素对购房需求量的影响

2. 制度因素对购房需求量的影响

如图7-7所示,当地制度给居民带来的城市归属感越强烈,居民购房需求越高;城市归属感越弱,居民购房需求会呈现下降趋势,甚至无购房意向居民比例会超过半数。这说明当地制度是否合理很大程度上影响着居民购房需求量。

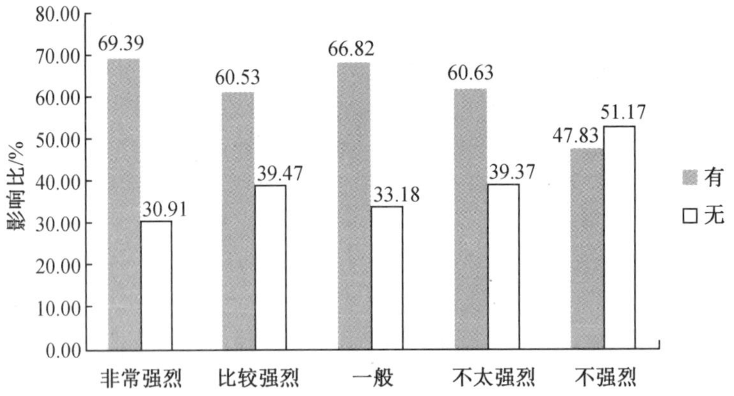

图7-7　制度因素对购房需求量的影响

3. 居民购房目的影响因素分析

决策树算法的目的是通过向数据学习,获得输入变量和输出变量不同取值下的数据分类和预测规律，并用于对新数据对象的分类预测。图7－8中的模型为探究不同群体的不同购房目的即探究购房目的的影响因素，故将购房目的作为输出变量，将个人特征、家庭特征中的各具体因素作为输入变量，运用Clementine软件，采用C5.0算法建立决策树，将数据的60%作为训练集，40%作为测试集，得到相关变量重要程度图，变量的重要程度从高到低为居住形式、收入、性别、人群及婚姻状况。

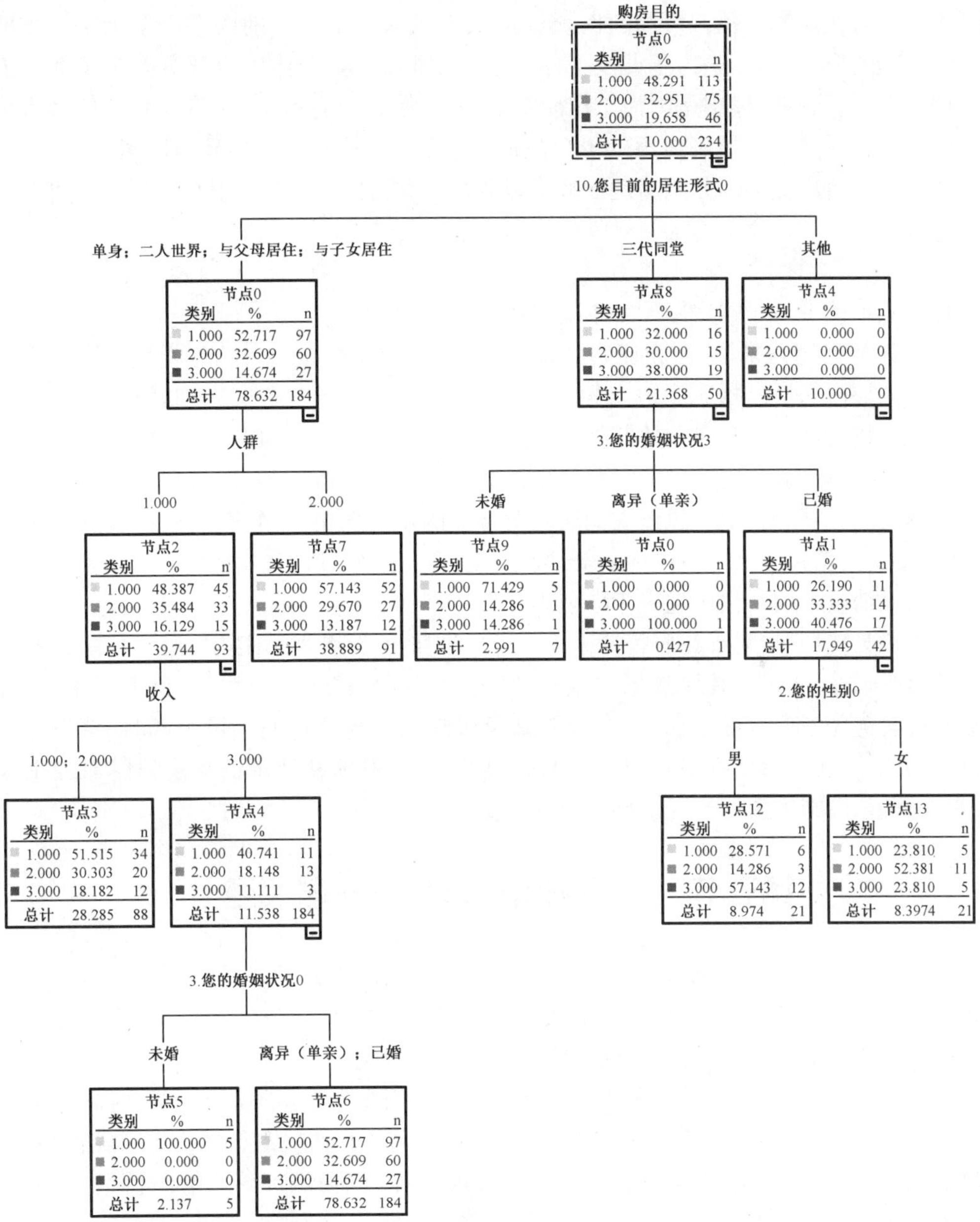

图7－8　居民购房目的的影响因素

从决策树根可以看出，几乎一半居民是因为工作需要购买房屋，而30%多的居民是为了儿女上学，剩余少部分居民则是因为所购房地区环境优异才购买。第一层中表明居住形式在很大程度上影响着居民购房目的，无论是单身、二人世界、与父母还是与子女居住，更多考虑的是工作需要和儿女上学问题，而三代同堂居住的居民则更多考虑购房地区环境因素。第二层左枝中，将除了三代同堂居住外的其他居住形式居民分成城镇居民和新市民两类，可以看出城镇居民和新市民都以工作需要作为购房的根本目的，而新市民工作需要这一目的占比大于城镇居民，继续延伸，城镇居民中收入水平较低的人会更多为工作需要而购房，收入较高的群体则是为了儿女上学，其中已婚或离异群体中大部分是为了儿女上学需要购买房屋，未婚群体中是因为工作需要而购买；第二层右枝中，三世同堂居住的未婚居民还是以工作需要为主要买房目的，离异和已婚居民则是考虑住房环境因素更多，其中已婚居民中男性考虑更多的是购房地区环境是否优异，女性考虑更多的则是儿女上学问题。

二、结论

1. 居民消费者对所购房屋的基本要求和偏好

从购房类型偏好来说，石家庄市大部分居民为中等收入水平，购房类型集中于小高层电梯房和高层电梯房。从购房地点偏好来说，居民更偏向于在长安区和裕华区买房，具体原因是工作机会和学校分布相比其他区域更多些，同时处于石家庄市最繁华区域。从购房意向来说，居民更偏向于住房的实用、舒适和方便性。其中按年龄分，住房方便是所有年龄段居民的共同偏好。其中岁数偏大的居民对方便的重视度更高；年轻居民更偏好住房实用性，随着年龄的增长会更注重住房的舒适和美观；年长居民则对住房的气派会有所要求。

2. 居民消费者购买住房优先考虑因素

居民购买住房时，对于住房特征会首先考虑住房价格、户型和楼层，对于住房内部细节会主要考虑采光、通风和装修效果，对于小区内部特征会优先考虑绿化、治安与车位，对于周边环境会优先考虑靠近学校、公交地铁站及医院。在选择物业会馆服务时，希望能享受到具备幼儿园、儿童活动中心和健身场所的服务，不同群体特征下的购房目的以绿化和树木、水景、游乐设施为主的小区内环境设计更受居民欢迎。

第三节　居民购房细调查——居民至上

除了居民需求影响着居民购房决策外，在众多个人、家庭、流动性及心理因素中，居住形式、收入、性别、人群及婚姻状况对居民购房目的和需求具有较大的影响，而空气质量及环境的好坏和制度是否合理会影响居民购房需求量的大小。

本节通过对《通辽市居民购房决策的影响因素的调查报告》的研究，试图对居民购房决策的影响因素进行实证性分析。在通辽市随机抽取了50户居民进行调查，但是由于一些客观原因，得到47个有效样本，将其按照收入水平可分为四个不同的经济阶层进行分析（表7－2）。

表 7-2　居民平均收入水平

单位:元

经济状况	绝对贫困	小康	富裕	最富裕
人均收入	10 088	19 065	28 184.6	38 961.3
食物支出	7 895	8 750	8 325	7 706.9

一、通辽市受调查居民的概况及购房意愿

(一)收入水平及住房消费状况

据抽样调查资料显示,2021 年通辽市城镇居民人均可支配收入为 18 828 元,比去年同期增长 14.9%。2011 年底,人均消费性支出为 12 077 元,比去年同期增长 16.1。2012 年 1 月~11 月份,商品房销售面积 150.5 万平方米,同比下降 25,其中,住宅销售面积 111 万平方米,同比下降 32.9;商业营业用房销售面积 24.8 万平方米,同比下降 7.4;其他房屋销售面积 14.5 万平方米,同比增长 71.7。商品房销售额 49.5 亿元,同比增长 3.4,其中:住宅销售额 31.8 亿元,同比下降 8.1;商业营业用房销售额 14.2 亿元,同比增长29.6;其他房屋销售额 3.5 亿元,同比增长 47.5。通辽市商品房销售价格总体分析仍然是涨中趋缓的态势。

根据调查居民的收入水平和每个家庭的恩格尔系数将他们分为四个层次,即绝对贫困(59 < 恩格尔系数)、小康(40 < 恩格尔系数 <59)、富裕(20 < 恩格尔系数 <40)、最富裕(恩格尔系数 <20),其中绝对贫困家庭 10 户、小康家庭 16 户、富裕家庭 17 户、最富裕家庭 4 户。以下所有内容将根据这个标准分析。(注:数据由 2011—2013 年调查问卷所得)

(二)居民的住房意识特征分析

居民对现居住条件的满意程度分析,主要分析居民住房面积、每平方米价格以及对居住环境的满意程度。

1. 居民对现住房屋面积、价格方面要求的转变

此项调查的目的是通过对居民的住房面积、每平方米价格以及希望居住的面积、每平方米能够接受价格来分析居民在房屋面积、价格方面有何转变。从表 7-3 可见无论哪个阶层的居民其希望居住面积均相对现居住面积再增加,而居民的每平方米能够接受价格都比现在高。根据调查,居民现居住房屋的平均居住年限为 5 年,因此,居民在 5 年间希望居住面积每年平均增长率为 19.4%,每平方米能够接受价格的年平均增长率为 10.6%。

表 7-3　居民住房价格与每平方米能够接受价格

经济状况	现居住面积/平方米		每平方米价格/元		希望居住面积/平方米		每平方米接受价格/元	
	总计	平均值	总计	平均值	总计	平均值	总计	平均值
绝对贫困	560	56	15 000	1 500	840	84	18 850	1 885
小康	1 460.8	91.3	34 880	2 180	1 824	114	42 368	2 648

表 7－3(续)

经济状况	现居住面积/平方米		每平方米价格/元		希望居住面积/平方米		每平方米接受价格/元	
	总计	平均值	总计	平均值	总计	平均值	总计	平均值
富裕	1 802	106	47 515	2 795	2 499	147	55 352	3 256
最富裕	756	189	15 448	3 862	900	225	15 624	3 906
合计	4 578.8	442.3	112 843	10 337	6 063	570	132 194	11 695

2. 居民对现居住环境的满意程度

该项调查的目的是了解居民对现在居住环境的满意程度。将居民现在居住环境的交通便利度、繁华度、绿化、所处地理位置、物业、日照度、房屋结构的满意指标分为很满意、还算满意、不太满意、不满意，进行统计分析。此项为多项选择，所以百分比大于1。从调查问卷所得数据可知绝对贫困阶层的居民所住环境的地理位置最为满意，对绿化最不满意；小康阶层的居民对所住房屋的日照度最满意，对繁华度和物业最不满意；富裕阶层的居民对所住环境的交通、位置、日照均很满意，对绿化最不满意；最富裕阶层的居民同样也对日照度最为满意，而对物业最不满意。因此，总的来讲居民对所住房屋的日照度感到最满意，而对所住环境的物业和绿化最不满意，并且在以上4种评价标准中第2项还算满意所占比重最多。由此可见，目前的居住环境并没有达到居民心中最为满意的标准，因此还有待于继续完善。

(三)居民的购买新居的意愿分析

1. 居民是否需要购买新居

此项调查的目的是了解居民的购房意愿，从调查问卷所得数据可知除最富裕阶层外，其余居民都很需要购买新居，根据调查最富裕阶层中青年占50%，中年占50%，并且在青年人群中有绝大一部分是因为刚结婚不久，已购买新居，所以现在不再需要购买新居(表7－4)。

表 7－4　居民居住地的选择

居住地选择/%		市中心	公园旁	商业购物区	开发区	市郊	其他
经济状况	绝对贫困	10	40	20	30	—	—
	小康	17	42	8	16	—	17
	富裕	15	12	19	38	8	8
	最富裕	—	—	—	75	25	—
合计		42	94	47	159	33	25

注：数据由调查问卷所得；—表示无此选项。

2. 对居民购买新居的原因进行分析

此项调查的目的是为了解居民购买新居的原因。于是将居民购买新居的原因主要分为以下几种：

①孩子；
②老人；
③工作；
④地理位置；
⑤城市规划；
⑥作为长期性投资；
⑦转卖；
⑧结婚；
⑨其他。

根据数据显示，绝对贫困阶层的居民大多数会在孩子升学时选择离学校比较近的住房；而小康和最富裕阶层的居民购买新居，大部分是因为地理位置；富裕阶层的居民在购买新居的原因选择中其他所占比重最大，这里选择其他的原因主要是指因为居民生活水平提高，所以想要购买家庭用车而导致需要买有车库的房子（调查问卷数据所得）。总的来讲，选择第4项地理位置的居民所占比重最大，这是因为大多数居民都会选择有发展潜力的地方居住（在图7－8中做了进一步分析），其次选择最多的是第6项，即作为长期性投资，可见人们开始将储蓄用来购买房屋等固定资产，而不再只单单存入银行，证明人们的消费意识在发生转变。而选择转卖的只占1，可见通辽市区的“炒买炒卖”现象并不严重。将居民愿意居住的地方分为以下几种：

①市中心；
②公园旁；
③商业购物区；
④开发区；
⑤市郊；
⑥其他。

此项为多项选择，所以百分比大于1。表7－4显示绝对贫困和小康阶层的居民中大部分都选择在空气清新、树木种类繁多的公园旁居住；而富裕和最富裕阶层的居民大部分都会选择有发展潜力的开发区居住，因为在开发区环境优美、交通便利、商业发达，居民选择其他，主要原因是居民想要居住在绿化好，交通便利，购物方便的小区。随着人们经济水平的提高，人们在居住地的选择上有比较明显的区别，人们越富裕则越喜欢选择在发展潜力大的地方居住，但是总的来看大多数居民都愿意居住在环境好、交通便利、商业发达的地区。

二、居民购房决策的影响因素分析

有研究表明，在住房消费中，购房者从产生购买动机到最终完成购买，短时1个月，长则1年以上，平均耗时为6个月。购房行为持续时间长，影响购房因素也就比较多，所以结合住宅商品的特殊性，从实体环境、社交环境、时间因素、消费者状态四个维度，对居民购房决策的影响因素进行分析。

（一）实体环境对购房决策的影响

实体环境是指住房本身的价格、面积、结构、楼层和居住环境的交通便利度、物业、日照

度。将居民对住房实体环境中的:

①面积;

②价格;

③结构;

④交通便利度;

⑤日照度;

⑥物业;

⑦楼层的重视程度。

将以上内容进行排序后,如表7-5所示,目前无论哪个阶层的居民在购买住房时仍然把价格作为第一考虑因素。由此可见,首先是通辽市居民的购买能力尚且有限,因为价格是居民购房决策的首要影响因素。其次是房屋结构和交通便利度等其他因素,在被调查居民中由于最富裕阶层中已有一部分拥有私家车,所以在考虑交通便利度时与其他阶层有所区别。再次是居民对售楼单位环境和口碑的重视程度的分析。有研究发现,当购买风险较高,消费者对所购产品的品牌不太熟悉,产品包装常被作为质量判断的线索。将居民对售楼单位环境和口碑的重视程度分为非常重视、比较重视、不太重视、不重视,进行分析。总体上随着人们经济水平的提高对售楼单位环境和口碑会更加地重视,这也就表明楼盘和卖场的包装无论对哪个阶层的消费者都是影响很大的。因为大方得体的售楼处、整洁明亮的看楼通道、井井有条的施工现场、制作精美的售楼书,会大大增强购房者对该楼盘良好品质的认知,从而加强购买者的购买意向。特别是装修示范单位,对购房者的引导作用是非常大的,良好的设计效果也会激发购买者的购买欲望。此外,人头涌动的售楼热闹场面,往往会促进消费者做出买房的决策。相反,粗糙昏暗的看楼通道、杂乱的施工现场,会使购房者的评价大打折扣;而一个偶然的看楼电梯故障,很可能使困在里面的客户完全打消对该楼盘的购买意向。

表7-5 居民对住房实体环境的重视程度

排序		第一位	第二位	第三位	第四位	第五位	第六位	第七位
经济状况	绝对贫困	价格	结构	交通	面积	物业	日照	楼层
	小康	价格	日照	交通	物业	面积	结构	楼层
	富裕	价格	面积	交通	结构	物业	日照	楼层
	最富裕	价格	结构	楼层	面积	日照	物业	交通
出现频率最多的		价格	结构	交通	面积	物业	日照	楼层

(二)社交环境对购房决策的影响

社交环境包括售楼人员、亲友、资讯环境、社会事件四个方面,下面逐一进行分析。

1. 售楼人员的态度对购房决策的影响

对于消费者来说销售人员是一个关键性的因素。将售楼人员的素质对不同社会阶层的影响分为:肯定会、可能会、不太在意、不会。调查问卷所得数据显示,随着人们经济能力的提高,房地产业的发展带来了售楼处的增加,人们对售楼人员有了更多的依赖和更高的要求。假如客户觉得售楼人员的态度、专业性或信任感等方面差的话，往往会放弃考虑该楼盘；反之，会加大购房的意向。所以，售楼人员的技巧对购房者，特别是缺乏经验的首次购房者，具有很大的影响。通常，消费者对于初步看中的房子经常有一种恐慌心态，担心迟了买不到理想的房子；同时，楼价的优惠折扣对购房者来说是很有吸引力的；这样，售楼人员往往利用各种销售控制手法，营造出"现在不下定金，马上就被别人买走了"以及"现在买可以享受折扣，以后就没有这样的优惠了"的气氛；此时，购房者同时感到前者的压力和后者的动力，常常就会做出购房的决定。

2. 资讯环境对购房决策的影响

将消费者的购房信息来源分为：

①朋友；

②家人；

③同事；

④媒体；

⑤售楼处；

⑥其他。

根据数据显示，不同社会阶层消费者的购房信息来源有所不同，绝对贫困阶层的购房信息来源主要来自售楼处，小康和富裕阶层的购房信息主要来自朋友，而最富裕阶层的购房信息主要来自媒体。在我国"消费者信息生产机制"还很不健全，还没有中立的社会机构提供的中性信息源（如美国"消费者"杂志）对各楼盘进行公正的评价，因此消费者只能从一些售楼广告、媒体或是朋友那里得到消息。但是售楼广告、媒体文章又不能完全得到消费者的信任，所以朋友就成了消费者的主要信息源，在各社会阶层的信息来源中所占总数最大。

3. 亲友评价对购房决策的影响

根据对调查问卷所得数据分析，得到了朋友这条信息源在各社会阶层都占有很大比重，因为亲友口头传播的信息会得到更强的信任感。通常有许多的购房者看中了房子之后，都会请朋友来参谋。此时，朋友们的评价特别是专业人士的意见，往往会在消费者的购房决策中占有很大的权重。有研究表明，大部分人往往会尊重社交圈中群体的意见，假如亲友都赞成，购房者很可能就签合同了；如果都反对，购房者一般会重新考虑或放弃。如果亲友在房地产企业工作，则会倾向在其公司开发的楼盘中购买。

4. 社会事件对购房决策的影响

社会上突发的事件，有的也会对购房行为产生重大影响。例如，2003 年的"非典"时期，房地产销售陷入低谷，消费者购房的欲望大大降低。同时，在这期间选房的人们，受到香港"陶大花园"制件的影响，决策中对住房的通风的因素给予了特别的权重。

（三）时间因素对购房决策的影响

这里主要从消费者买房的时期来分析时间压力及周期性因素会对消费者购房决策有何影响（表 7 – 6）。

表7-6　居民的购房时期

购房时期/%		工作调换	孩子升学	春节过后	房展期间	黄金周	结婚	其他
经济状况	绝对贫困	5	35	—	13	15	20	8
	小康	—	33	—	21	50	—	5
	富裕	12	15	1	34	15	32	2
	最富裕	13	25	—	20	50	—	—
合计		30	108	1	88	130	52	14

注:数据由调查问卷所得;—表示无此选项。

1. 时间压力对购房决策的影响

这里时间压力指的是由于工作调换、子女入学、结婚、住房展销会、赶在黄金周等节日前买房或是出差或出国前把买房确定下来等目标,会给购房者带来时间的限制,从而压缩了决策的时间,造成心理压力。此项调查的目的是了解消费者会选择在什么时期购房。将消费者购买房屋的时期分为:

①工作调换时;

②孩子升学时;

③春节过后;

④住房展销会期间;

⑤黄金周;

⑥结婚;

⑦其他。

此项为多项选择,因此百分比大于1。从表7-6可以看出,大多数人特别是经济状况较好的家庭都会选择在黄金周时期及住房展销会期间购房(原因会在周期性因素里做分析)。有很多人会选择在孩子升学时购房,但是选择在春节过后购房的人只占1%(原因会在周期性因素里做分析)。这里的其他指的是除上面提到的出差或出国前买房外还有年底发双薪时买房,以及还有很多绝对贫困阶层是由于城市规划等原因,被限制在一定期限内买房。在这些时候,购房者为了加快决策进程,可能会根据不充分的信息做出决定或降低标准或按直觉思维决策,于是产生失误的可能性较大。

2. 周期性因素对购房决策的影响

从表7-6可看出,春节过后购房的人极少,只占1%,而这段时期也正是住房销售的淡季,刚过完假期的人们往往把精力集中在新年的工作中,同时一般认为春天雨多潮湿,不宜装修,故购房意愿不强。而五一、国庆的长假及每年的住房交易会已成为房地产销售的黄金时段,在这段时间里消费者会有比较足够的时间搜集信息,所以许多计划购房的消费者都利用这个时期看房选房。元旦前后,往往是企业年底发双薪和年终奖金的时候,消费者手中的现金较多,并且此时购房可以在新居过春节(还可以把亲人接来团圆),这是个很有吸引力的计划,因此也会有不少人选择此时购房。加之以上节假日也是许多年轻人购房结婚的日子,所以住宅市场有"一二季平稳、六九月飘红、年末劲涨"的规律。在不同季节里消费者选房会有不同的体验,例如,在炎热的夏天看房时,西晒的房子在决策评估中得分常常会比冬天更低；在寒冷的冬天，照不到阳光的阴冷的朝北的房子，在决策时往往又会比夏天得更低。此外，消费者喜欢在白天，天晴的时候看房。

（四）消费者状态对购房决策的影响

这里主要从经济状态和心理状态来分析，见表7－7。

表7－7 居民购房时会选择的支付方式

购房支付方式/%		向银行贷款	分期付款	住房公积金贷款	“二手房”贷款	一次性付款
经济状况	绝对贫困	18	45	27	10	—
	小康	—	—	100	—	—
	富裕	39	4	57	—	—
	最富裕	—	25	75	—	—
合计		57	74	259	10	—

注：数据由调查问卷所得；—表示无此选项。

1. 经济状况对购房决策的影响

消费者手头现金的多少，往往是波动的，虽然有些购房者有经济能力买房，但临时的支付能力可能受到暂时资金周转状况的限制，而不同楼盘所要求的房款的支付方式有所不同，这就影响了购房决策时可供选择的楼盘范围和时机。该项调查的目的是对居民的购房支付方式进行分析。将居民购房时的支付方式分为：

①向银行贷款；

②分期付款；

③住房公积金贷款；

④“二手房”贷款；

⑤一次性付款进行分析。

从表7－7可以看出，首先是绝对贫困家庭多数选择分期付款，占45%；其次是选择住房公积金贷款，占27%；而小康家庭100%都选择了住房公积金贷款；富裕家庭中有57%选择了住房公积金贷款；最富裕家庭中选择住房公积金贷款的占有最大比例，即75%。可是在被调查住户中却没有人选择一次性付款，尽管很多的售楼单位都对一次性付款的居民给予很多的优惠。分析其原因是因为通辽市居民的购房支付能力依然还很有限，并且被调查住户中大多数居民都在国家机关和事业单位工作，因此都可享受住房公积金待遇，所以，此项在全部选项中占有比例最大。

2. 心理状态对购房决策的影响

人的情绪会影响到风险的认知和选择。大多数情况下，人们在心情好的时候，相比心情坏的时候，对自己的选择和判断会过分乐观。购房者在情绪高涨时，往往容易做出买房的决定，而在情绪低落或冷静时，则不会轻易购房。此外，不少消费者购房时会出现决策的“半途效应”，它是指在决策制订或实施过程达到半途时，由于心理或环境因素，而导致对于决策目标行为的负向影响的心理现象。开始目标订得很高，热情高涨，经历了一段时间的看房选房，都未能找到理想中的住宅，于是产生了疲惫、厌倦和怀疑心理，结果降低标准，草草了事。

（五）对住宅营销的政策性建议

1. 重视对实体环境的营造

根据表7－3的分析可看出，价格是居民在购房时首先考虑的因素，开发商定的时候针对富裕阶层的商品房每平方米价格定在4 000元左右，而一般经济住宅的价格定在3 500～3 800元的话消费者是可以接受的。通辽市居民对所住环境的绿化很不满意，因此，开发商应当注重小区内的绿化率，使小区空气清新，花草宜人，以此来吸引消费者。例如，可在居住区内设一个贯穿南北的花园，构成一条步行绿廊，并且使这个步行绿廊可以方便地到达小区内每一个角落，这样既可以达到防晒的效果，又可以给居民创造一个温馨浪漫的环境。此外开发商还可在小区内建设大型超市、餐饮娱乐、电影院、健身房、儿童活动场所、医务室、幼儿园、托儿所等多种设施，充分的满足小区内居民的生活需要。

2. 建立良好的社交环境，增进与消费者的沟通

如今是信息社会，营造楼盘良好的资讯环境十分重要。开发商应该考虑不同收入阶层的不同信息来源，加大宣传力度，了解每个消费者的各个阶段，沟通和服务都必须全程到位，对任何可能出现误解的地方都应该事先说明，创造良好的正面的资讯环境，增强信息的透明度。

3. 减轻消费者购房时的时间压力

根据上文的分析，宜选择在五一、国庆等黄金周和住房展销会的时间段开盘，可能会达到比较好的效果。开发商还可以开辟楼盘夜市、倡导消费者雨天看房，这样可以为白天上班的消费者创造更多的选择机会，同时在雨天中考察房屋的防水性能。这不但使消费者了解了购房决策必须考虑的重要因素，又创造了更多的销售机会。

4. 完善住宅的供给结构，提供更具有弹性的购房付款方式

通辽市居民的购买能力依然还很有限，因此开发商应当优先保证中低价位、中小套型普通商品住房（含经济适用住房）和廉租住房的供应，其次适当辅以高档住宅。在购房付款方面，如果因为消费者的资金周转问题而损失销售机会是非常可惜的，因此，销售人员可以根据消费者的财务状况，个别化的制定付款方式，采用多种分期付款、按揭、开发商借款等灵活方式，取得双赢的结果。

第四节　购房决策方法分析

随着我国经济的快速发展，人们生活水平的不断提高，当人们进入了相对稳定的生活，想要长期生活在城区，则需在城区购买一套商品房，于是现在城区的商品房价格也占据了家庭收入中的一部分，故选购一套商品房是进入稳定社会生活的人们所需要费心考虑的事情之一。选购房子是一个决策问题，但是由于人们在购房这一决策问题中，需要考虑的因素有很多，比如房价、交通条件、生活环境、学区、医疗等，因此人们在做出购房决策前，一般要对备选方案进行深入的了解，以便对各种方案在每一个因素中的优劣程度做出基本的判断。最后，再根据以上的信息对待选方案进行综合评价，从而为选购哪套房子做出决策提供依据。本书将多属性决策方法应用到购房的决策问题中，综合考虑了购房在价格、学区、周围环境和交通条件这几个因素，并用信息熵法确定属性的权重，有效地解决了属性权重

被主观确定的问题，最后得出方案的优劣排序，同时也为购房者做出决策提供了依据。

一、两种不容忽视的决策方法

（一）多属性决策方法

1. 多属性决策方法

多属性决策指人们为了一个特定的目的，要在若干备选方案中确定一个最优的方案或者对这些方案按照优劣程序排序或者需要给出优劣程序的数量结果，而广泛的优劣由若干属性给以定量或定性的表述。一般地说，多属性决策包括以下要素。

（1）决策目标、备选方案和属性集合：决策目标和备选方案是由实际问题本身决策的，而属性的选择对决策结果至关重要，需要决策者在相关的领域拥有较多的经验。

（2）决策矩阵：以方案为行，以属性为列，以第一方案对每一属性的矩阵表示方案对属性的优劣程度。当某一属性可以定量描述时（如商品房的价格），矩阵这一列的数值比较容易得到，而当某一属性只能定性描述时，这一列数值就需要寻求合适的方法确定。

（3）属性权重：各属性之间的决策结果至关重要。

（4）综合方法：指将决策矩阵与属性权重加以综合，得到最终决策的数学方法。

2. 实例分析

某购房者在购房时，初步确定有 5 处地点，这 5 个方案的 4 个指标（属性）：房价 X_1、学区 X_2、周围环境 X_3、交通条件 X_4。对于房价 X_1（单位：万元），5 套房子的价格分别为 169，175，130，168，178；对于学区 X_2，采样打分制的办法（满分 10 分），5 套房子学区打分分别为 6，6，7，6，8；对于周围环境 X_3，类似地打分为 8，7，7，7，8；同样地，交通条件 X_4 的打分为 8，7，8，8，8；见表 7－8。

商品房选购的原始权重 $d'ij(i=1,2,\cdots,5,j=1,2,3,4)$，见表 7－8。

表 7－8

	X_1	X_2	X_3	X_4
A_1	169	6	8	8
A_2	175	6	7	7
A_3	130	7	7	8
A_4	168	6	7	8
A_5	178	8	8	8

（1）上表可以用原始决策矩阵表示为

$$\boldsymbol{D}'=\begin{bmatrix}169 & 6 & 8 & 8\\175 & 6 & 7 & 7\\130 & 7 & 7 & 8\\168 & 6 & 7 & 8\\178 & 8 & 8 & 8\end{bmatrix}$$

原始决策矩阵 $\boldsymbol{D}'$ 中的第一列为费用型属性，而其他 3 个属性为效益型属性，则利用属

性值取倒数的方法将第一列属性值转化为效益型属性，从而可以把商品房选购中的决策矩阵表示为

$$
\boldsymbol{D}=\begin{bmatrix}1/169 & 6 & 8 & 8\\ 1/175 & 6 & 7 & 7\\ 1/130 & 7 & 7 & 8\\ 1/168 & 6 & 7 & 8\\ 1/178 & 8 & 8 & 8\end{bmatrix}
$$

（2）下面将决策矩阵 $\boldsymbol{D}$ 进行归一化，得归一化以后的决策矩阵 $\boldsymbol{R}=(rij)\mathrm{m}\cdot\mathrm{n}$

$$
\boldsymbol{R}=\begin{bmatrix}0.191\,5 & 0.181\,8 & 0.216\,2 & 0.205\,1\\ 0.185\,0 & 0.181\,8 & 0.189\,2 & 0.179\,5\\ 0.249\,0 & 0.212\,1 & 0.189\,2 & 0.205\,1\\ 0.192\,7 & 0.181\,8 & 0.189\,2 & 0.205\,1\\ 0.181\,8 & 0.242\,4 & 0.216\,2 & 0.205\,1\end{bmatrix}
$$

（3）通过信息熵法确定属性权重。

计算各属性的信息熵：

$$\boldsymbol{F}=(0.668\,1,0.668\,2,0.670\,3,0.670\,6)^{\mathrm{T}}$$

进而计算得到属性区分度：

$$\boldsymbol{F}=(0.331\,91,0.331\,8,0.329\,7,0.329\,4)^{\mathrm{T}}$$

通过将区分度归一化，得到属性的权重：

$$\boldsymbol{W}=(0.250\,9,0.250\,8,0.249\,3,0.249\,0)^{\mathrm{T}}$$

（4）利用加权和法得到方案对目标的综合权重：

$$\boldsymbol{V}=(0.198\,6,0.183\,9,0.213\,9,0.211\,4)^{\mathrm{T}}$$

结果分析：由上述讨论知，5 个小区所占的权重的大小为 0.213 9 >0.211 4 >0.198 6 >0.192 2 >0.183 9。即在买房时，最先考虑的是 A_3 区，其次是 A_5 小区，第三个考虑的小区为 A_1，第四个被考虑的小区为 A_4 小区，最后被考虑的是 A_2 小区。

3. 结语

由于人们打算购买商品房时考虑的因素（即属性），对于定量的属性值可以直接得到，而对于定性描述的属性值需要根据购房的主观的打分得到，对于不同的购房者，打的分值可能会有所不同。本书将多属性决策应用于商品房的选购，这个方法为决策者提供一种较为科学的依据，有一定的现实意义和参考价值。

（二）基于层次分析法的购房决策分析

人们在的购买房子进行决策时，通常主要考虑以下六个因素：价格、位置、质量、社区服务、户型和环境。各因素的影响因购房人群的不同而有所不同。但是它们通常都涉及经济、社会、人文等方面的因素。在做比较、判断、评价、决策时，这些因素的重要性、影响力或者优先程度往往难以量化，人的主观选择（根据客观实际）会起着相当主要的作用，这就给解决问题带来一定的困难。

T. L. Saaty 在 20 世纪 70 年代提出了一种能有效地处理这样一类问题的实用方法，称层次分析方法（analiytic hierarchy process，AHP），它是一种定性和定量相结合的、系统化、层次化的分析方法。本书采用层次分析法，从价格、位置、质量、社区服务、户型和环境六个因素对

购房模型做出评价，并用权重定量化的方法进行研究，为购房者和投资者提供有效的依据。

1. AHP 原理及步骤

AHP 将决策者对复杂系统的决策思维过程模型化、数景化。应用这种方法，通过将复杂问题分解为若干层次和若干因素，在各因素之间进行简单的比较和计算，就可以得出不同方案的权重，选出最优方案。人们在进行社会的、经济的及科学管理领域问题的系统分析中，常常面临的是一个由相互关联、相互制约的众多因素构成的复杂而往往缺少定量数据的系统。AHP 无疑为这类问题的决策和排序提供了一种新的、简洁而实用的建模方法。运用 AHP 建模，大体上可按下面 4 个步骤进行：

(1)建立层次结构模型；

(2)构造出各层次中的所有判断矩阵；

(3)层次单排序及一致性检验；

(4)层次总排序及一致性检验。

2. 应用 AHP 决策购房实例。

(1)首先通过对房子进行深入调查研究，广泛地收集息。

(2)建立层次结构模型。我们把购房决策问题需考虑的特征，第一层为目标层，即选择房子 A；第二层为准则层. 有价格 B1、位置 B2、质量 B3、社区服务 B4、户型 B5 和环境 B6 共 6 个准则；第三层为子准则层，有地段值空间 C1、离工作地点距离 C2、交通便利程度 C3、地基及外表 C4、混凝土强度 C5、配套用材酝治安管理 C6、教育设施 C7、菜市场区 C8、医疗机构 C9、采光性 C10、景观性 C11、通风性 C12、户型功能划分 C14、绿化水平 C15、休闲场所 C16 和周边居住人群 C17，共 17 个子准则层；第四层为方案层，有房子一、房子二和房子三共 3 个供选择房子。它们构成如图 7 – 9 所示的购房决策层次结构模型。

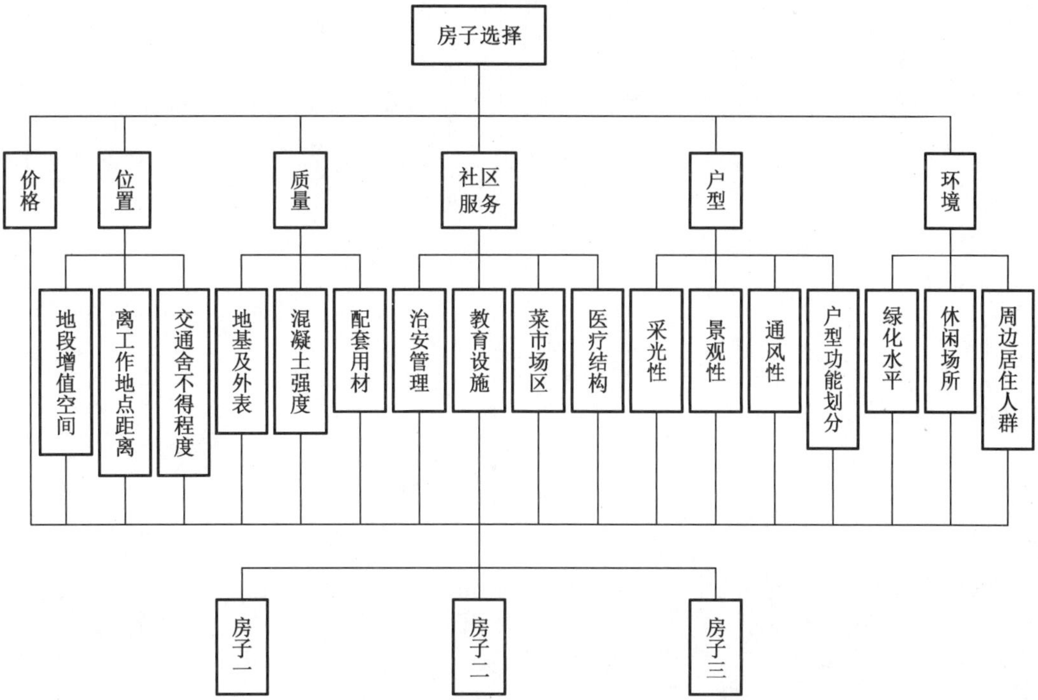

图 7 – 9 购房决策层次结构模型

(3)构造判断矩阵建立上述购房决策层次结构后,就需要确定一个上层元素所支配的下一层若干元素以该上层元素为准则的比较判断矩阵。根据断矩阵尺度及购房者对以上准则及子准则的重要性判断,分别构造出效用层次结构中准则层对目标层、子准则层对准则层、方案层对准则层的比较判断矩阵。

(4)计算权向量并做一致性检验完成判断矩阵后计算出成对比较矩阵的特征向量。

4. 结束语

AHP 可将思维过程数学化和模型化,分析时需要的定量数据不多,但要求对问题所包含的因素及其关系具体而明确,容易采用,为购房复杂的决策问题提供了一种简便的方法。

【思考题】

1. 本章中介绍了几种影响购房决策的影响因素,你认为其中的首要因素是什么,是如何体现房产之美的?
2. 多因素分析法是我们生活中常见的分析方法,你接触到过的例子有哪些?请列举。
3. 层次分析法可将思维过程数学化和模型化,请简要阐述分析过程。

第八章 百姓住有所居之美——齐家治国

第一节 住有所居影响效应之美

【本章导读】

安居、乐居是我们每个人的追求。国者,家之大也。“有国有家者,不患寡而患不均,不患贫而患不安。”我们不仅要关心关注自己的小家,还要心系国家。本章将从住有所居影响效应之美、房产保值增值之美来分析百姓住有所居之美。我们将从微观之美—对个人港湾的思考和宏观之美—对集体港湾的探索这两个角度来学习齐家治国的家国安居情怀,分析住有所居影响效应之美。我们以房屋价值、价格的内外影响来分析房产的保值增值之美,使我们学习到如何选择、购买自己所需要的房屋。学习住有所居之美不仅能够提升我们在选择住房的判断与决策能力,还能够使我们在其他方面拥有自己独特的思考方式与决策能力。

住有所居可以说是我们每个人的梦想,但人们对“住有所居”的标准不尽相同。住有所居对我们生活与社会中都有很大的影响,这便是我们需要了解到的住有所居影响效应之美。分析当前高房价引发的社会问题,不能不说部分“房奴”现象的出现,与对“住有所居”中“有”的概念认识有误相关。

那么“有”该如何理解?目前,一些人将其单纯理解为“拥有”,即全部产权归自己拥有。无论是一次性还是分期付款,对工薪阶层而言,购房都是一笔巨大的开支,于是“房奴”出现了。每个月要拿出可支配收入的一半甚至更高的比例来偿还贷款本息,而这样的日子通常会延续20到30年。

合理的住房消费结构,既包括购买住房,也包括租赁住房。在一些发达国家,租赁住房的比例较高,特别是在中低收入人群中,以租赁方式保障阶段性住房需求是通行做法。还有一些人把“有”的标准定得过高。“买房就要一步到位”“至少三室一厅”的拥有标准使得很多收入不高者的房子成为生活中不能承受之重。更有一些人将“有”的年龄提前了。资料显示,很多发达国家居民购房年龄平均在40岁,而在我国一些城市,购房人平均年龄只有27岁。

事实上,立足实际、量力而行、合理消费,从租到买、从小到大的梯度消费,应是适合当前社会实际的住房消费模式。这不仅能使社会对住房的需求平缓有序释放,还可以对房地产业和经济形成持续的拉动力。毕竟,我国人口众多、土地资源有限,难以承载大多数居民大户型、高档次的住房消费要求。而工作经验的积累带来薪酬增加,有了稳定且较高收入后再买房,可有效减轻购房者生活负担,规避风险。

“十二五”期间,国家大规模推进公租房等保障性安居工程建设,相信各地能够通过完善住房保障和供应体系,将更多低收入和中等偏下收入群体、新就业职工、外来务工人员住房困难的问题得到有效解决。在这个过程中,大力倡导科学合理的住房消费观念和健康的住房消费预期就显得格外必要。我国正在向着住有所居发展,目的是让每个人都能够住得安心,住得安稳。人人住有所居,会少很多流浪者,住有所居有利于社会的安定。人人购房,人人便需要工作、存款,所以购房也能促进国家经济增长。

一、微观之美——对个人港湾的思考

住房问题一直是大部分国民心中的大问题。关于购房除了基本的居住,那还有什么好处呢?

(一)现实层面

1. 解决住房

一个人在任何地方生活都需要有容身之所,也就是住处。对大多数人而言长期租房会有一种寄人篱下的感觉。而当人们有能力购买一套属于自己的住房时,首先在现实方面拥有了归宿,不必担心租房等问题,将生活中“衣、食、住、行”中最重要的“住”的难题得以解决。拥有住房也正是住有所居的首要目标,解决住房问题之后,人们便可以将更多的精力投放于他处去努力发展。

2. 增值保值

买房除了能够解决基本住房问题之外还可以保值增值。

我们知道房屋作为不动产,本身是有实用价值的。因为房屋本身的性质,所以购房后很多年,房屋不会像其他商品一样会贬值或者贬值那么严重,房屋总体价值往往会以其本身的价值加上其周围附属价值来衡量,而这些价值是很难贬值的。所以购买房屋不仅仅可以用以居住,还可以是一种投资、一种避免货币贬值、通货膨胀的方式。

从目前我国形式来看,倘若不出意外,在一二线城市买到地段不错或者发展前景较好的房屋,未来很长一段时间有很大概率是不会亏损的。因为一二线城市房地产市场基本都在平稳升值或爆发式增长。

我们国家鼓励发展市场,房地产市场被大力开发,房屋便如雨后春笋一般。不过在我国市场都有国家直接干预,市场过火会有降温,市场冷了会有升温。当人们购房时,需要通过城市等级、类型、发展潜力判断城市的发展,因此在中意的、有发展前景的城市购房,能够更好地使得房屋实现保值增值。我们提倡购房,提倡住有所居,这也正是我们住有所居之美。

(二)心理层面

1. 促进心理成熟

贷款购房可能是一个人成熟的重要标志,因为敢于负债,也就证明这个人敢于对自己的未来负责。有人会觉得还房贷的时间太长、利息太高、压力太大,会严重影响生活质量。本书不反对这一点,但只要贷款购房者自己能够保持生活压力和生活质量的平衡,压力自然会越来越小。因为只要你努力,经济收入会有所增加,而只要国家正常运行,贷款利率都会非常稳定,波动不会太大。

例如小王在购房前租房住,不存款,过得非常自在。工作也是经常跳槽,对每个月花多少钱也不上心。但自从小王购房后便有了房贷的压力,不能随意乱花钱。购房后安定的氛围、家的仪式感、为贷款奔波的责任感,让曾经在城市中无所定居的小王,根本没有心情再"浪"了。这种压力会让人变得自律、自强。故我们能够知道,购房能够促进一个人的成熟,能够使得年轻人成长。这也是购房的魅力,是我们生活中不可或缺的部分,正是住有所居之美。

2. 学会资产性消费

购房是一种消费。消费可以分为成本性消费和资产性消费。

成本性消费是指生存性消费和娱乐性消费,娱乐性消费其实还可以叫作快感性消费,生存性消费和快感性消费对人在个人资产或者经济能力上来说是一种纯粹的消耗,会让人的财富缩水,因为它是为了满足我们的外界生存和生理欲望而产生的消费,对我们的财富增值和个人的内部成长没有太多的帮助。比如看个电影、逛个街、按个脚,这些都是对于生理能量的恢复产生作用,以便我们能够拥有一个更好的生活和工作的状态。所以成本性消费更多的是重视当下和外在,它是彻底消耗收入和资产的行为,具有不可持续性(不过也不排除有些认知能力和细节感知能力强的人会在成本性消费的过程中得到内部成长,这主要取决于个人思维能力和主观意识。比如一个人看了电影以后,有很大概率会写一点自己的感受或心得,让大脑思考一下,放大自己的认知。但多数人在成本性消费里面得到的心理层面的成长是非常有限的)。

因为要持续满足成本性消费,所以我们都要努力地工作。但是成本性消费是会随着我们年龄的增长、欲望的放大、生活和工作关系的复杂化而很容易呈现指数型的增长。这个很容易理解,因为随着社会的发展和与他人的对比,特别是在物质层面,大多数人都会变得越来越挑剔。可是大多数人的工作收入却不会像成本性消费那样呈现指数型的增长,更多的是呈现缓慢的线性成长,所以如果单纯依靠工资,绝大多数人最后都只能选择降低自己或者一家人的生活质量。这个时候如果没有强大的心理素质和沟通协调能力,自己与家庭和社会的矛盾将会呈现爆发性增长和放大。例如在结婚生子阶段,即便男方买了房子接着还要马上装修,结婚要彩礼,还要婚礼花费,女人生孩子的成本,还有孩子的奶粉钱等,在这个阶段,巨大的经济压力往往会造成一些家庭或者男女关系的彻底瓦解。

所以这个时候资产性消费作为平衡收入的手段慢慢就衍生出来了,而且占的比重将会越来越大。其实资产性消费在一定意义上可以理解为理财,但是如果站在个人实际和虚拟财富的角度来看,它比理财的概念要更宽泛。因为理财一般是指股票、基金、债券等看得见的外在的金融性资产。有趣的是,现在我国的房子其实也包含在内。特别是一二线城市的房子,在一定程度上,这些房子的金融性质可能比居住性质所占的比例更高,所以房子不仅可以满足消费性的需求,解决住的问题,同时好的房子还能保值增值,满足个人的资产性需求。人们花钱购买了这些资产性质的消费品,付出了相应的成本,但只要风险在可控范围内,这些资产性的消费就可能给我们带来大量的财富增值。

不过资产性消费的品种除了像股票、基金、房子这样的有实际外在属性的资产商品外,还有很多虚拟化的资产性消费品。例如上学、上培训班、健身、知识付费等,这些产品同样属于资产性产品,只是它们无法直接体现在资产数字之上,而更多的是对于我们的大脑、思维、素质、能力、健康等内在资产的增值上有帮助。但这恰恰是人的核心资产,因为身体是革命的本钱,脑袋是幸福的根源,只是很容易就会被忽视。

购房,不仅仅是为了居住,也是一种投资。房屋是一种不动产,往往是拥有很高的实用价值与经济价值,我们购房也是为了自己的未来。购房往往是我们有了一定经济能力之后最合适的投资方式之一。学会资产性消费,懂得合理投资,学会房地产方面知识,这也是住有所居之美。

3. 能够拓宽认知边界和加强认知深度

看了上文说的资产性消费的概念,我们多多少少会打开一点点脑洞,拓宽一点认知的边界甚至是加强认知深度。

大多数人都意识不到购房是一个具体的系统问题,而不是一个简单的交易问题。如果要买到一套好房子,它不仅需要我们有基本的经济基础和还债能力,而且需要我们懂一些基本的政策性知识、经济学常识、心理学常识、相关的金融知识、城市规划知识,甚至要一直不断地去完善和更新我们的认知体系,去动态地看待事物的发展。因为房子是一个风险性资产,如果没有强大的认知体系,就不懂得如何控制风险。买了相反可能会增加自己的风险,可能会更大概率的让自己陷入困境。

4. 购房与租房的区别

(1)能实现社会文化上的落地感,在哪个城市工作生活,落居就要买套房子扎根的社会习惯。

(2)有借贷优势。这里不评论统建楼农民房,因为银行不认集体土地上的房子,不允许作为借贷的抵押物。如果你有 300 万,你拿去直接把一套房直接买下来,拿到房产证,这时你拿着房产证到银行办理借贷业务,假设银行给你开 250 万的额度,利率是 7%。接着你这个 300 万的房子,不是居住房而是投资房(区别在于这套房不一定满足你的地段要求),出租征收房租,每个月 4 500,一年收益率是 1.8%。那么每年 5% 的利差,你如果要弥补,有以下两种方式。

第一种,等待房价上涨,关注房屋成交价,只要涨幅高于每年 7%(考虑到转手时的手续费),那就抹平了利差。

第二种,拿到 250 万的借贷资金,去做私人投资。

所以购房,本质上是投资,不存在住房,所有的住房都可以通过租房实现,租房的开支和买房的开支不是一个级别的。在现今国情下,购房最重要的就是房价的成交价缓慢上涨,这样通过杠杆借贷撑起来的房价就没有抛售危机。因为可以借贷,所以资金也不会被套在房子里。如果不是商业经营者,而房价上涨也长期横盘(未来预期涨幅不大),是没有必要房贷的,直接一口气买下来,如果要用到钱了和投资,就去抵押贷款。因为商业经营者要频繁用现金结算,而且收益也超过这套房的 6% 收益率,而直接全价购买的借贷利率高于 6%,额度也小于房价,所以大多数的商业经营者都是货款购房的。如果房价如期涨了,那么提前还款,拿回房产证,再拿去抵押贷款,还可以拿到更多现金。从这个意义上来说,银行的主要盈利业务就是房贷、车贷,至于理财产品,那是金融公司,是金融套利。现在的 30 年房贷利率年化在 6%,其实是很重的。当然在商业经营者手里,做项目、做生意年化 20% 也许没有问题,但是普通购房者并不是商业经营者,如果房价没有上浮空间,因为年化 6% 是和当地商业经营者的收益率呈正相关的,如果不是商业经营者,明明可以直接还,却选择借贷交 6% 的利息,房价不涨,到期又要还款,就是典型的自找苦吃了。当然,对于普通购房者而言早买早享受,有些地方房贷要供满 5 年才能拿到房产证,不供 5 年普通购房者还是在住别人的房子。

当然房贷的利率和借贷的利率,以及对现金结算的需求都是考虑的范畴,这要购房者自己权衡了。

(3)对冲风险。由于资金有贬值风险,但是房屋的市场价值不变,资金贬值会引起房子涨价,如果这时房子是房贷得来的,那岂不是更好。风险就是涨跌带来的收益和损失。

(4)占有欲。如果是租房,要经常看房东脸色,如果房东不想续租就要搬家,当然长期稳定的也多见,但是有些物业对待业主和租客的态度也不同,很多物业是只面向业主的,所以对于安定幸福度而言,如果是自己拥有的自住房,居住的幸福感和主人翁意识也不一样。

总的来讲,如果不考虑落地感和占有欲,购房就是纯粹的金融套利和避险投资,仅从资本盈利的角度考虑问题,就是如上所述。但是现实当然要考虑占有欲和落地感。所以,购房能使得我们个人对事情、房屋看法有很大的不同,这也正是学习房地产知识的魅力。

二、宏观之美——对集体港湾的探索

"安得广厦千万间,大庇天下寒士俱欢颜,风雨不动安如山。"住房问题自古以来是民生的重大问题,关系千家万户的基本生活保障。房子、房价也逐渐成为全社会持续关注的热点,牵动着十几亿人的神经。以习近平总书记为核心的党中央高度重视人民的住房问题,不断采取新举措,让人民安居乐业。2016 年 12 月 21 日,习近平总书记在中国共产党中央财经委员会第十四次会议上指出:"要准确把握住房的居住属性,以满足新市民住房需求为主要出发点,以建立购租并举的住房制度为主要方向,以市场为主满足多层次需求,以政府为主提供基本保障,分类调控,地方为主,金融、财税、土地、市场监管等多策并举,形成长远的制度安排,让全体人民住有所居。"

(一)国家关于住有所居的政策

1. 以满足新市民住房需求为主要出发点

随着城镇化的快速推进,越来越多的农民将成为新市民,住房是他们基本生活之刚需。习近平总书记在《中共中央关于制定国民经济和社会发展第十三个五年规划的建议》中指出:"根据《国家新型城镇化规划(2014—2020 年)》预测,2020 年户籍人口城镇化率将达到 45% 左右。按 2013 年户籍人口城镇化率 35.9% 计算,年均提高 1.3 个百分点,年均需转户 1 600 多万人。现在,按照常住人口计算,我国城镇化率已经接近 55%,城镇常住人口达到 7.5 亿。问题是这 7.5 亿人口中包括 2.5 亿的以农民工为主体的外来常住人口。"

满足新市民的基本住房需求是急事大事。据《中国住房发展报告 2015—2016》测算,按照未来五年 1 亿人城镇化计算,如果 70% 的家庭人口在城镇购房,每年以新市民为主体的购房需求可达 4.6 亿平方米。中华人民共和国住房和城乡建设部(以下简称住房和城乡建设部)部长陈政高表示,城镇化进程为房地产发展提供了巨大的空间,目前已经有 7.7 亿人口住在城镇,常住人口的城镇化率达到了 56.1%,"十三五"末期要达到 60%。然而,由于一些城市房地产业投机炒作造成高房价,使部分新市民根本无力买房,只能望房而叹。这使绝大多数的新市民只能在城市边缘临时性不稳定租住,处于"半城市化或不完全城市化"的"候鸟"状态。这一现状,必须尽快改善,否则,不仅城镇化的进程受阻,而且还将引发一系列社会问题,甚至是十分严重的社会问题。我们应以满足新市民住房需求为主要出发点,采取综合措施,首先解决新市民的住房刚需。

2. 建立购租并举的政策

以住房制度为主要方向。住房需求有两个方面,购房是一方面,租房是另一方面,购房、租房是房地产市场的两大需求。所以,住房政策也要购租并举。虽然目前我国住房供应总量不再短缺，但是需求却难以平衡，高额的房价使得买不起房的城镇常住人口一直有“无家可归”、被边缘化，甚至被遗弃的感觉。同时，相对于房地产交易市场，租赁市场是短板，没有充分发展起来。因此，购租并举将是进一步深化住房制度改革的重点之一。

限制炒房支持自住购房。“房子是用来住的、不是用来炒的。”房地产业发展本身应以保障民生为主，而非谋取利益，要采取有力措施抑制房产业暴利、限制炒房，采取优惠政策支持市民特别是新市民的自住购房需求。2016 年 9 月份之前，房地产市场出现较快，较大的波动，部分一二线热点城市房价一度迅猛上涨，甚至引发一些市民的恐慌。因此，2016 年的中央经济工作会议指出：“综合运用金融、土地、财税、投资、立法等手段，加快研究建立符合国情、适应市场规律的基础性制度和长效机制，既抑制房地产泡沫，又防止出现大起大落。要在宏观上管住货币，微观信贷政策要支持合理自住购房，严格限制信贷流向投资投机性购房。要落实人地挂钩政策，根据人口流动情况分配建设用地指标。要落实地方政府主体责任，房价上涨压力大的城市要合理增加土地供应，提高住宅用地比例，盘活城市闲置和低效用地。特大城市要加快疏解部分城市功能，带动周边中小城市发展。”

加强理念引导，大力发展住房租赁市场。由于我国房价上升太快，除了刚需大、太多优质资源过度集中热点城市等原因外，还有市民的居住理念问题，应该引起全社会的高度重视。一是提倡住房不要追求过大的理念。室雅何须大，花香不在多。睡觉不过一张床、吃饭不过一张桌，家里不是跑马场，住房为何要求大？我国地少人多，土地资源稀缺，所以要倡导建小房、住小房的理念，对建大房、住大房的单位和个人都应采取相应的限制措施。二是提倡租房也是正常居住的理念。房子就是睡觉、吃饭等家庭生活的地方，租住的房子也是家。我们要改变租房不能安家的落后理念，鼓励低收入民众租房安家。其实，部分低收入民众贷款买房，会给自己的生活带来巨大压力，长此以往，对身心健康极为不利。我国要尽快补齐房地产租赁市场的短板，将住房租赁市场作为房地产市场的重要组成部分大力发展，这也是各国解决住房问题的成功经验。我国房地产估价师与房地产经纪人学会秘书长柴强介绍说：“这在世界各国都一样，欧洲不少国家居民家庭租房比例都超过了 30%，德国居民家庭租房比例甚至超过了 50%，美国也约有 1/3 的居民家庭租房住。”习近平总书记指出：“要加快住房租赁市场立法，加快机构化、规模化租赁企业发展。加强住房市场监管和整顿，规范开发、销售、中介等行为。”国务院办公厅印发的《关于加快培育和发展住房租赁市场的若干意见》(国办发〔2016〕39 号)表示，支持房地产开发企业拓展业务范围，利用已建成住房或新建住房开展租赁业务；鼓励房地产开发企业出租库存商品住房；引导房地产开发企业与住房租赁企业合作，发展租赁地产。

3. 以市场为主满足多层次需求

以市场为主满足多层次需求的终极目标是“让房价稳定下来，让高端有市场，中端有支持，低端有保障”，让每个人的“安居梦”都得以实现。习近平总书记就庄严宣告：“我们要随时随刻倾听人民呼声、回应人民期待，保证人民平等参与、平等发展权利，维护社会公平正义，在学有所教、老有所得、病有所医、老有所养、住有所居上持续取得新进展。”

商品房是市场化的，不同收入水平的人有不同的住房需求，房地产市场要在国家政策范围内，尽力满足不同层次的市场需求，繁荣市场。要遵循市场规律，坚持市场化改革，建立规范发展的政策体系，用市场的办法解决问题。经济学博士徐诺金说：“我们仍要坚定不移地坚持房地产制度改革的市场化方向，夯实房地产制度的市场基础，充分相信只有运用市场的办法，才能从根本上解决我国房地产领域里所存在的各种问题。只有充分发挥市场机制的作用、依靠市场的力量才能从根本上解决我国居民的住房问题。只有尊重房地产市场规律，我国的房地产业才能走向长期理性健康的发展方向。”习近平总书记指出：“只有坚持市场化改革方向，才能充分激发市场活力，满足多层次住房需求。”

4. 以政府为主提供基本保障

住房既是商品，也是民生保障品。住房社会保障的属性决定了政府有责任为困难群众提供基本住房保障。要加快健全保障性住房制度，建设好、管理好保障性住房，是社会主义制度的基本要求，是全面建成小康社会的必然选择。习近平总书记指出：“总有一部分群众由于劳动技能不适应、就业不充分、收入水平低等原因而面临住房困难，政府必须‘补好位’，为困难群众提供基本住房保障。”

要建设好保障性住房。要从我国国情出发，坚持政府主导、政策扶持，引导社会参与；坚持加大财政投入，同时发挥市场机制的作用；坚持经济、适用、环保，优化规划布局和户型设计，确保质量安全。习近平总书记指出：“要完善土地政策，坚持民生优先，科学编制土地供应计划，增加住房用地供应总量，优先安排保障性住房用地。要完善财政政策，适当加大财政性资金对保障性住房建设投入力度。要综合运用政策措施，吸引企业和其他机构参与公共租赁住房建设和运营。要积极探索建立非营利机构参与保障性住房建设和运营管理的体制机制，形成各方面共同参与的局面。”

要管理好保障性住房。建立健全科学规范的保障性住房管理制度，制定公平合理、公开透明的保障房配租政策和监管程序（图 8－1）。习近平总书记指出：“保障性住房建设是一件利国利民的大好事，但要把这件好事办好、真正使需要帮助的住房困难群众受益，就必须加强管理，在准入、使用、退出等方面建立规范机制，实现公共资源公平善用。要坚持公平分配，使该保障的群众真正受益。要对非法占有保障性住房行为进行有效治理，同时要从制度上堵塞漏洞、加以防范。对非法占有保障性住房的，要依法依规惩处。”

图 8－1　国家各种住房政策

（二）住有所居的实施方案

1. 低端有保障

低端有保障就是通过保障性住房建设解决低收入群体的基本住房需求。低收入群体由于自身经济条件的限制，没有能力进入市场，只能依靠政府保障解决住房问题。各级政府必须加大住房保障力度，逐步改善这部分困难群众的居住条件。各级政府要制订保障性住房建设规划，确保保障性住房用地在土地供应中的比例、在住房供应中的比例，并优先保证供应。加大公共财政投入力度，多渠道筹集保障性住房建设资金，落实土地出让收入的一定比例主要用于保障性住房建设的规定。

2. 中端有支持

中端有支持就是采取措施支持中等收入群体解决住房问题。中等收入特别是中等偏下群体既享受不了政府提供的保障性住房，又难以承担价格高昂的商品房，被通俗地称为“夹心层”。对这部分群体，应通过加大经济适用住房建设力度，适当扩大经济适用住房供应范围，加快建设限价商品房、公共租赁住房等方式，积极帮助他们解决住房困难。住房和城乡建设部已明确提出将公共租赁房建设作为工作重点，确保比去年有较大增加。

3. 高端有市场

高端有市场就是支持有支付能力的群体通过市场解决住房问题。逐步完善房地产市场体系，加强宏观调控，规范市场秩序，促进房地产市场持续、稳定、健康发展，使其在满足高收入群体多样化的住房需求、促进经济发展方面发挥更大作用。

实现“住有所居”，也要求普通群众转变住房观念。要从我国国情出发，树立适度、合理、节约的住房消费观念，不要盲目攀比，放大自己的住房预期。对年轻人来说，可以考虑先租房或者买小户型住房，随着经济实力增加，逐步改善住房条件。

古往今来，住房始终倾注着人们许多的希冀与憧憬。随着社会经济的不断发展和住房制度改革的不断深化，通过党和政府、社会各方面坚持不懈的努力，住房问题将会得到更好的解决，“住有所居”的目标将一步步变为现实。

（三）国家最新住房保障体系建设

在中华人民共和国国务院召开的加快发展保障性住房和进一步做好房地产市场调控工作电视电话会议中，强调要把发展保障性租赁住房作为“十四五”住房建设的重点任务，坚持从实际出发，解决大城市住房突出问题。重点是对新市民和年轻人的住房保障，重点是保障新市民对住房困难的基本公共服务。

住房问题是民生工作的重中之重，国家将形成覆盖新市民等群体的住房保障体系，缓解现有租赁住房结构性供给不足的问题，使新市民、年轻人等群体也能在城市中安居乐业。

1. 国家加大对住房的补贴

中央政治局会议指出，要坚持房子是住的，不要炒，要稳地价、稳房价、稳预期，推动房地产市场平稳健康发展。加速发展租赁住房，落实土地、税收等扶持政策。需要指出的是，中央已经多次就房地产调控和住房保障问题表态。

中央召开加快发展保障性租赁住房和进一步做好房地产市场调控工作电视电话会议，指出要把握好保障性租赁住房的政策重点，明确保障对象，坚持“基本”，以小户型为主，注重“职住平衡”。根据可负担性和可持续性原则，建立科学的租金定价机制。因势利导，重点关注人口净流入城市,落实城市主体责任,加快发展保障性租赁住房。

李克强总理在《全国深化“放管服”改革着力培育和激发市场主体活力电视电话会议上的讲话》中也明确提出,要增加保障性租赁住房和共有产权住房的供给,规范发展长租房市场,降低租赁住房税费负担,尽最大努力帮助新市民、年轻人等住房困难。

我国房地产估价师和房地产经纪人协会会长柴强指出,我国城市尤其是大城市的住房问题日益突出,高房价成为阻碍新市民走向市民化、青年人才安居乐业、创业的障碍之一。我国要深入推进以人为核心的新型城镇化,就是让新市民真正市民化,让买不起房的年轻人看到未来,实现安居乐业。柴强坦言,长期以来我国的住房租赁市场发展不平衡,形成了租赁市场的一个短板,租赁住房质量不高,有效供给不足,租赁关系不稳定,租房居住痛点多,住房租赁市场亟待解决。他认为,未来随着新型城市化的推进,住房租赁需求仍在不断增长。

经济适用房的发展将促进我国房地产市场平稳健康地发展,是构建我国房地产长效机制的关键一环。经济适用房租赁市场的发展,有助于加速填补我国住房租赁市场的短板或将成为解决大城市住房问题的突破口。此外,人口净流入大城市,土地资源相对匮乏,而保障性租赁住房的发展对完善住房供给体系、为大城市发展留住人才具有重要意义。

2. 多种保障政策及时跟进

2021 年月 2 日,中华人民共和国国务院办公厅发布了《关于加快发展保障性租赁住房的意见》(以下简称《意见》),从土地、资金、财政、税收等方面对保障性租赁住房建设给予支持。《意见》明确指出,保障性租赁住房主要解决符合条件的新市民、年轻人等群体的住房难问题,以建筑面积不超过 70 平方米的小户型为主,租金低于同品质市场的住房租金,进入和退出的具体条件、小户型的具体条件、小户型的具体面积由城市人民政府按照基本情况确定。另外,《意见》还从简化审批流程、降低税费负担、实行差别化信贷管理等方面提出了一系列精细措施,以促进保障性租赁住房项目的建设。要引导多方投资,多渠道提供存量土地和住房建设,合理配套商业服务设施。

财政部、国家税务总局、住房和城乡建设部联合发布了住房租赁税收新政,从 2021 年 10 月 1 日起,普通增值税纳税人向个人出租房屋取得的全部出租收入,按照 5% 的征收率减按 1.5% 缴纳增值税。出租房屋给企事业单位、社会团体及其他组织的个人、专业的规模住房租赁企业,可减半征收房地产税。

3. 经济适用房加快发展

第 7 次全国人口普查的结果显示,2020 年全国流动人口为 3.76 亿,比 2010 年增加近 70%。据调查,我国以流动人口为主,新就业的大学生占多数。以 50% 的租住量衡量,新增住房租赁需求约 7 500 万人;高校毕业生以 5 年为单位买房计算,2020 年毕业生新住房需求超过 1 160 万人。如果这两个因素加在一起,截至 2020 年底,全国城镇常住人口中租房人数超过 2.2 亿。

据介绍,2021 年 4 月,住房和城乡建设部与国家发展改革委联合发布通知,要求 40 个城市开展 2021 年保障性租赁住房建设计划,对符合条件的项目给予中央预算内投资补助。同年 5 月,分两批召开了 40 个城市座谈会,交流试点经验,加快发展保障性租赁住房,40 个城市计划在年内筹集到 93 万套保障性租凭住房。

住房和城乡建设部将继续从确定发展目标、落实扶持政策、建立工作机制等方面加快发展保障性租赁住房。“十四五”期间,在新市民和年轻人多、房价高或上涨压力较大的大城市，保障性租赁住房占新增住房供应总量的比例要力争达到30%以上。

保障性租赁住房开发工作明显提速。“十四五”期间，上海市提出建设筹集到4万套保障性租赁住房(间)，约占住房供应总量的40%。“十四五”期间广州市提出了各类住房建设资金131万套，其中保障性租赁住房60万套(间)，占45%。北京市将把使用集体经营性建设用地和非住宅建设用地的租赁住房纳入保障性租赁住房管理。深圳市进一步完善住房保障制度，正在抓紧起草关于发展保障性租赁住房的实施意见。厦门市印发了《意见》的实施办法和《存量非住宅类住房临时改建为保障性租赁住房实施方案》等配套文件。

经过国家政策的扶持，国家会富强、人们终会有自己的住房，正可谓国泰民安，即为安居乐业之美。

第二节　房产财富保值增值分析之美

住房，牵动着亿万城乡居民的心，居住条件的改善成为衡量生活条件改善最重要的指标之一。住有所居对于低收入群体、城市新市民而言，意味着期待与梦想。

近十年来，我国房地产市场一直在增值，土地房屋价格翻了数倍，尤其是以一线城市为主，其房地产走势依然呈上升趋势。人们要购房有四个原因：自住、改善、投资、情怀。购房不仅仅是为了自己的当下，也是为了自己的未来。购房过程虽然艰辛，首付甚至加上多年的房贷，往往会使得人们的生活非常不易，但是经过了数年的艰辛，最终会有自己的房屋，也是值得的。

我国房价持续上涨，要分地区，也要分房屋种类。我们要擦亮眼睛分辨，有人喊房地产“泡沫经济”十多年，人们也埋怨房价十多年，然而房价持续高涨。我国房价并非炒上去的，而是房价供给与需求使得房屋价格上涨。我们要正确的购房，所以应当有正确的判断与正确的预判，购买到我们需要的房屋、升值的房屋。

一、内部之美——什么是保值增值?

上文所述购买房屋大多数都有保值甚至增值的功能，房屋的保值增值具有其内部之美，这就需要我们从其保值增值的内容说起。

(一)房地产保值增值

一般地说，豆腐、牛奶之类易腐烂变质的食品，经过一段时间以后，其价值会完全丧失；电脑、手机之类的高科技产品，随着新技术新工艺的不断出现、生产效率提高、生产成本降低、更好的产品面世等，其价值会快速降低。但是房地产因土地面积不能增加、交通等基础设施不断完善、人口增加等，其价值通常可以得到保持，甚至随着时间的推移而自然增加(即自然增值)。引起房地产价格上涨的原因主要有五个方面：

(1)房地产拥有者对房地产进行投资改良，如重新进行装饰装修，更新或添加设施设备，改进物业管理等；

(2)外部经济，如政府进行道路、地铁等交通建设，修建广场、公园、公共绿地，调整城市发展方向，改变城市格局等；

(3)需求增加导致稀缺性增加，如经济发展和人口增加带动房地产需求增加；

(4)房地产使用管制改变，如将农用地转为建设用地，将原工业用途改变为居住用途或商业用途，增加容积率等；

(5)通货膨胀，即商品和服务的货币价格总水平的持续上涨现象或者简单地说，是物价的持续普遍上涨。

其中，房地产拥有者对房地产进行投资改良所引起的房地产价格上涨，不是房地产自然增值；通货膨胀引起的房地产价格上涨，不是真正的房地产增值，而是房地产保值；外部经济、需求增加导致稀缺性增加、房地产使用管制改变所引起的房地产价格上涨，是真正的房地产自然增值。

房地产的保值增值特性是从房地产价格变化的总体趋势来说的，是波浪式上升的，不排除房地产价格随着社会经济发展的波动而波动，房地产本身的功能变得落后、周围环境恶化使房地产价值下降，甚至过度投机、房地产泡沫破灭后出现的房地产大幅度贬值。

(二)房产的保值

房地产通常具有保值功能，因为它能抵御通货膨胀。当出现通货膨胀时，货币的购买力会下降，能用一元钱买到的商品或服务，很可能未来得花不止一元钱才能买到。如果说某项投资是具有保值性的，那么将意味着所投入资金的增值速度能抵消货币的贬值速度，具体地说，就是能保证投资一段时间后所抽回的资金，完全能够购买到当初的投资额可以购买到的同等商品或服务。

二、应用之美——房产如何保值增值

房产的保值依附于地产。例如，一二线城市楼房愈来愈多，人均用地逐渐缩小，地价直线上升。但并不是每个城市的每个地段都那么繁华，并不是每个环境优美的地段都宜大兴土木。购房者如果希望购买的房产保值增值，并将房产的保值增值之美加以良好的应用，那么购房者应当关心以下七个方面内容。

(一)城市

房产的保值增值有理论基础，首先要选好的地理位置和地段，并且要了解的东西很多。购房者买房之前，会有各种担心，例如，某个城市还能不能买？疫情会不会导致房价出现拐点？某个城市哪个区的房子有升值潜力？等等。如果购房者懂得了分析判断城市价值，那么这些担心和问题也都能迎刃而解了。

购房者判断一个城市发展如何，应当从这个城市的 GDP 来判断。GDP 即国内生产总值，是衡量城市在一定时期内生产活动的最终成果。GDP 高，说明城市经济发展迅速，目前全国共 17 个城市的 GDP 破万亿，说明这些城市经济状态好，居民收入上涨，房价自然会跟着涨，房子在这样城市也会具备升值力。除了 GDP 外，判断一个城市的价值应当从以下三个方面去思考。

(1)城市的产业结构。一个城市的产业结构往往是被购房者忽视的。一个城市就算 GDP 不是特别高，但是我们从这个城市的产业结构去理解这个城市是否能够适合购房，而且除了产业结构我们也应当看这个城市的产业质量。如果一个城市有相当规模的 GDP 与其本身的产业规模，但是城市产业的质量较低，这也并非是好的选择。

(2)城市的供求关系。物以稀为贵，当一个城市的房产数量相对于人口数量较少的话，那么由于供房紧缺，这个城市的房屋的价值才会更高。而且现在城镇化正在快速发展，农村人口大量且快速进入城市,购房者购房更应当抓紧时机观察市场与城市,在合适的城市购买。

(3)看城市的可持续发展能力。什么叫可持续发展能力呢?分为以下四个方面:

①城市地位;

②城市定位;

③支柱产业深度延伸的潜力;

④城市的认可度。

如果一个城市的可持续发展能力较弱或者说该城市已经很难发展,那么购房者在这个城市购置房产也是不合适的,因为这样的房屋很难保值增值。

以深圳为例,首先深圳有4大支柱产业即金融业、高新科技产业、文化创意产业、现代物流产业。这些产业的特点是有规模,还有质量,而且不占用土地。其次深圳只有1 997平方公里,这么巴掌大的地方,2019年GDP高达2.69万亿元,上市公司数量高达304家,产业规模质量都很高。当一个城市产业规模与质量都上去了之后,那么当地人们收入都会增加,收入不一样,购买力不一样,房价表现自然不一样。购房者再次是分析城市供求关系。深圳2019年的常住人口超过1 000万人,而深圳的商品房住宅总共才200多万套,这是存量的数据。深圳人口的增量数据,2019年深圳净流入人口超过50万人,但是每年新增商品房住宅平均才3万多套。由于地少人多房子少,所以房屋自然能够有很大的升值空间。最后是城市的可持续发展能力。深圳作为社会主义先行示范区,定位为国际化金融城市,很多项目、政策优先在这里实行,所以深圳可持续发展能力也是不弱的,这里发展也是足够长远。正因如此,深圳这个城市才有能力吸引那么多的购房者前去购房(图8-2)。

再来看大连。大连一直以传统工业作为经济支柱,但无论是石油还是矿产其资源都是有限的,一旦停止开采除了转型只能坐吃山空。现在大连的支柱性产业可能就只有船舶行业,但是对于相关专业的人才,大连却很难将其留下。因为大部分人都倾向于“南下”去追求更辛苦但是更优越的生活。人才的流失、城市形式固化、外部人口少流入使大连发展到一定时期后便停滞不前,没有向前发展的动力,也没有后续政策跟进推动经济,由于很难发展。所以大连现在产业不强,城市难以吸引人口流入,住房供求不紧张,城市可持续发展性也不强,各种原因发展导致购买房产难以增值(图8-3)。

图8-2 深圳房产

图8-3 大连房产

购买房产,想要让房产保值增值首先要看城市方面,把握好城市的发展,我们购买房产保值增值便能掌握,这便是住有所居的房产保值增值之美。

（二）地段

房产要保值增值，除了在合适的城市购买之外，一个好的房屋地段也能够对房屋的保值增值起到很大的作用。选楼盘首先选地段，地段好价格就更具稳定性，这是房地产中永久不变的真理，中心城区和成熟的商业区的楼盘的保值空间比较大。这是由土地的稀缺性和其难以复制性决定的，地皮有限，一旦被开发就被长期使用下去，不能轻易改变。由于人口的密集度高，商业相对成熟，但是楼房资源有限，所以区域内的房产一直处于供小于求的局面，供需失衡的结果肯定是房屋价格的逐步走高，保值空间比较大。

李嘉诚说过，“房地产就一句话，‘除了地段还是地段’”。所以周边拥有学校、医院、公园、海景、江景等稀缺资源的楼盘，通常保值性好。要想房子保值增值，最简单直接的办法就是挑选一个好地段。购房者在挑选地段时，并不一定非要选那些较贵的地段，而是要紧跟政府规划，这样房子才能有更大的增值空间。

例如学区房，很多父母都希望孩子在一个好的环境中成长，学区房的单价比非学区房高很多，甚至有时候就算有钱也买不到。所以，购买学区房的升值空间很大，即使以后再卖也很方便快捷。

（三）配套设施完整

购房是为了更好地享受生活，但如果房子周围配套极不完善，买个菜都要开车半个小时，那么日常生活可怎么办呢？看个病，都要跑好远，这怎么行呢？所以购房时，一定要注意查看楼盘的周边配套设施，最好有医院、超市。

同时，房屋所在小区的成熟度也是非常重要的。俗话说物以类聚，人以群分，一般情况下，比较成熟的小区都不是突然形成的，因为居住的大都是同一类的人群，所以人员的素质，兴趣爱好等都有很多相似之处。成熟的小区的居民大都形成了比较好的生活习惯，大家也都能认真遵守小区的规定，彼此之间相处得比较和谐、融洽。如果小区内配有餐厅、健身场所、超市等完善的设施，不但能给居住的居民带来更多的便利，还会对外界的购房者产生吸引力，使小区的房屋总处于热销的状态，所以具有很强的保值能力。

房市价格的涨跌，对投资者来说影响比较大，自主性购房者不会考虑太多的因素，买房主要就是为了解决自身的居住问题，换房也是出于对自身生活水平的改善，让自己的生活更舒适，如果所选房屋除满足居住外，还能够保值，那就可以根据自身的能力，该出手时果断出手。

假设我们工作了五天，终于迎来了期待已久的周末。总不能只在家待两天睡懒觉或追剧，而是可以选择出去逛街、购物或看电影，如果因为需要出行太远而觉得很折腾很累，于是小区附近的商业设施使显得尤为重要，所以很多开发商在建小区的时候会推出一些商业综合体，这些对小区的居民来说非常方便，因为可以在家轻松享受附近吃喝玩乐等一站式服务。因为小区的居民有多方面的需求，例如交通、教育、医疗、饮食等，围绕商圈新建的小区，会让你感到非常便利。如果作为投资来讲，完美的配套一定会持续让房产升值，因为资源决定价值。

（四）品牌

首先购买房屋需要参考开发商品牌，了解其实力，优质品牌的房地产开发企业拥有雄厚的实力和良好的社会影响,它的房屋品质有保障,而且它的拿地能力和建设量都比较强。新楼盘的推出会对它以前的楼盘有所影响,尤其是项目首次开盘、初次入市价格会相对较低,入手最合适,升值有保障。其次物业服务也是购房者需要了解的方面。最后是知名品牌的区域入驻。大型开发商和知名房地产企业的入驻会对该区域的房屋价格起到拉动作用,区域和品质大体相同的房屋都有比价效应,小区也会因此而受益,价位自然水涨船高,投资收益会多出一块!

(五)房屋本身

1. 合理实用的户型结构

购房者买房子第一层次需求就是其使用功能,如果这一基本需求都不能满足,房子就很难卖出好的价格。房子的空间利用,楼层的层高,挑空空间的合理运用,以及整个格局的结构规划与整个建筑设计风格是关联一体的。如楼梯的位置,厨房的面积,房间的布局及数量,洗浴室的配套卡位等,既给房主提供最大方便,又不失家的温馨和美感。另外,走出式地下室也是体现房子价值的一大亮点。

2. 房子的用材和外观设计形象

爱美之心人皆有之,房子的外形设计在房子的价值实现上至关重要。当然房子的美观与建筑材料是密不可分的。砖石外墙与灰泥外墙在成本和质感上就明显不一样。再如房外有无罗马柱、拱心石、弧形通顶落地窗、铜质屋顶瓦片等;房内有无加高踢脚线、天花装饰线、厨房台面是花岗岩还是石英石、地板及橱柜用料及色泽等,所有这些都是体现房子价值的元素。

(六)交通

房子离地铁近,住户可以每天步行三五分钟到家门口的地铁站乘地铁出行。你乘地铁出行比自己开车更省时、环保,因为无须担心地铁会因堵车而上班迟到。不好的一点是,如果地铁坏了会影响我们的出行,但地铁故障的概率很低。所以便利的交通真的是非常重要的。

地铁沿线房产保值性能强。首先因为道路交通拥挤,特别是在早高峰和晚高峰时段,被堵在路上的时间更难把控,选乘地铁可以有效摆脱这种困境,节约时间,节省精力。其次,地铁沿线的房屋易出租,收益稳定,房屋基本不存在空置的问题,所以无论投资客还是自住客选择都是比较合适的。这便是地铁附近的房屋能够保值的一个因素。

(七)价格合理

在楼市火热的情况下,不少地区的房价都含有很大的水分,例如靠近地铁的房子,其价格明显会高于一般市场价,这是非常不合理的。所以,购房者在选房时,一定要分析房价的合理价,这样才不至于在楼市回归理性后,使房子出现贬值的情况。

随着人们生活水平的不断提高,对生活质量的要求也越来越高。人类文明史就是一部战争史,所争夺的就是土地,土地就是第一稀缺资源。未来一座城市房价的高低中心位置已经不是最重要的了,好的环境、好的空气质量这些才是最重要的。凡是城市沿河、沿湖或靠近绿地的房子将会更值钱,因为人们还是希望在这个自己居住的城市里享受更加优美的环境。

每座城市的独特魅力使购房者或居住者们产生出自己的思考与奋斗方向，这就是房产分析之美。

【学习案例】

小李入手了一套小户型房子，总计100多万元。由于自己的收入较低，家里也是什么忙都帮不上，便自己一力承担。按揭30年，每个月还房贷。小李想着，虽然工资低，但是工作之余还可以去兼职赚钱，于是冲动买下了。然而，买了房子之后才发现，他面临的是前所未有的压力和挑战。白天上班，晚上兼职，时间长了之后发现，这种“被迫”兼职的日子似乎格外难熬。尤其是连生病都不敢请假的感觉，估计只有身负巨债的人才能体会。

很多人劝小李将房子卖掉，然而当他去出售的时候才发现，这套房子根本无法按市场价出售。原因是当下的新房子太多了，而在同样的价格下购房者根本没有必要去买一套二手房。

后来小李算了一笔账，如果将房子降价卖掉，算上两三年的利息(提前还款的话，在还款日之后的利息是可以不算的)，再加上本身亏掉的钱，估计要达到25万元左右，这相当于两年来自己白天上班晚上兼职的日子白熬了，而且还不够亏的！但如今小李也是进退两难，房子若想要脱手，那就要面对亏损25万元的现实，如果不卖掉，这种还房贷的日子还要持续28年……

参 考 文 献

[1] 赵艳霞,张晓凤,蔡文柳. 房地产经济学[M]. 哈尔滨:哈尔滨工程大学出版社,2016.

[2] 董藩,丁宏,陶斐斐. 房地产经济学[M]. 2 版. 北京:清华大学出版社,2017.

[3] 艾德化,郑立,邸靖原. 我国房地产市场选择与未来[M]. 沈阳:辽宁大学出版社,2017.

[4] 周雯雯. 中国城市住房供给弹性研究[M]. 武汉:武汉大学出版社,2018.

[5] 张农科. 政府住房价格干预理论研究[M]. 北京:中国经济出版社,2012.